P²
13
A

VOYAGE

DE

ROBERTSON,

AUX TERRES

AUSTRALES;

Traduit sur le Manuscrit

Anglois.

A AMSTERDAM.

M. DCC. LXVII.

V O Y A G E

D E

ROBERTSON,

AUX TERRES AUSTRALES.

AU commencement du regne de la Reine Elifabeth nous ne connoiffions l'Amérique que par les relations de quelques *Aventuriers.* (C'eft le nom que les Anglois donnent aux navigateurs qui ont fait des découvertes ou fondé des plantations.) Les tréfors que les Efpagnols apportoient continuellement de cette partie du monde nouvellement découverte, ceux que Philippe II. avoit envoyés à Londres lorfqu'il devoit époufer la Reine Marie, ceux qu'il répandit enfuite en France pour y fomenter des troubles à la faveur defquels il efpéroit y étendre fa domination ; & dans les Pays-bas, pour y détruire l'ufage du droit naturel de la liberté que fa tyrannie traitoit de révolte ; les idées enfin d'un grand commerce dont nous commencions à nous occuper, firent naître parmi nous le goût le plus vif pour les découvertes, & pour former des établiffemens aux côtes d'Afrique & à l'Amérique.

Dans le même tems le Chancelier Bacon publioit que la mer eft une efpece de Monarchie univerfelle, que la nature femble avoir donnée en dot à la Grande-Bretagne qui tôt ou tard doit avoir les tréfors de l'Inde en fa difpofition. Nous avions déjà d'aufſi bons marins qu'aucune autre nation ; & nous prîmes ce que difoit le Chancelier, pour un jufte reproche fait à la nation. Parurent aufſi-tôt parmi le grand nombre de refpectables patriotes qui vouloient fe diftinguer pour l'honneur & l'avantage de la nation, le Chevalier Raleigh & le Chevalier Drake. Le premier qui avoit un grand crédit auprès de la Reine Élifabeth, fit armer deux vaiſſeaux pour l'Amérique, ce qui détermina le Chevalier Drake qui en avoit aufſi fait armer deux autres pour les commander lui-même, à porter fes vues du côté des Ifles qui devoient fe trouver dans les mers du fud de l'Amérique, & à s'attacher à la découverte des Terres Auf-trales. Il conçut le projet hardi, & peut-être téméraire, mais digne d'un Anglois, d'être l'Auteur de la découverte d'un nouveau Monde, plus grand encore & peut-être plus riche que celui qui étoit déjà connu.

Quoique fort jeune alors, j'avois déjà acquis de l'expérience dans la navigation : j'avois fait plufreurs voyages aux côtes d'Afrique ; j'avois même fouvent commandé des barques qu'on envoyoit à la découverte le long des côtes, ou remonter les rivieres pour faire la traite de la poudre d'or ; & le Chevalier Drake me trouva affez de connoiſſance de la navigation, fur-tout de la partie qui a pour objet les découvertes qui étoient le but principal de fon entreprife, pour me faire Lieutenant de l'*Elifabeth* qui étoit le vaiſſeau qu'il montoit.

Nous mîmes à la voile & fortimes de la Tamife le 10 Juillet 1585. Après avoir relâché à différentes côtes du nord de l'Amé-rique & reconnu enfuite quelques ifles dans la mer du fud, nous entrâmes le 10 Décembre de la même année dans St. Domingo, riviere du Chili, où nous trouvâmes toute forte de rafraîchiffemens, & dont l'air très-fain rétablit fort promptement nos malades. Le Chevalier Drake y fit conftruire une barque propre à entrer dans les anfes du continent que nous cherchions, & dans les rivieres, afin de pouvoir approcher des côtes, fans faire courir à fes vaiffeaux les rifques des bancs, des rochérs ou des bas-fonds, les feuls rifques à craindre dans ces mers pacifiques.

Nous remîmes à la voile le 5 de Janvier fuivant. Après un mois de navigation à l'oueft du Chili, nous découvrîmes des pointes & des caps, & nous approchâmes d'une terre que le Chevalier Drake prit pour un continent, où il jetta l'ancre, & me donna le commandement de la barque avec dix hommes & des vivres, avec ordre de parcourir les côtes jufqu'à ce que j'euffe trouvé quelque port ou havre commode, ou quelques habitans. J'avois des vivres pour 15 jours ; c'étoit le terme prefcrit pour rejoindre les vaiffeaux.

Après avoir parcouru une côte déferte pendant le premier jour, il s'éleva à l'entrée de la nuit un vent de terre qui nous jetta en pleine mer, accident qu'il me fut impoffible de prévenir, parce qu'on avoit négligé de me donner une ancre. Nous nous trouvâmes le lendemain hors de la vue des côtes, & nous navigeâmes pendant dix jours prefque au gré du vent, & fans aucune direction déterminée. Mon équipage murmuroit déjà, & je n'étois pas fans inquiétude, lorfque nous apperçûmes des fignes de terre. Nous crûmes reconnoître d'abord la côte d'où nous étions partis, lorfqu'en peu de tems au lieu d'une côte ftérile & déferte, nous vîmes un pays riant, une terre qui s'élevoit en amphithéâtre, couverte d'arbres, de prairies & de beftiaux, Je ne doutai point que cette terre ne fût habitée, & je ne me trompai pas. Nous étions à l'embouchure d'une belle riviere dans laquelle je fis entrer la barque & la fis amarrer à un arbre.

C'eft ici que j'entrai dans un nouveau monde, féparé par des mers immenfes du monde d'où je venois ; & ce monde d'une vafte étendue, inconnu jufqu'à ce moment au monde que nous habitons, le fera peut-être encore pendant bien des fiecles, malgré le récit que je fais ici de mon féjour chez la premiere, la plus nombreufe, la plus puiffante de ce monde inconnu, & la plus heureufe, la plus refpectable nation de tous les mondes de l'univers. (a)

Je defcendis feul à terre, précaution que j'avois fouvent prife aux côtes d'Afrique, pour ne point effaroucher les habitans que je comptois rencontrer. Nous étions dans la belle faifon, dans le plus beau climat. J'ignorois encore que dans ce pays la faifon eft toujours belle. Je pris avec moi une af-

---

(a) Je pourrois indiquer la route qu'il faudroit fuivre pour arriver chez cette nation auffi fûrement & auffi promptement qu'aux côtes d'Efpagne dans la mer du fud: je dirai à la fin de mon journal les raifons qui m'obligent de garder le filence fur ce fujet.

fez grande quantité de marchandifes pour
faire des préfens ; fcavoir, des couteaux,
des cifeaux, de petits miroirs, des ornemens de verre & de cryftal, &c., & je
marchai avec confiance fur les bords de la
riviere, prefque toujours à la vue de ma
barque, environ un demi-mille, jufques à
une avenue à quatre rangs d'arbres qui
aboutiffoit à la riviere. J'entrai dans cette
avenue qui formoit un berceau couvert
& conduifoit à une habitation qui me parut plus grande & plus belle que le plus
beau château d'aucun Lord d'Angleterre.
J'aperçus bientôt, dans une contre-allée,
deux hommes & deux femmes, qui paroiffoient prendre le plaifir de la promenade, & un peu plus loin, derriere eux,
cinq ou fix hommes qui avoient l'air de fe
promener. Comme je m'avançois fans empreffement & fans embarras, je vis avec un
grand plaifir & une grande efpérance d'être
bien reçu, que je ne donnois à ces habitans qu'un peu d'étonnement fans aucun mêlange d'inquiétude. Je crus arriver chez un
grand Seigneur d'Angleterre, que je ren-
controis à la promenade à la porte de fon
château, lorfque je vis l'un de ces deux
hommes appeller un de ceux qui étoient
derriere, qui accourut auffi-tôt ; il me parut
recevoir comme un domeftique, avec refpect, les ordres de fon maître. Il vint immédiatement au devant de moi la tête découverte, me fit une inclination profonde,
me parla, & comme il vit bien que je ne
l'entendois pas, il me fit figne, avec beaucoup de douceur, de le fuivre.

Je le fuivis avec un empreffement mêlé
de joie, qu'il me parut obferver avec plaifir. Celui dont il exécutoit les ordres, s'é-
toit arrêté avec fa compagnie, & fembloit
m'attendre. Dès que je fus proche de lui,
il fit quelques pas au devant de moi comme pour recevoir un étranger de quelque
confidération ; me prenant par la main,
avec la démonftration d'une joie vive &
d'une grande bonté, il me préfenta aux
deux femmes & à l'autre homme, avec
une politeffe & un air noble infiniment plus
touchant que tout ce que j'avois jamais vu à
Londres parmi les Seigneurs qui fe piquent
le plus de fçavoir vivre. Je fus également
bien reçu de ces femmes & de cet homme. Ils fe mirent dans l'inftant tous quatre
autour de moi, m'examinant & parlant
beaucoup, riant affez fouvent, les femmes
fur-tout, fans doute de mon maintien, de
mon embarras, peut-être de mon vêtement;
mais leurs regards, leurs yeux ne me difoient rien que d'obligeant. J'étois pénétré
de refpect, car le maintien de ces Dames
& de ces Meffieurs m'en infpiroit infiniment; & tranfporté de joie & de reconnoiffance, je voulus leur en donner des
témoignages fenfibles en ouvrant mon fac de
peau, où étoit mon tréfor, pour offrir mes
préfens. Je préfentai tout ce que j'avois aux
deux Dames, qui examinerent tout piece
par piece fur un banc très-commode qui
étoit près de cet endroit, où elles s'affirent
pour tout voir plus commodément. Les miroirs me parurent les intéreffer plus que
tout le refte, qu'elles regardoient avec plus

de curiosité que d'affection. Il me sembloit
que les deux hommes n'étoient occupés
qu'à plaisanter les deux Dames, dont la
curiosité paroissoit être pour eux un spectacle intéressant. Leurs soins, leurs attentions pour ces Dames, me faisoient juger
qu'elles étoient leurs femmes, car je leur trouvois trop de réserve & de modestie pour les
croire leurs maîtresses. Ces deux Dames,
d'ailleurs jeunes, bien faites & d'une beauté ravissante, étoient mises très-simplement.
Une étoffe légere de soie de diverses couleurs, les couvroit depuis le cou jusques
sur les pieds, mais ne laissoit voir que leur
taille & leurs mains. Elles n'avoient point
de coëffure, ni d'autre ornement à leur
tête que leurs cheveux, ce qui me parut
une parure bien supérieure à celle de nos
plus grandes Dames de Londres. Elles
paroissoient n'avoir que vingt ans ; &
leurs maris, car ils l'étoient en effet, ne
paroissoient pas en avoir plus de vingt-cinq
ou trente. Ceux-ci étoient vêtus, à peu de
chose près, comme les Polonois, à l'exception qu'ils n'avoient ni barbe ni moustache,
mais de fort beaux cheveux noués par derriere avec un ruban. Leur taille étoit très-
avantageuse, leur air doux & très-noble,
leur peau blanche comme celle des Européens. Si j'avois jugé par ces quatre personnes de toute la nation, je ne me serois
pas trompé. Les hommes & les femmes,
chez cette nation nombreuse, sont également bien partagés des dons de la nature,
même dans le peuple.

Tant de noblesse & tant de bonté m'annonçoient des Seigneurs du pays, & une grande élévation de fentimens. Je perdis en un moment la haute opinion que j'avois de la fupériorité d'un Européen, fur-tout d'un Anglois, fur les autres nations du monde. Je devins modefte, & même un peu timide. Je me trouvois pauvre, & j'étois honteux intérieurement du peu de valeur de ce que je venois d'offrir. J'aurois bien voulu avoir alors mes dix matelots auprès de moi pour relever, par la préfence d'une troupe à mes ordres, l'idée peu avantageufe que je craignois de donner de ma nation. Mais ne pouvant ni me faire entendre, ni me retirer brufquement, je n'avois aucun moyen de faire venir mon monde. La nuit aprochoit; je me réfolus à faire accepter mes préfens, pour me retirer enfuite en demandant la permiffion de revenir. Il m'étoit bien impoffible de prévoir les événemens qui fuivirent, & les traitemens auxquels j'étois deftiné : il fallut bientôt changer de réfolution.

Je m'adreffai à celui des deux hommes qui m'avoit fait apeller, je lui montrai les deux Dames qui étoient fort occupées des miroirs ; je lui fis porter enfuite la vue fur toutes mes marchandifes qui étoient étalées fur le banc, & immédiatement de nouveau fur les Dames ; je pris enfuite fa main, en m'inclinant, que je portai fur mon cœur, & que je preffai vivement. Je fus entendu, & bientôt des Dames mêmes & de fon ami ; il m'embraffa, apella le même homme qu'il avoit envoyé au devant de moi, qui par fon ordre remit tout dans le fac, qu'il emporta tout de fuite au château.

Mon préfent, accepté de fi bonne grace, avoit acquis dans mon idée un nouveau mérite encore par la fatisfaction que les Dames s'efforçoient de m'en marquer. Je ne me poffédois pas de joie. Dans une efpecc de tranfport je m'avifai de parler; dans l'inftant une des Dames fit femblant de fe gratter pour fe boucher les oreilles. Dès que je m'en apperçus, je parlai Allemand; l'autre me marqua avec la même politeffe, le même déplaifir; j'en eus moi-même infiniment de leur en avoir caufé par mon étourderie. Car je devois bien penfer, fi j'avois réfléchi avant que de parler, qu'on ne pouvoit entendre dans ce pays ni l'Anglois, ni l'Allemand. Cela me fit naître une idée qui répara fort promptement le mal que j'avois fait aux oreilles délicates de ces Dames. Je parlai François, je vis que cette langue ne déplaifoit point, quoiqu'elle ne fût pas mieux entendue; je m'avifai enfin de parler Italien; je vis que les hommes m'écoutoient plus volontiers, & les Dames me marquerent leur joie en frapant des mains; ce qui me fit faire la réflexion que les femmes font femmes dans tous les mondes. Celles-ci n'entendoient pas plus l'Italien que les trois autres langues, mais l'amour a inventé la langue Italienne, l'a cultivée & perfectionnée; & l'amour étend fon empire de l'un à l'autre pole. J'obfervai d'ailleurs que la langue Italienne avoit beaucoup de raport avec la leur. Ils articuloient bien toutes les fyllabes, & leur accent & leur prononciation étoient à peu près les mêmes; ce qui m'a été dans la fuite infiniment utile pour aprendre fort prompte-

ment leur langue, que j'ai trouvée auſſi
riche, auſſi agréable & auſſi facile à aprendre que l'Italien.

Je compris à quelques paroles que dit
une des Dames, en quittant le banc où
elles étoient aſſiſes, qu'elle propoſoit de
quitter la promenade : le même homme
que j'avois pris depuis quelques momens
pour le maître du château, & qui l'étoit en
effet, me prit par la main, & me montra
de l'autre, de l'air le plus noble & le plus
obligeant, le château, où il me fit entendre qu'il vouloit me conduire, & me tint la
main aſſez long-tems pour qu'il me fût également impoſſible de méconnoître ſon invitation & de m'y refuſer.

En entrant dans un magnifique ſalon, je
fus frappé de la beauté de deux autres femmes plus jeunes que les deux premieres,
miſes dans le même goût, avec le même
air de propreté & la même modeſtie, qui
vinrent au devant de nous, embraſſèrent
avec une grande démonſtration de joie le
maître de la maiſon & les deux premieres
Dames ; elles étoient accompagnées d'une
Dame qui avoit l'air un peu plus âgée que
toutes les autres, mais un maintien très-
noble, très-décent, à laquelle on marquoit
beaucoup d'égards. J'eus encore un nouvel
examen à ſoutenir ici, mais ſans aucune
importunité & toujours également accompagné, comme le premier, de marques de
douceur, de confiance & de bonté.

Les ornemens de l'architecture & de la
ſculpture régnoient par-tout dans cette maiſon. Les meubles en étoient très-propres &

très-commodes. Quel fut mon étonnement
en voyant des glaces de tous côtés, de huit
ou dix pieds de hauteur sur trois ou quatre
de large ! Je me rappellai alors avec con-
fusion le présent de mes petits miroirs, &
la curiosité des Dames, à laquelle je ne pus
rien comprendre. J'eus bien plus à rougir
encore d'avoir osé leur offrir mes autres bagatelles, lorsqu'on me fit passer dans une
autre sale ou le souper étoit servi. Je me
crus transporté dans le palais des premiers
Pairs de la Grande Bretagne. C'étoit le même ordre, la même propreté ; un pareil nombre de domestiques pour servir, des sieges
commodes : tout me paroissoit à l'Européenne, à cette différence près qui m'éblouit :
les plats, les assiettes, les couverts, tous les
vases nécessaires étoient d'or, travaillés avec
beaucoup d'art, & le linge, d'une toile de
coton de la plus grande beauté.

Taumelli, (c'est ainsi que j'entendis nom-
mer le maître de ce palais, qui devenoit incessamment pour moi un palais enchanté,
on ajoûtoit à son nom un autre nom que
j'ai sçu dans la suite correspondre à celui de
Milord, ou Seigneur :) Taumelli s'apperçut, car il étoit attentif à tous mes mouvemens, de mon étonnement ; & que je
marquois la plus grande admiration. Il donna
des ordres à un de ses gens qui lui apporta des
vases d'argent, des plats, des assiettes également bien travaillées, & me fit comprendre
en me les faisant voir & me montrant en
même-tems les domestiques, que c'étoit en
argent que ceux-ci étoient servis. C'étoit en
effet une des grandes distinctions établies en-

tre les maîtres, les domeſtiques & le peuple.

Je fus bien plus frappé d'admiration lorſque j'oſai lever les yeux ſur les deux jeunes Dames que je n'avois pas encore vues à la lumiere, car il étoit preſque nuit lorſque je leur fus préſenté dans le ſalon. Elles avoient également la tête ornée de diamans dont le moindre auroit valu à Londres plus de deux mille pieces. Celle que je pris pour l'aînée, avoit une bague d'un ſeul gros diamant d'une grande beauté, & l'autre portoit à ſon doigt un rubis à peu près de pareille groſſeur. Je me crus chez une nation livrée à l'excès du plus grand luxe. J'étois dans une grande erreur, il n'y avoit pas plus de luxe dans l'uſage de cette vaiſſelle d'or & d'argent qu'il y en a à Londres dans l'uſage de la vaiſſelle d'étain de Cornouaille; & cette quantité de diamans qui ornoient la tête de ces deux jeunes femmes, n'étoient pas plus un luxe dans ce pays que le ſont dans le printems à Tumbridge les fleurs cueillies dans la prairie, dont ſe pare une bergere. Ces deux femmes me parurent encore plus belles à la clarté d'un grand nombre de bougies qui éclairoient la ſalle, & ſi j'avois eu une pomme à donner à la beauté, je l'aurois partagée en deux. Je me trompois pourtant; je ne conſultois pas mon cœur qui bientôt ſe laiſſa enchaîner par l'une des deux pour toujours.

J'étois trop occupé pour me livrer au plaiſir de la table. Le ſouper étoit propre, de bon goût, mais frugal, du gibier excellent, mais en petite quantité; de la volaille de même & des légumes. On ſervit un deſſert compofé de toutes fortes de fruits exquis ; & trois corbeilles d'or, remplies d'Ananas de Citrons & d'Oranges, répandoient dans la falle le parfum le plus agréable. Ces trois cor-beilles n'étoient là que pour l'agrément ; car on n'y toucha point. Le Seigneur Taumelli ainfi que les Dames m'offroient de tout, avec des graces & un air noble qui m'enchantoïent. C'étoit à qui marqueroit plus de gayeté, & de cette gayeté honnête qui fait les délices de la fociété ; je croyois la partager avec eux, tant elle me paroiffoit naturelle.

Je fis entendre enfin au Seigneur Taumelli qu'il étoit tems que j'allaffe rejoindre mes gens ; ce qui me fut refufé, mais d'une ma-niere fi obligeante, que je fus contraint de penfer qu'ils ne me refufoient de m'y faire conduire, que par la crainte que je ne fuffe ex-pofé à errer inutilement pendant toute la nuit. J'infiftai, mais voyant que mon deffein l'affli-geoit, je cédai à fes inftances, je reftai. Dès qu'il fe crut affuré de ma réfolution, il me prit par la main, me conduifit dans une chambre, où il me laiffa avec un de fes domeftiques, après m'avoir embraffé. Le do-meftique prépara le lit qui étoit très-beau, auffi propre & auffi bon que ceux des pre-mieres maifons de Londres, & me montra fur un des fieges de la chambre, des ha-bits de foie à l'ufage du pays, voulant me faire entendre que j'étois le maître de m'en fervir, & fe retira.

Il étoit onze heures du foir : j'avois befoin de prendre du repos, mais bien plus encore de réfléchir fur le pays où je me trouvois, fur tout ce que j'en avois déjà vu, fur les efpérances que je pouvois en concevoir & fur ce que j'avois à faire. L'accès facile, humain, aimable, que j'avois trouvé dans les premiers habitans que le hazard m'avoit fait rencontrer, la beauté de leur figure, la propreté de leur demeure ; la recherche de leurs ameublemens, de leurs vêtemens, leur façon de vivre polie, honnête entr'eux & à l'égard d'un étranger ; leur douceur, leur air noble & toujours gai ; le nombre de leurs domeftiques ; tout me paroiffoit fupérieur à ce qu'on pouvoit trouver dans les palais de nos Princes Européens. Je ne voyois partout que des preuves de bonne éducation, de bonnes loix, de bonnes mœurs, & une bonté de cœur & de caractere que l'éducation & les meilleures loix Européennes ne donnent point. Le fervice de la table, les portes, les fenêtres, les ferrures, la conftruction du château & fa diftribution intérieure, des pendules, des montres, des glaces plus grandes que les nôtres, les diverfes étoffes de foie que portoient les maîtres, & celles de coton ou mélangées de foie & de coton, toutes de diverfes couleurs très-vives, & d'un beau deffein, dont les domeftiques étoient vêtus, m'annonçoient le féjour des arts portés à leur plus haut degré de perfeftion ; & des pierreries fi belles, en fi grande quantité fur la tête des jeunes femmes, l'or répandu par-tout avec profufion, m'affuroient que j'étois dans le pays le plus riche de l'univers.

J'étois tenté quelquefois de prendre pour un rêve ce que je venois de voir. Si j'avois cru aux forciers, comme c'étoit la mode

alors en Europe, même parmi les Grands,
j'aurois pris tout ce qui venoit de m'arriver,
pour une illusion dans laquelle quelque génie aérien m'avoit transporté & m'entretenoit pour son plaisir ; mais j'étois trop frappé, pour me laisser aller à cette idée, d'une
réalité dans laquelle je ne voyois tant de mer-
veilleux, que parce que j'insistois trop sur la
comparaison de ces habitans, de leur demeure & de leurs mœurs, avec ma patrie, à
laquelle je ne croyois pas qu'aucune nation pût
se comparer. Pour réfléchir avec plus de jugement, pour mieux connoître les mœurs
& les usages des habitans de cette terre, &
sçavoir en profiter, je commençai par rejetter ici cette bonne opinion que tout le
monde porte avec soi dans les pays étrangers, & sur-tout nous autres Anglois.

Ces habitans sont doux & honnêtes, car
leur politesse sur-tout à mon égard, ne pouvoit être que l'expression du sentiment, de la
bonté de l'ame ; & cette douceur, disois-je, est
sans doute une qualité naturelle à l'homme, qu'il
ne perd ensuite que par le vice de son éducation. Car l'homme ne vient point au monde avec un poignard à la main. L'or & les
pierreries sont des productions de la nature,
ainsi que la soie, les glaces & les teintures,
ou les drogues qui servent à les former ;
c'est dans son sein que tous les arts ont leur
véritable source ; c'est la nature qui les dé-
veloppe, qui nous enseigne les différens
moyens de tourner toutes ses productions à
nos usages, & à nous rendre, par le meilleur emploi possible de ses présens, la vie
plus commode & plus agréable. Pourquoi les

arts, toutes les connoiſſances utiles, les ſciences mêmes, n'auroient-elles pas fait les mêmes progrès dans ce continent, qu'en Angleterre ? Les terres inconnues ne ſont-elles ha-
bitées que par des hommes farouches, ſauvages ou féroces ? Et ſeroit-il impoſſible de
trouver quelque partie de la terre, habitée
par des hommes meilleurs que les Européens ?
Mais comment concilier ici des mœurs ſi
douces, qui annoncent preſque toutes les
vertus, avec le luxe exceſſif que je voyois ?
Le luxe n'eſt-il pas le pere de tous les vices,
le deſtructeur des mœurs & des empires ?
On verra dans la ſuite que j'aurois été dans
une grande erreur, ſi j'avois pris tout ce que
j'avois vu & ce que je devois voir encore,
pour le luxe qui corrompt les mœurs. Je m'en-
dormis enfin, cependant avec un peu d'inquiétude pour ma barque que j'avois quittée
à cinq heures, & à laquelle j'avois un peu
trop négligé de donner de mes nouvelles,
bien réſolu de la rejoindre le lendemain de
bon matin.

Je dormis juſqu'à huit heures. Dès que je
fus hors du lit, un domeſtique qui étoit à la
porte de ma chambre attendant mon lever,
entra, me montra de nouveau les habits à
l'uſage du pays qu'on m'avoit préparés, & du
linge blanc. J'acceptai le linge, & pendant
que je m'habillois, le domeſtique alla avertir
ſon maître, & chercher le déjeûné. Il revint bientôt, & plaça ſur une table pluſieurs
vaſes d'or de différentes formes, des taſſes
& des ſoucoupes d'une terre cuite ou vitri-
fiée, déjà connue en Europe ſous le nom
de porcelaine de la Chine, mais infiniment

plus belles par leur forme, le deſſein & la
vivacité des couleurs. Dans l'un des vaſes
d'or étoit du thé dont on avoit déjà aporté
l'uſage de la Chine en Angleterre, & dans
l'autre du caffé, dont le commerce du Levant
avoit encore introduit l'uſage depuis peu.
Un autre vaſe contenoit du lait, & un autre du ſucre blanc comme la neige. Le Seigneur Taumelli entra immédiatement & me
préſenta ſucceſſivement du thé, du caffé
& du lait. Je pris du thé & du caffé au lait,
l'un & l'autre d'un degré d'excellence inconnu en Europe.

Le déjeûné fini, le Seigneur Taumelli
qui ſe doutoit bien de mon inquiétude, me
prit par la main pour ſortir en me montrant le côté de la riviere ; il me parut curieux de voir ma barque & mon équipage,
& deſira de m'accompagner. Nous nous mîmes en marche, ſuivis de pluſieurs de ſes
gens, par ſon ordre, ou attirés par la curioſité. La chaleur n'étoit point trop grande,
nous marchions d'ailleurs preſque toujours
ſous des berceaux de verdure. Nous cherchions en vain des yeux ma barque, nous
ne la découvrîmes point ; nous arrivâmes enfin, après une heure de marche, auprès de
l'arbre où je l'avois fait amarrer dans une petite
anſe. Elle étoit partie. Je ne pus m'empêcher
d'en montrer la plus grande inquiétude, &
pendant que je promenois ma vue de tous
côtés ſur l'embouchure de la riviere, le Seigneur Taumelli regardoit autour de l'arbre
où je l'avois fait arrêter, comme à celui auquel la barque avoit été amarrée. Il me tira
par le bras, & me fit remarquer une boëte

de fer-blanc sur un petit tas de pierres au
pied du même arbre. J'ouvris cette boëte, qui
par l'événement ne fut pas pour moi la boëte
de Pandore : j'y trouvai un papier écrit con-
tenant ce qui suit : *Après vous avoir inutilement cherché le long de cette riviere hier au
soir & ce matin, la crainte que vous ne soyez
retenu par violence , de n'être pas assez fort
pour nous engager plus avant dans le pays, &
enfin la nécessité de conserver des vivres pour
notre retour, nous ont déterminés à remettre à
la voile & à aller rejoindre le Chevalier Drake
dans l'espérance de le porter sans peine à venir
avec ses vaisseaux à l'embouchure de cette riviere , & voir un pays dont l'aspect est si beau ,
l'accès si facile , que nous croyons bien habité
& riche. Ainsi nous comptons vous revoir bientôt , & former ici quelque heureux établissement ,
si les habitans sont doux & traitables.*

J'eus un déplaisir bien sensible du parti
précipité que mes gens avoient pris ; c'étoit
ma faute ; je ne devois pas laisser passer la
journée entiere sans leur donner de mes
nouvelles. Le Seigneur Taumelli m'avoit fait
boire tout d'abord dans la coupe de Circé ;
& j'avois ensuite entendu le chant des Syrennes. Ce furent-là mes premieres réflexions.
Je me livrois à l'inquiétude & à la plus grande
tristesse, lorsque les soins & les caresses du
Seigneur Taumelli me firent espérer que sans
être aussi sage qu'Ulisse , je serois plus heureux. En effet je devois passer mes jours dans
le plus beau de tous les pays , le plus riche ,
le plus fertile, sous le plus beau ciel , le plus
beau climat , chez la nation la plus aimable ,
chez une nation qui jouissoit de tout ce qu'on

a dit du siecle d'or ; & pour comble de félicité, je devois être bientôt & pour toujours l'amant & l'époux de l'une des Syrennes qui m'avoient enchanté, & précisément de celle qui m'avoit fait une impression que je n'avois pas eu le tems de démêler encore.

Le Seigneur Taumelli voulut sçavoir ce que portoit l'écrit trouvé dans la boëte. Il m'avoit marqué de l'étonnement en voyant sur ce papier de l'écriture. Il n'étoit pas surpris de l'usage que mes gens en avoient fait pour m'instruire de leur départ, mais de ce que nous en connoissions l'usage qui lui étoit fort familier, ainsi qu'à toute sa nation. Je m'efforçai de lui faire entendre qu'ils étoient allés rejoindre le Chevalier Drake qui commandoit deux vaisseaux ; qu'il avoit relâché à une côte inconnue, d'où il m'avoit envoyé à la découverte ; que j'étois le premier commandant après lui ; & que mes gens me marquoient qu'ils reviendroient bientôt avec lui & ses deux vaisseaux dans cette riviere : ce qui n'arriva pas cependant. J'ai apris dans la suite que le Chevalier Drake après avoir attendu le retour de ma barque plus de quinze jours au-delà du terme prescrit, & manquant de vivres, étoit parti pour le nord de l'Amérique, où il comptoit trouver des établissemens Anglois, se radouber & prendre des vivres ; qu'il avoit relâché à l'isle de Rounoaque à l'embouchure de la Riviere d'Albemarle au nord de la Caroline, où les Anglois envoyés par le Chevalier Raleigh avoient commencé un établissement dont la plupart des habitans revinrent en Angleterre avec le Chevalier Drake ; & qu'il avoit nommé *Terre indéfinie*, l'endroit des côtes des Terres Auſtrales où je l'avois quitté.

Nous revînmes au château où nous trouvâmes les Dames occupées d'un déjeûner ſemblable à celui qu'on nous avoit ſervi : toutes étoient vêtues de même que la veille, à l'exception des diamans que les jeunes n'avoient pas mis à leur coëffure. Je vis régner le même enjouement, & je crus recevoir encore un meilleur accueil ſur quelques mots que dit en entrant le Seigneur Taumelli. Sans doute que touché de ma triſteſſe, on s'attachoit à la diſſiper par de nouvelles attentions. Il me ſembloit qu'on ſe diſputoit à qui prendroit le ſoin particulier de m'aprendre la langue. Je m'occupois moi-même dans ce moment des moyens que je pourrois employer pour y parvenir promptement ſans importuner mes hôtes. Je témoignai l'envie que j'avois de parler, & dès cet inſtant je reçus une premiere leçon de Madame Taumelli, qui me nomma dans un ordre exact, le château, toutes ſes parties, tous les meubles de la maiſon ; & comme elle ſe douta bien que ce ſeroit trop charger ma mémoire en peu de tems, ſi elle continuoit ainſi avec la même rapidité, car les Auſtraliennes ſont fort vives, elle fit aporter une écritoire & du papier. Autre ſurpriſe pour moi ! quoique ce papier ne reſſemblât point au nôtre, il étoit fort blanc & fort propre. J'écrivis tous les noms qu'elle me donna, & elle eut la patience de m'en faire écrire une très-grande quantité. Comme je les répétai tous tout de ſuite ſans voir le papier où je les avois écrits, le Seigneur Taumelli & les autres Dames ſe mirent à m'en

dicter aussi, que je retins avec la même facilité, ensorte que je commençai dès-lors à entrer pour quelque chose dans la conversation. Le Seigneur Taumelli me dicta ensuite les
noms des autres Dames, dont la plus âgée
étoit sa mere, qui la veille avoit accompagné
dans une fête de village ses deux filles, dont
l'aînée se nommoit *Léna* & la cadette *Lilie*;
c'étoit-là toute la famille du Seigneur Taumelli. L'étranger s'apelloit le Seigneur Mindoni, & l'autre Dame étoit sa femme. Cet
exercice, dont je vis qu'on se faisoit un amusement, dura assez long-tems. Le Seigneur
Taumelli y mit fin en me prenant par la main.
Il me fit voir tous les dedans du château, où
tout étoit distribué & meublé comme ce que
j'en avois déjà vu, & où il y avoit de quoi
loger un monde infini. Il me conduisit ensuite
dans les jardins où nous trouvâmes les Dames
que nous allâmes joindre. On fit quelques
tours dans un bois d'Orangers & de Citro-
niers, & nous parcourûmes ensuite assez vîte
des bosquets, des gazons, les bords d'un ruis-
seau, enfin une promenade où l'art avoit respecté l'aimable variété des productions de la
nature. Chaque objet m'attiroit de nouvelles
leçons de mes charmans maîtres de langue.
Léna qui m'observoit plus que les autres, me
crut déjà assez sçavant pour me demander si
j'étois content de tout ce que je voyois. Le
regard le plus intéressant que j'eusse encore
éprouvé, qui accompagna sa demande, m'interdit un moment. Elle m'a dit bien des fois
depuis qu'elle avoit lu dans mon embarras
l'envie extrême que j'avois de lui faire une
réponse obligeante. Je lui répondis quelques

mots de fa langue, qui mêlés de quelques mots
Italiens , & de quelques fignes , lui firent entendre que j'étois également enchanté des bontés qu'on avoit pour moi , de la beauté , de la
richeffe du château , & de tout le pays que je
voyois.

On rentra pour fe mettre à table. Le dîné
fut fervi à peu près dans le même goût que le
fouper , également frugal : il y régna la même
gaieté & la même liberté ; & quoique le vin
fût excellent, on en buvoit fort peu avec beaucoup d'eau. On m'offrit du vin pur que je re-
fufai. J'étois heureufement fort fobre de mon
naturel , ce que j'ai apris dans la fuite qu'on
avoit obfervé avec plaifir.

Après le dîner on s'occupa pendant quelque tems d'un jeu qui reffemble infiniment
à notre jeu d'échets. Je le compris par cette
raifon fort promptement , & *Léna* qui s'en
aperçut la premiere me fit une efpece de
défi que j'acceptai avec empreffement. Je
ne voulois pas gagner , mais comme elle
fçavoit le jeu un peu mieux que moi , elle
eut malgré moi la complaifance de perdre ;
complaifance , que je lui aurois tendrement
reprochée , s'il m'eût été auffi facile de m'exprimer , que de m'en apercevoir. Elle m'a
avoué depuis qu'indépendamment du plaifir
qu'elle avoit à contribuer à diffiper ma trifteffe , elle vouloit augmenter encore l'idée
qu'on avoit déjà de mon intelligence , &
qu'elle commençoit à prendre beaucoup d'intérêt dans la bonne opinion qu'on avoit conçue de moi.

Son pere croyant en effet que je devois
ma victoire à ma fupériorité, m'en parut
charmé,

charmé. Il en fit des plaifanteries à fa fille,
qu'elle foutenoit avec des graces, qui exci-
toient fon pere à les continuer ; ce qui en-
gagea entr'elle & moi un nouveau défi dont
tout le monde voulut être fpectateur. Pour le
coup devenu plus fçavant par la leçon que
je venois de recevoir, je perdis & je rem-
portai ainfi fur *Léna* une victoire fecrette
d'autant plus chere qu'elle feule en recon-
nut le prix en m'affurant par un coup d'œil
qu'elle fçavoit bien que j'avois voulu perdre.
La plaifanterie finit avec le jeu. On fortit
d'un côté opofé à la riviere, qui étoit cependant la plus belle promenade de l'univers ; mais on me fit entendre qu'on ne vouloit pas renouveller ma triftefle par la vue
de l'endroit où j'avois perdu ma barque.

La promenade fut pouffée fort loin dans
un païfage charmant. De tous côtés on a
fans ceffe fous les yeux tout ce que la nature a de plus intéreffant. On étoit toujours
occupé du foin de m'aprendre la l...e.
L'empreffement de nous entendre ... .
ciproque. S'il étoit naturel qu'on voulu. .a-
voir ce que c'étoit que ma nation, mon pays,
les raifons qui m'avoient engagé à le quitter, il ne l'étoit pas moins pour moi de connoître la fource de tant de richeffes, & la
fource mille fois plus intéreffante encore,
de la vertu, de la douceur de mœurs & de
caractere, du vrai bonheur enfin que je
voyois régner dans ce monde inconnu à tous
les autres mondes. A quoi je dois ajouter
encore l'in.patience que j'avois de donner à
mes refpectables hôtes des preuves de ma
fenfibilité & de ma reconnoiffance. Enfin

mon envie d'entendre & de connoître la charmante *Léna* étoit extrême. De ſi puiſſans motifs joints à l'uſage que j'avois de pluſieurs langues, & à la facilité de la prononciation de celle-ci, me mirent bientôt en état de la lire. Je me trouvai aſſez fort quelques jours après pour l'entreprendre. Il fallut d'abord connoître les lettres, ce que j'apris promptement, parce qu'elles ſont preſque toutes ſemblables aux nôtres. *Léna*, l'aimable Léna, ſe donnoit ſouvent la peine de me faire lire & de me faire comprendre ce que je liſois. La ſeule envie que j'avois de la remercier de ſes ſoins, me faiſoit faire des progrès ſi rapides que j'en étois ſurpris moi-même. Je parlai enfin en moins d'un mois la langue des Auſtraliens avec autant de facilité que j'avois parlé le François & l'Italien. Je n'avois pas attendu tout ce tems-là pour exprimer à la Dame & au Seigneur Taumelli toute la reconnoiſſance dont j'étois pénétré, & le deſir extrême que j'avois de paſſer ma vie auprès d'eux. Ils me voyoient vêtu comme eux avec plaiſir. J'avois accepté les habits qu'on m'avoit offerts. Je ſaiſiſſois leurs goûts, j'imitois leur complaiſance & leur douceur. Je devenois Auſtralien. Mais ce ne fut qu'au bout d'un mois d'étude & d'aplication, que je me trouvai en état d'entrer dans tous les détails qu'exigeoit la connoiſſance des productions du pays, de ſon commerce, de ſon induſtrie, des mœurs de ſes habitans, de leur gouvernement, de leurs loix, & enfin de la ſource du bonheur ſingulier dont je les voyois jouir, & que je commençois de partager.

Le Seigneur Taumelli m'avoit déjà marqué quelque curiosité sur mon origine, ma
patrie & mes voyages ; je n'avois osé le satisfaire, jusqu'à ce que je me visse assuré
d'une grande facilité de parler. La maison
avoit été d'ailleurs presque toujours remplie
de Dames & de Seigneurs du voisinage. Il
y a long-tems, me dit-il, un jour que nous
nous trouvâmes seuls avec sa mere, sa femme & ses deux filles sous ce même berceau
où nous nous étions vus la premiere fois,
que je desire de vous ouvrir mon cœur. Votre taille, votre air de noblesse & de douceur, votre jeunesse, car nous ne vous avons
donné que vingt-cinq ans au plus, (en effet
c'étoit mon âge), & sur-tout la sensibilité de
votre cœur, de toutes les qualités de l'homme celle qui nous est la plus chere, nous
plûrent infiniment dans le peu de tems que
nous vous vîmes pour la premiere fois en
cet endroit. Vous êtes bien sûr maintenant
que c'étoit-là le prix que nous mîmes à vos
présens ; & l'attention que nos Dames donnerent à vos miroirs n'avoit d'autre raison
que le plaisir & la surprise de se voir si pro-
digieusement petites avec une égale ressemblance ; parce que nous ignorions l'usage
de glaces de cette extrême petitesse. D'ailleurs nous vîmes par vos présens, que vous
étiez d'une nation qui connoît les arts & le
commerce, & qui a par conséquent des mœurs
& de l'humanité. Ne soyez pas surpris de
ce que nous vous avons bien accueilli d'a-
bord. Nous n'avons point d'esclaves ; nous
avons même l'esclavage en horreur ; c'est
une loi sacrée pour nous que tout homme

qui entre dans les limites de notre Empire, eſt libre, & par-tout il trouve les douceurs de l'hoſpitalité. Si vous étiez arrivé
dans toute autre maiſon, vous y auriez reçu
le même accueil que chez moi, & vous ſe-
riez le maître d'y paſſer la vie, comme vous
l'êtes de la paſſer avec moi. Il n'en eût pas
été de même ſi vous étiez arrivé avec une
troupe armée, avec les ſeules aparences de
quelque deſſein de conquête ou de violence. Dans l'inſtant des forces ſupérieures vous
auroient promptement repouſſé ; quoique les
grandes forces de l'Empire ne ſoient point
établies de ce côté. Nous n'avons de défenſe établie que du côté de l'Eſt, du Nord &
de l'Oueſt : car on n'a point de mémoire
qu'il ſoit arrivé perſonne par la mer du Sud.
Cette mer, quoique très-paiſible, ne nous
a paru fréquentée par aucune nation, juſqu'à
ce jour. Vous êtes le premier qui êtes arrivé
ici par cette riviere ; c'eſt ce qui nous a cau-
ſé le plus grand étonnement, & nous a fait
croire que vous n'êtes d'aucune des nations
que nous connoiſſons. Notre curioſité en eſt
devenue d'autant plus vive, que nous ſommes généralement dans l'idée par les connoiſſances que nous avons de l'Aſtronomie
& de la forme de la terre, que la mer que
nous voyons au midi nous ſépare d'une autre partie du monde qui nous eſt inconnue,
& qui doit être auſſi grande que celle que
nous habitons. Cette curioſité cependant ſe
borne à connoître de plus en plus l'immen-
ſité des ouvrages de la nature, ſans aucune
ambition de rien ajouter à ce que nous poſ-
ſédons, qui ſuffit à notre félicité.

'Après vous avoir entendu parler différentes langues, nous n'avons plus douté que vous ne foyez un habitant de ce monde inconnu. Nous n'avons d'ailleurs remarqué en vous aucun des vices, aucun des défauts & des ridicules que nous voyons chez toutes les nations qui nous entourent & qui fréquentent les limites de notre Empire. Par cette raifon, après avoir obtenu de nous les foins, les égards & tout ce que nous devons à nos femblables, vous avez promptement acquis notre eftime, notre confiance & notre amitié. Ma mere, ma femme, mes filles, nous fommes tous d'accord; nous avons conçu pour vous les mêmes fentimens. Ne croyez pas que ce foit-là l'ouvrage du hafard; c'eft celui d'une mûre réflexion. J'ai voulu vous traiter comme mon fils, comme un fecond moi-même, & malgré ma prévention en votre faveur, cet engagement intéreffoit trop mon repos, celui de ma famille, votre propre bonheur & enfin l'avantage de l'Etat, pour m'en raporter à mes feules lumieres & à celles de ma mere, de ma femme & de mes filles. J'ai apellé mes voifins, je les ai priés de vous obferver, & tous ont penfé unanimement comme nous, que vous n'êtes d'aucune des nations de notre monde, & que vous êtes digne d'être de la nôtre par l'aménité de vos mœurs, par votre franchife & par la fenfibilité de votre cœur. Voilà la raifon pour laquelle vous avez vu pendant un mois notre maifon pleine d'étrangers. J'étois bien aife en même-tems que vous commençaffiez à connoître notre nation.

Je ne crois pas que vous vous flattiez du

retour de vos gens, ni de l'arrivée de Drake ; mais fi le hafard qui vous a conduit ici, l'y
faifoit aborder un jour, j'efpere que l'amitié
à laquelle vous paroiffez fi fenfible, vous re-
tiendroit parmi nous ; & que vous pourriez
même engager vos compatriotes à fuivre votre exemple. Mais c'eft un événement que
je ne crois pas poffible, ainfi il feroit inutile de vouloir le prévoir. Ici le Seigneur Taumelli s'arrêta comme pour refpirer un moment.

Ce difcours étoit prononcé d'un ton fi noble, fi touchant, que j'avois de la peine à
retenir des larmes qu'une joie mêlée de tendreffe excitoit malgré moi. Toutes les femmes avoient les yeux attachés fur moi. J'entendis Madame Taumelli qui difoit à voix baffe à fa
belle-mere : il lui reffemble autant par le cœur
& l'efprit que par la figure : c'eft en tout fon
portrait ; c'eft lui-même.

Oui, reprit le Seigneur Taumelli qui l'a-
voit auffi entendue, c'eft lui-même, du moins
j'efpere qu'il nous en tiendra lieu, & qu'il
fupléera à la feule chofe qui manquoit au
bonheur de notre vie. Aprenez donc, jeune
Etranger, que j'avois un fils de votre âge,
auquel vous reffemblez fi parfaitement de figure, d'efprit & de caractere ; que fi vous
euffiez parlé notre langue & connu nos ufages, il m'eût été impoffible à moi-même de
vous diftinguer. Je le perdis ce fils, il y a
plufieurs années, dans un combat contre les
Nordaliens, où nous étions enfemble. Il eut
le bonheur de mourir les armes à la main
pour la défenfe de fa patrie. Il fut tué à
côté de moi par la perfidie d'un ennemi qui

lui avoit demandé quartier, car la victoire
étoit décidée pour nous. Cet affaffin fut mis
en pieces par nos gens, pendant que je te-
nois mon fils dans mes bras, & que je re-
cevois fur ma bouche fon dernier foupir.
Ce fut ainfi que la générofité d'un Auftralien fut payée par un crime dont nous n'a-
vons jamais vu d'exemple que chez les nations étrangeres. L'intérêt, la gloire de notre nation & les honneurs publics qu'elle
rend à ceux qui meurent en la défendant,
ainfi qu'à leur famille, font pour nous de
grands motifs de confolation, mais cependant
impuiffans pour effacer l'amertume qu'une fi
grande perte répand fur la vie d'un pere. Nous
n'entreprenons point de faire taire la nature,
& notre fermeté fe borne à une refpectueufe
foumiffion aux événemens dont nous ignorons la premiere caufe. Nous trouvons une
confolation plus vraie & plus douce dans l'a-
doption d'un enfant étranger, lorfqu'un pere
eft affez heureux pour trouver un enfant libre, & felon fon cœur. Vous voyez à préfent, jeune Etranger, quelle place je vous
offre dans le mien.

Mes larmes furent ma premiere réponfe,
j'en arrofai fes mains fur lefquelles je m'é-
tois jetté avec précipitation; il me tenoit les
bras, & nous nous tinmes un moment em-
braffés fans pouvoir parler. Le Seigneur Taumelli adreffa enfuite la parole à fa mere & à
fa femme : je vous donne un fils que vous
avez defiré autant que moi, la bonté de fon
caractere vous affure de fa tendreffe & de
fon refpect ; & à vous, mes filles, je vous
donne un frere pour lequel je vous ai déjà

vu un grand fond d'eſtime & d'amitié. Puiſqu'il a traverſé une vaſte étendue de mers
inconnues, qui ſépare ſon monde du nôtre,
il a néceſſairement un grand courage qui le
rend digne d'entrer dans l'Ordre des Auſtraliens, dont le premier & le plus important
devoir eſt d'être toujours prêt à expoſer ſa
vie pour la défenſe de l'Empire. O mon fils,
vous venez de reconnoître votre pere dans
mes bras, vous avez répondu à ſa tendreſſe, reconnoiſſez vos deux meres & vos ſœurs
à leurs larmes, que la tendreſſe & la joie
leur font répandre. Les miennes couloient
abondamment & me tenoient lieu des paroles
qu'elles ne me permettoient pas de prononcer. Je voulus me jetter à leurs pieds. Je fus
arrêté par leurs embraſſemens mêlés de larmes de tendreſſe & de joie. La ſcene étoit
pour moi trop touchante & trop intéreſſante, pour qu'il me fût poſſible de parler. Toute la compagnie s'aſſit ſur le même banc où
j'avois offert mes préſens, & après nous être
un peu remis, on voulut avoir une idée de
mon monde, de ma patrie, de ma naiſſance
& de mes voyages.

Je ne ſçais point encore, leur dis-je, l'é-
tendue de votre monde, tout-à-fait inconnu
au nôtre, dont il eſt totalement ſéparé par
une étendue de mer dont la majeure partie
eſt auſſi peu connue. Le monde d'où je viens
eſt diviſé en quatre parties, dont trois, l'Europe, l'Afrique & l'Aſie, ne forment qu'un
ſeul continent. L'Amérique que nous apellons le Nouveau Monde, parce qu'on l'a découverte depuis peu, a paru juſqu'à préſent
ſéparée par des mers, des trois autres par-

ties. Nous ne connoissons pas l'intérieur de
l'Afrique & encore moins celui de l'Amérique. Quelques nations de l'Europe commu-
niquent & font le commerce par la navigation avec ces quatre parties de leur monde,
& forment sans cesse des établissemens aux côtes de l'Afrique, de l'Asie & de l'Amérique.
Vous pouvez vous former une idée de l'étendue de ce monde par le tems que les vaisseaux
de l'Europe employent à se rendre à l'autre
extrémité. Il leur faut ordinairement six mois,
ce qui fait environ six mille lieues de chemin ;
(a) & je crois que votre monde est à plus de
trois mille lieues du mien ; il est certain que j'ai
fait plus de cinq mille cinq cens lieues pour
arriver ici. Car je suis né en Angleterre, l'un
des Royaumes de l'Europe qui en est le plus
éloigné. Ce Royaume est une Isle à peu de
distance du continent. Les Européens sont su-
périeurs aux nations des trois autres parties du
monde connu par leur génie, par les sciences,
par les arts, par leurs forces & par la liberté ;
& parmi les nations de l'Europe, les Anglois
se mettent au premier rang. C'est en effet la
nation qui connoît le mieux les droits de la liberté, la plus sçavante, la plus puissante en
mer ; & elle veut devenir la plus riche dans
les trois autres parties du monde. Le peuple
ne vit avec un peu d'aisance que par un travail très-pénible qu'exige la culture d'une terre presque par-tout naturellement ingrate,
ou par un exercice continuel des arts mé-
chaniques. C'est cependant le peuple de l'Eu-

_____

(a) Les Australiens comptent les distances par une
mesure qui est l'équivalent d'une lieue commune.

rope le plus heureux. Les grands vivent, avec plus de commodités, des fruits que produisent leurs terres cultivées par le peuple. Les autres habitans imitent les Seigneurs, & deviennent souvent des Seigneurs eux-mêmes, par des richesses acquises dans le commerce. Les freres cadets de ces Seigneurs sont pauvres, & comme tels, obligés de s'adonner au commerce. Je me suis trouvé du nombre de ces cadets qui doivent supléer par leur travail & leur mérite personnel à l'usage injuste qui donne à leur aîné tous les biens de la famille. Je lui fis ensuite le récit de mon voyage jusques au moment où j'avois eu le bonheur de les rencontrer. On m'avoit écouté avec beaucoup d'attention, mais on ne me fit aucune question. Le Seigneur Taumelli me dit seulement qu'il en avoit beaucoup à me faire, qu'il réservoit pour un autre tems.

Dès ce moment je me crus dans le sein de ma propre famille. Le Seigneur Taumelli me dit que je pouvois ordonner & demander tout ce que je voudrois. Je lui répondis que je n'avois rien à ordonner & que je ne desirois d'autre chose que d'être digne des faveurs dont j'etois comblé. Je ne demandois rien en effet, & je n'avois besoin de rien, que d'être instruit des loix & des usages du pays pour répondre en les observant avec exactitude, à l'idée qu'on s'étoit faite de moi. Le Seigneur Taumelli devoit me les aprendre, c'étoit son sujet, il me le dit, & m'assigna pour l'exécuter méthodiquement, une heure le matin & une heure l'après-midi.

Ce n'étoit-là encore qu'une partie de mon

bonheur. J'étois enivré d'une passion naissan-
te; mon cœur s'étoit ouvert aux premiers
feux de l'amour; ses douces illusions me faisoient un nouvel univers de délices & de jouis-
sance; j'aimois un objet également aimable
par son caractere & par sa personne. Je me
croyois assez aimé pour nourrir la plus douce espérance. Je me livrois avec confiance
au plus charmant délire, sans autre inquiétude que celle qui accompagne toujours l'es-
poir du bonheur. Mes conversations avec Léna
devenoient plus fréquentes; cependant je
n'obtenois pas l'aveu que je demandois. La
modestie de Léna augmentoit mon respect
& mon estime sans m'étonner. Sans doute, lui
dis-je un jour, que l'usage est ici le même
que dans mon pays, où ce sont les peres
qui marient les enfans. Permettez-moi de solliciter le consentement de vos parens, c'est
une grace que les bontés dont ils m'ont comblé, me font espérer. Mais non, ajoutai-je
avec tristesse, je serois trop heureux, il n'est
point de bonheur parfait : ma passion m'a-
veugle & m'empêche de m'apercevoir qu'un
étranger sans fortune n'est pas digne de la
main de l'aimable Léna. Vous êtes, repliqua-
t-elle avec douceur, dans deux grandes erreurs. Nos usages sont différens des vôtres.
Nous respectons comme chez vous nos parens, mais les filles ne dépendent que d'elles-
mêmes pour le choix d'un époux; les garçons
jouissent de la même liberté pour le choix
d'une femme. Il est vrai qu'il n'y a point
d'exemple d'abus de cette liberté, & l'on ne
voit point d'enfans s'engager sans avoir con-
sulté leurs parens. La seule loi qu'on obser-

ve rigoureufement, eft que les cadets ne fe marient jamais avant les aînés. C'eft pour cela que ma fœur qui s'eft engagée avec le fils du Seigneur Mindoni, attend pour l'é-poufer, que je fois mariée, ou que j'aie re-noncé au mariage. Les richeffes n'entrent pour rien dans nos engagemens, il n'en eft fait au-cune mention. Dans l'ordre que nous occu-pons dans l'Empire, dont aucune raifon ne pourroit nous autorifer de fortir par des ma-riages, nous ne connoiffons de tréfor que la nobleffe de l'ame. C'eft-là la fortune que nous recherchons, & le feul bien qui touche nos cœurs. Ne vous alarmez donc point, vous fe-rez heureux, vous êtes digne de l'être, j'ai fait mon choix dans le même moment que mon pere vous a adopté, & il l'a aprouvé. Mais ce n'eft pas affez pour autorifer notre union ; il faut encore que votre adoption de-vienne celle de l'Etat. Il faut que l'Etat vous reconnoiffe pour citoyen du premier Ordre. Mon pere a envoyé fa déclaration de votre adoption pour être infcrite dans le livre pu-blic, & il recevra inceffamment le décret par lequel vous ferez reconnu membre de l'Etat. Ce fera en vous le remettant que mon pere vous annoncera qu'il aprouve mon choix. Attendez ce moment dans le filence, & ju-gez à préfent des progrès que vous avez faits dans mon cœur.

J'allois me livrer aux tranfports de la joie la plus vive, lorfque nous fûmes interrompus par l'arrivée du Seigneur Mindoni, de fa fem-me & de fon fils, que je n'avois point en-core vus. Ils étoient infruits de mon adoption, & ne doutoient point qu'elle ne fût bientôt fuivie de notre mariage, qu'ils attendoient impatiemment parce qu'ils defiroient vivement de voir accomplir celui de leur fils avec la fœur de Léna. Ce jeune homme me parut bien digne d'elle. Je liai bientôt avec lui une grande amitié, dont notre alliance refferra enfuite les nœuds.

Le Seigneur Taumelli n'avoit cependant pas oublié qu'il devoit me faire beaucoup de queftions fur les mœurs & le gouvernement de ma patrie, & le projet de m'inftruire des loix & des ufages de fa nation. Je vivois avec lui & avec fa famille dans la plus grande intimité ; chaque jour augmentoit mon amitié, mon eftime & mon refpect ; & j'attendois avec une impatience mêlée d'une extrême curiofité, le moment d'aprendre la fource de cette opulence égale par-tout ; car tous les Seigneurs que je connoiffois déjà, vivoient de même, & ce qui m'étonnoit encore davantage, les cultivateurs, les artifans, livrés à un travail facile & modéré, qui paroiffoit pour eux plutôt un amufement qu'une occupation pénible, menoient une vie douce & tranquille, ils ne manquoient d'aucune des commodités de la vie ; l'innocence & la joie régnoient parmi eux ; le peuple en un mot étoit parfaitement heureux. Tous me paroiffoient voir l'or, l'argent, & les richeffes qu'ils repréfentent, avec une égale indifférence. J'aurois inutilement cherché parmi ces habitans un feul exemple de cette orgueilleufe mifantropie, de cette aigreur contre les riches & les heureux du monde, qui empoifonne la vie de tant de gens en Europe : ils étoient tous également heureux ;

le travail même faifoit partie de leur bonheur , parce que l'habitude leur en avoit
fait un befoin naturel. Je ne pouvois concevoir quelle efpece de gouvernement , &
quelles fortes de loix avoient établi une balance fi heureufe entre le peuple & l'ordre
des Seigneurs ; & , ce qui me furprenoit bien
plus encore , entre toutes les fortunes particulieres des Seigneurs , des cultivateurs &
des artifans , & par quel moyen cette balance
pouvoit fe foutenir toujours égale. J'avois fait
ces obfervations avec toute l'exactitude poffible & je les préfentai de même au Seigneur
Taumelli en lui marquant mon étonnement ,
mon admiration , & en même-tems un grand
refpect pour des loix qui devoient être de la
plus haute fageffe , puifqu'elles avoient produit des mœurs fi généralement bonnes , &
répandu un bonheur fi univerfel , fi conftant
& fi uniforme parmi tous les habitans qui
compofoient les deux ordres de l'Etat , car on
m'avoit affuré que je verrois exactement les mêmes chofes dans toute l'étendue de l'Empire.

Ce qui vous caufe tant de furprife , me
dit le Seigneur Taumelli , vous paroîtra fimple & naturel , lorfque vous ferez inftruit.
Car tout ce que vous admirez dans nos mœurs,
n'eft que la fuite néceffaire d'une loi que les
hommes n'ont point faite , mais qui fe trouve gravée dans tous les cœurs par la main
de la fageffe éternelle. C'eft cette loi unique , dont l'intelligence fuprême , en créant
l'homme , a orné fon ouvrage pour l'empêcher de fe corrompre & affurer le bonheur
de fa vie , qui gouverne toute la nation en
général , chaque ordre de l'Etat & chaque

famille en particulier. Cette loi eſt la regle
inviolable de la conduite de chaque particulier envers ſes ſemblables , & rend notre conduite toujours juſte en nous faiſant agir toujours envers les autres , comme nous deſirons
qu'ils agiſſent envers nous. Qui pourroit méconnoître cette loi ? malheur à ceux qui oſent
mépriſer ſon autorité ſacrée ! car cette loi
n'eſt point l'ouvrage de l'homme. La raiſon
de cette loi nous ſaiſit , ſont autorité nous
touche , pour peu que nous réfléchiſſions ſur
notre nature. Aucun homme ne peut ſe ſuf-
fire à lui-même , pour s'élever, ſe nourrir ,
ſe procurer tous ſes beſoins & veiller en
même-tems à ſa défenſe , à ſa conſervation.
Il a beſoin de la ſociété , il l'aime , parce
que ſon exiſtence la lui rend néceſſaire : &
en même-tems que ſon penchant naturel &
les beſoins qui l'animent , l'engagent à rechercher , à former cette ſociété , la loi lui
preſcrit de la maniere la plus ſimple , la plus
claire & la plus juſte , tous les moyens d'entretenir cette ſociété dont il ne peut ſe paſſer , & d'en écarter abſolument tout ce qui
ſeroit capable de la troubler ou de lui nuire : Cette loi eſt ſans doute une partie de
ce feu divin qui anima le premier homme ,
puiſqu'elle eſt ſi ſenſiblement une partie conſ-
tituante de notre être , que ſi nous la ſup-
poſons ſéparée de lui , ou perdue , l'homme
n'eſt plus ſociable , il vit ſeul errant , manquant de tout , expoſé ſans ceſſe à mille pé-
rils ; il n'eſt bientôt plus homme ; il n'eſt qu'une
bête féroce. Il ne peut ſe conſerver , ou s'il
vit encore avec ſes ſemblables , il y eſt toujours dans un état de guerre. Il eſt entouré

d'ennemis & il eft ennemi lui-même de tout ce qui l'entoure.

C'eft donc cette loi qui eft l'ame de notre gouvernement ; c'eft cette autorité facrée, c'eft cette loi divine dont rien ne peut altérer la fageffe & la bonté, qui entretient dans toute la nation, & parmi tous les membres qui la compofent, la paix, l'union, dans le plus grand détail, l'harmonie parfaite & conftante entre les grands & le peuple, qui conferve & perpétue le bonheur de la nation en général, qui n'eft autre chofe que le réfultat du bonheur particulier qui régne dans chaque famille, & dont jouit chaque individu relativement à fon âge & à fon état. Cette loi conftitue en même-tems la force de la nation pour fe conferver & défendre fa liberté contre les entreprifes ambitieufes de différentes nations corrompues de notre continent, & qui ne font corrompues que parce qu'elles ont altéré la fageffe de cette loi par des loix factices.

Vos nations Européennes, dont vous ne m'avez donné qu'une légére idée, ne feroient-elles pas femblables à celles qui ont tenté tant de fois & toujours fans fuccès, de s'établir fur nos terres, tantôt par artifice, tantôt par violence ? Je crois avoir aperçu dans le peu que vous m'en avez dit, des traits qui m'annoncent que les nations, même la vôtre pour laquelle vous avez voulu m'infpirer plus d'eftime, ont perdu de vue le principe qui conftitue le bonheur de l'homme ; cette loi divine qui eft la bafe & le foutien de la félicité publique. Vous avez vanté vos arts, vos fciences, votre liber-

té, vos forces, votre puissance en mer, votre communication avec les trois autres parties de votre monde, où vous formez sans
cesse des établissemens ; cependant chez votre nation, qui occupe le premier rang, je
vois un peuple condamné aux travaux les
plus durs, dont la majeure partie est pauvre & sans liberté ; car la pauvreté le rend
esclave des grands ; & parmi les grands tout
est encore esclave de l'indigence, excepté
l'aîné qui est peut-être à son tour esclave
d'un Seigneur au-dessus de lui, ou de son
ambition. Les établissemens que vous formez
dans les trois autres parties du monde, ne
sont vraisemblablement que des usurpations
sur des nations foibles, dont vous allez troubler le repos, & peut-être corrompre l'innocence. Je vois que l'avidité des richesses
vous transporte dans des contrées éloignées
à travers une infinité de dangers, & vous
engage à violer souvent sans doute les droits
de l'hospitalité, & la justice éternelle de cette loi, suivant laquelle vous vous plaindriez
avec raison de la tyrannie & de l'inhumanité d'une nation qui viendroit de l'autre extrémité de votre monde entreprendre de s'établir par la force ou par l'adresse sur vos terres, parce qu'elles produisent des richesses
qui lui conviennent & qu'elle voudroit s'a-
proprier. Si votre nation veut devenir la
plus riche, ne sera-t-elle pas bientôt la plus
injuste ? Je vois avec plaisir que votre jeunesse & votre heureux naturel ont préservé
votre innocence de la corruption que l'intérêt personnel a introduite chez vos nations :
vous n'avez eu que le tems d'acquérir des

connoiſſances & les talens néceſſaires pour réparer l'injuſtice de vos loix à l'égard des cadets de vos Seigneurs, & vous n'avez pas
eu celui de perdre le germe de la vertu que
la nature a gravé dans le cœur de tous les
hommes, qui eſt le plus précieux de ſes préſens ; germe heureux, ſemence de vertu,
que j'ai vue ſe déveloper ſi bien en vous
depuis que nous vivons enſemble. Votre gouvernement doit être fort difficile dans un pays
où chaque habitant s'efforce d'acquérir, où
perſonne n'eſt content de ſon ſort. Je ne
puis concevoir de paix au dehors, ni de tranquillité intérieure, chez une nation qui s'é-
loigne ſans ceſſe de la loi fondamentale du
repos & du bonheur de l'humanité, qui ſe
donne des loix factices. Cette nation ne doit
point être puiſſante, ou ne doit l'être que
relativement, c'eſt-à-dire, qu'en proportion
de ce que les autres nations ont plus ou moins
de loix factices. Car plus il y a de ces loix
chez une nation, plus il doit y avoir d'intérêts perſonnels & de diviſions intérieures,
qui affoibliſſent la nation en détruiſant l'union
entre tous ſes membres, union précieuſe qui
eſt la véritable baſe des forces d'une nation,
comme celle de ſon bonheur.

Il eſt vrai, lui dis-je, que nous avons
une prodigieuſe quantité de loix en Europe.
Nous avons des loix écrites qui lient des nations réciproquement par des intérêts reſpectifs. La plupart ſemblent aſſurer pour toujours entre ces nations, la paix, la bonne
intelligence, l'amitié même ; mais l'intérêt
les dicte avec des peines infinies ; l'intérêt
les mépriſe enſuite à la premiere occaſion

avec une grande facilité, & nous donne fouvent la guerre. Nous avons des loix non écrites qui étendent également leur empire fur toutes les nations. Ces loix dont votre loi eft le principe, font d'une utilité & d'une juftice manifefte, mais malgré les efforts d'une multitude infinie de commentateurs qui ont voulu les rendre généralement fenfibles, elles font impuiffantes contre les entreprifes d'une nation ambitieufe, & la nation oprimée ne trouve jamais dans leur autorité qu'un fecours inutile.

Quelques nations font gouvernées par un Sénat, d'autres par des Députés, d'autres par un Prince ou un Roi ; en Angleterre c'eft la nation qui gouverne. Toutes les nations ont des loix qui leur font propres & qui font en grand nombre. Chez toutes ces nations ceux qui gouvernent font exécuter les loix, en font de tems en tems de nouvelles, qui font prefque toujours néceffaires ou pour augmenter par des impôts les revenus de ceux qui font à la tête du gouvernement, ou pour pourvoir à la plus grande fûreté du repos des citoyens contre les attentats des voleurs publics ou domeftiques qui abondent chez chaque nation, malgré la précaution févere des loix, & la vigilance continuelle d'une multitude de citoyens établis pour tenir la main à leur exécution. Enfin on fait de tems en tems chez toutes les nations de l'Europe des loix nouvelles pour perfectionner les anciennes, ou pourvoir à des cas nouveaux qui ont échapé à la prévoyance des anciens Légiflateurs.

Sans doute, interrompit le Seigneur Tau

melli, l'Angleterre ne gémit point fous le poids énorme de tant de loix. Car je ne concevrois pas qu'une nation puiffe fe gouverner elle-même autrement que par l'union intime de tous fes membres, & cette union ne peut exifter que par l'obfervation exacte de la loi que je vous ai expliquée.

Je n'ai point parlé avec affez de clarté, répliquai-je, à l'égard de l'Angleterre. Votre loi y eft bien connue, mais elle a peu de part à la conduite de la nation, confidérée comme corps politique. La nation eft repréfentée par le Parlement, qui eft compofé de Seigneurs & de fes Députés. Elle a un Roi qui n'eft point légiflateur. Il a droit de faire la paix & la guerre à fon gré, mais le Parlement a feul le droit d'affigner fur la nation les fonds néceffaires à fon entretien, aux frais de la guerre, de lui fournir les hommes pour la faire, & de faire des loix. Le Roi ne peut donner atteinte à la liberté d'aucun citoyen; le Parlement peut le dépofer; & cependant aucun Roi de l'Europe n'eft fervi avec autant de refpect. D'ailleurs les fciences répandent des agrémens dans la fociété, en rendant les mœurs plus douces, & fervent infiniment à perfectionner les arts, la navigation, à accroître par conféquent le commerce & la puiffance de la nation.

Cette explication ne donna pas au Seigneur Taumelli une meilleure idée de ma nation, que celle qu'il avoit conçue des autres nations de l'Europe. Qu'importe, me dit-il, que ce foit un Sénat, une affemblée de Seigneurs, de Députés, un Prince, ou

un Roi, qui donne des loix à une nation?
Votre liberté en a-t-elle plus de réalité?
Vous n'en confervez que le nom, dont vous
vous faites une chimere. En êtes-vous moins
affujettis à une multitude de loix faites par
des hommes, la plupart dictées par la paffion ou par l'intérêt? Si vous ne connoif-
fiez d'autre loi que la nôtre, vos mœurs
feroient douces, vos cœurs feroient juftes,
vous n'auriez donc point de crimes à punir.
C'eft en faifant des loix qu'on vous a fait
oublier cette loi naturelle, qui conduit &
gouverne l'homme par le fentiment de fa
création, de fon exiftence & de fa confervation. Qu'ont donc fait vos Légiflateurs?
Ils ont étouffé ce fentiment dans vos cœurs,
& y ont fubftitué une crainte fervile des
peines portées par leurs loix. Je vois qu'on
les a multipliées à l'infini, & de cette multitude de loix naît la néceffité de les multiplier encore. Quelle divifion, quelle con-
trariété d'intérêts entre les différens membres de la nation, ne réfulte-t-il pas de ce
grand nombre de loix anciennes & de loix
nouvelles? Comment pourriez-vous me faire
voir une ombre de liberté chez une nation
où l'intérêt perfonnel domine fur tout, où
les intérêts de chaque particulier font toujours en opofition, où un homme ne fçauroit fe remuer, ne fçauroit changer de
place, fans alarmer ou fans inquiéter un
voifin? Vos loix ne font donc qu'une fociété d'ennemis fecrets, d'une nation naturellement douce, unie & paifible? Cherchons ailleurs la liberté, l'innocence & le
bonheur.

Les fciences méritent plus de refpect que vos loix, fi elles font dirigées vers des objets utiles. Mais fi l'on en abufe, elles font à mes yeux un fléau auffi fâcheux pour votre nation, que le recueil de tant de loix. Je penfe bien autrement fur la culture des arts & fur le commerce. Plus vos loix font multipliées, plus vos intérêts font divifés entre chaque nation, entre les particuliers de chaque nation, plus il vous importe d'augmenter & d'étendre chez vous les productions de la nature & de l'art. Je conçois que c'eft le feul moyen que vous ayez d'alléger le fardeau de vos loix, & d'adoucir les maux infinis qui réfultent de cette opofition perpétuelle d'intérêts perfonnels que vos loix ont produites, qui vous aveugle fur votre vraie félicité, & ne vous permet pas de voir votre bonheur dans celui de vos femblables, dans le bonheur de la nation. Ce n'eft qu'en fe procurant l'abondance de toutes les chofes néceffaires à la vie par les arts & le commerce, & en divifant, le plus qu'il eft poffible, cette abondance chez tous fes membres, qu'une nation furchargée de loix factices, peut fe dédommager un peu du malheur qu'elle a eu de perdre de vue la loi gravée dans le cœur de tous les hommes, & des maux dont on l'a accablée, en fubftituant au fentiment tendre & naturel de fon exiftence & de fa confervation, la crainte fervile du fabre du defpote, ou celle du glaive du Légiflateur. Vous verrez dans ce que j'ai à vous aprendre concernant cet Empire, combien il feroit plus heureux encore pour vos na

tions Européennes, & même pour la vôtre, dont vous me paroiſſez avoir une ſi
haute opinion, qu'il s'y élevât des hommes aſſez pénétrés de l'amour de la juſtice
& de l'humanité, aſſez dégagés des préjugés, aſſez éclairés pour ne voir le bonheur
des particuliers & le leur propre que dans
celui de la nation, & celui de la nation
que dans l'obſervation ſi ſimple & ſi naturelle de la ſeule loi écrite dans le cœur
de tous les hommes, & qui euſſent aſſez
de fermeté, de courage & de pouvoir
pour y ramener leur nation. Vous verrez
par l'exemple que je vais vous préſenter, que ces hommes ſeroient les fondateurs de la félicité publique. Je ne puis
m'empêcher de plaindre des nations qui vivent ſous le joug arbitraire des loix factices,
& dans le capricieux & violent eſclavage
de l'intérêt perſonnel.

J'allois ouvrir les yeux ſur le tableau le
plus intéreſſant qu'il ſoit poſſible de préſenter à la raiſon, lorſque nous fûmes interrompus par l'arrivée des Dames qui nous
propoſerent la promenade. On ne refuſe
chez les Auſtraliens aucune propoſition de
promenade, de jeu, d'amuſement quelconque. Le premier qui propoſe eſt toujours
ſûr que tout le monde fera ce qu'il deſire.
C'eſt un uſage que j'avois déjà obſervé chez
cette aimable nation, & que j'ai toujours
vu ſuivre avec une gaieté & une douceur
égales parmi le peuple même. Les Dames
nous plaiſanterent ſur le ſérieux de notre
converſation. Il eſt vrai qu'elle étoit très-
ſérieuſe, dit le Seigneur Taumelli; nous

parcourions ensemble le monde, qui jufqu'à l'arrivée de Robertfon nous étoit inconnu. Je ne doute point, lui dit Madame Taumelli, que vous ne vous foyez arrêtés de préférence long-tems en Angleterre. C'eft un hommage que Robertfon mérite bien que vous rendiez à fa patrie ? Mais vous a-t-il parlé des Dames Européennes ? c'eft la partie du monde de Robertfon que nous aurions le plus d'envie de connoître. Ne pourriez-vous point détacher cet article de vos converfations particulieres, & le réferver pour nous ? Rien n'eft plus jufte, ni plus facile, dit le Seigneur Taumelli ; nous n'en avons point encore parlé : & c'eft cependant le fujet le plus brillant & le plus agréable que l'Europe puiffe fournir à nos entretiens. Je voudrois bien en voir quelques-unes, dit ma chere Léna. Cela feroit difficile, lui dis-je ; les Européennes voyagent peu, fur-tout celles qui peuvent vous intéreffer par leur naiffance, leur efprit, leur maniere de vivre, leur figure & leur caractere, & je ne vous propoferai pas d'aller les voir chez elles. Cependant le portrait que je vais en faire ne pourra fatisfaire votre curiofité que très-imparfaitement.

Les Européennes font les feules femmes du monde que j'ai habité, qui ne font point efclaves. Dans les trois autres parties, fi on excepte quelques nations fauvages, les hommes prennent autant de femmes qu'ils peuvent en nourrir, & les tiennent enfermées. Il n'eft permis à aucun homme en Europe d'avoir à la fois plus d'une femme, ni aux femmes d'avoir deux maris. Elles

en font bien dédommagées par la liberté
qu'elles ont, fur-tout celles qui font jolies,
d'avoir un ou plufieurs efclaves, qu'elles
choififfent à leur gré; & prefque tous leurs
efclaves font fi contens de l'être, qu'on
voudroit en vain leur rendre leur liberté; fi
cela étoit poffible, ils ne voudroient pas la
reprendre. Mais le tems ufe enfin leurs chaînes qui tombent d'elles-mêmes, & quelquefois fort promptement: Plufieurs fe trouvent libres dans le moment même où il
femble que leurs chaînes devroient fe renouveller. Il arrive alors que ces efclaves
prennent ordinairement d'autres chaînes, &
leurs maîtreffes choififfent d'autres efclaves.
Souvent cès efclaves obéiffent & défobéiffent tour-à-tour, ils obéiffent même quelquefois en défobéiffant; il y en a qui meurent plufieurs fois par jour, quoiqu'ils fe
portent fort bien; d'autres fe font obéir, &
alors leur efclavage ne manque jamais de
finir dans le moment, malgré les efforts
qu'on fait d'ordinaire de part & d'autre pour
le faire durer plus long-tems.

Mon cher Robertfon, fi vous continuez
fur le même ton, me dit Madame Taumelli, nous ne connoîtrons rien à vos Dames Européennes, quand vous nous en par-
leriez pendant une année entiere.

Madame, fi je difois les mêmes chofes
de vos Dames Auftraliennes à une Européenne, fur-tout à une Dame de Londres
ou de Paris, elle ne manqueroit pas de me
dire que les Dames Auftraliennes reffemblent à celles d'Europe. Vous m'auriez entendu & vous auriez fait la même remar-

C

que, fi l'art n'avoit pas refpecté dans ce pays
l'ouvrage le plus beau & le plus intéreffant
de la nature.

Cet efclavage dont je viens de vous parler & que vous allez bientôt comprendre,
qui plaît en général à toutes les Européennes, dont quelques-unes s'amufent, dont
d'autres font toute leur occupation, & auquel plufieurs facrifient leur honneur, leur
repos, & fouvent même tout le bonheur
de leur vie, eft l'ouvrage de l'art ; non de
cet art heureux qui perfectionne les dons
de la nature, qui les orne, qui les embel-
lit, qui les rend plus aimables & les fait
refpecter, mais de cet art impofteur qui
s'occupe de la recherche des moyens d'en
abufer.

Ma mere, dit Léna en riant, ceci eft encore un difcours à l'Européenne. Je ne
fçais fi vous l'entendez, pour moi je n'y
comprens rien.

Parlez-nous donc, dit Madame Taumelli,
plus naturellement de vos Dames. Expli-
quez-nous ce que c'eft que ces efclaves
qu'elles fe donnent, qui leur obéiffent &
leur défobéiffent dans le même moment ;
qui obéiffent même quelquefois en défobéiffant ; qui ne veulent point reprendre leur
liberté & qui la reprennent fouvent malgré
eux, qui fe font obéir eux-mêmes, qui enfin meurent cent fois par jour, fans mourir une feule : tout cela ne préfente qu'un
enfantillage auquel je ne conçois rien.

C'eft pourtant là, lui dis-je, ce qui ca-
ractérife effentiellement l'empire que les
femmes Européennes exercent fur les hom-

mes. Pour rien au monde, dit-elle, je ne voudrois d'un tel empire ; & je ne conçois pas comment on peut fe plaire à exercer un pouvoir fi frivole, qui ne fçauroit manquer de donner de grands embarras. Je ne reconnois rien de naturel dans tout ce que vous venez de dire. Pour nous, nous paffons notre vie, occupées du foin de plaire à nos maris, d'élever nos enfans, de maintenir un bon ordre dans nos maifons, de les rendre agréables à nos maris, à nos amis, & de remplir tous les devoirs de l'amitié. Je plains vos femmes Européennes, fi elles fe donnent d'autres occupations. Elles ne fçauroient être heureufes. Nous ne connoiffons point d'autre empire que celui qui nous fait aimer de nos maris & de notre famille, qui nous affure leur eftime & leur confiance, & en même-tems une vie douce, tranquille & heureufe. Voilà ce que la nature nous enfeigne : Nous ne defirons & nous ne cherchons rien au delà.

Madame, quelques Européennes fe procurent ce bonheur, mais elles font en très-petit nombre. En Europe les filles ne fe marient point, on les marie, & prefque toutes fans les confulter. On n'examine point fi la fille & le mari qu'on lui donne, ont entre eux les raports convenables pour former cette union. Le rang ou la fortune, ou tous les deux enfemble la déterminent. Une jeune fille élevée dans la gêne & la retraite, car peu de meres fe donnent la peine d'élever leurs enfans, ne voit de bonheur en fe mariant, que dans l'ufage d'une grande liberté. L'amour de la parure, l'envie d'être jolies & le

defir de plaire , fe dévelopent prefque dès
l'enfance chez les filles. Ce penchant & les
charmes de la beauté font l'ouvrage de la nature. Ce font là les armes qu'une femme em-
ploiera , non pour commander , mais pour
gouverner. Si le hazard veut qu'elle aime un
mari qui n'eft pas de fon choix , & qu'elle en
foit aimée , elle ne voudra point étendre plus
loin fon empire , elle ne connoîtra point
d'efclaves, elle fera heureufe ; mais le contraire arrive prefque toujours. La jeune femme a befoin d'aimer , & les objets qu'elle
croit dignes de fon attention fe préfentent en
grand nombre. Elle fe prête aux louanges , à
la flatterie , à la féduction. Son defir naturel
de plaire devient plus vif , fe fixe. Son amour
pour la parure augmente avec fon envie d'être
jolie ; elle cherche dans fa toilette , dans fes
regards , dans un langage étudié , l'art de féduire ; elle y réuffit , fouvent même fans être
jolie. Elle a des amans qui fe déclarent , qui
deviennent fes efclaves, & fi elle fait un choix,
elle devient à fon tour l'efclave de celui-ci.
Quelques femmes paffent tout le tems de leur
jeuneffe à faire des amans , à les entretenir, les
conferver & les perdre. L'Angloife fe diftingue par fa fenfibilité. La Françoife plus légére, plus vive , plus aimable , eft froide par
tempérament & coquette par vanité ; elle veut
également briller & plaire , & cherche bien
plus l'amufement que le plaifir. L'Italienne
au contraire ne cherche que le plaifir & la volupté. L'Efpagnole cherche un amant , mais
fa fierté fait qu'elle en trouve un difficilement
qu'elle eftime digne d'elle.

Je commence à comprendre , dit Madame

Taumelli , que vos Dames Européennes ne croient point à l'honneur & à la vertu.

Pardonnez-moi , Madame , elles y croient si bien , que celles qui n'en ont point , font femblant d'en avoir.

C'eft-à-dire , continua Madame Taumelli , qu'on a eu recours à l'imitation , & qu'on a trouvé l'art de fe paffer d'honneur & de vertu.

Il y en a cependant plufieurs , Madame , qui ignorent l'ufage de cet art trompeur , qui font à la fois honnêtes , aimables & fages , qui ont de la réferve & de la modeftie , qui fe font refpecter , en un mot , qui foutiennent l'amour par l'eftime. Ce font véritablement celles-ci qui exercent un empire abfolu fur les hommes, qui les envoient d'un feul figne au bout du mon-de , ou leur font faire tout ce qui leur plaît. Il n'y a pas long-tems qu'on en vit un exemple fingulier à la Cour de France. Une jeune Dame qui avoit un amant babillard , lui impo-fa un filence abfolu & illimité , qu'il garda fi fidélement pendant deux ans entiers , qu'on le crut devenu muet par maladie. Un jour en pleine affemblée , cette Dame qui n'étoit point connue pour fa maîtreffe , fe vanta de le gué-rir fur le champ , & le fit avec ce feul mot ; *parlez*. Si cet empire n'eft pas l'effet de la vertu , il y tient de fi près , qu'on ne peut s'em-pêcher de le trouver beau.

Pour moi , reprit Madame Taumelli , je ne vois là que de la fierté & du caprice de la part de cette Dame ; & un trait de folie de la part de l'homme. Si cette femme étoit fage & honnête , elle ne devoit pas permettre à cet homme de devenir fou pour l'amour d'elle ,

& lui de fon côté devoit faire un meilleur ufage de fa fermeté. Vous ne nous avez rien dit
encore jufqu'ici qui puiffe nous faire naître la
moindre envie d'être Européennes. Car nous
faifons confifter notre dignité & notre gloire
dans l'amitié, l'eftime & la confiance de nos
maris ; & tous nos plaifirs dans le bonheur de
notre famille. Aucune Auftralienne ne voudroit changer les douceurs tranquilles qu'elle
goûte dans le gouvernement intérieur de fa
maifon, pour cet empire qui flatte tant l'a-
mour propre de vos Dames d'Europe, fans
cependant les rendre heureufes.

Nos Dames Européennes, repris-je, feroient auffi heureufes que les Dames Auftraliennes, fi elles n'étoient pas détournées de
la route de la nature, qui eft la même que
celle du bonheur, par l'éducation qu'on leur
donne, & encore plus par l'adulation des
hommes, par les hommages intéreffés qu'ils
rendent à leurs charmes naiffans, par une
infinité d'ufages que la licence a introduits,
& par un grand nombre de mauvaifes inftitutions fociales. En un mot leur naturel eft aimable avant que les hommes l'aient gâté. Elles
ont l'efprit agréable, quelquefois brillant &
folide : communément elles parlent mieux que
les hommes ; & fi elles les gouvernent quelquefois fort mal en qualité de femmes ou de
maîtreffes, quelquefois auffi elles les gouvernent très-bien en qualité de fouveraines.

Je vous avoue, dit Madame Taumelli, que
je ferois curieufe de voir une femme gouverner un grand Empire, pourvu que ce ne fût
pas le nôtre, qui eft mieux gouverné par notre loi, qu'il ne fçauroit l'être par aucun Prin-

ce , puisqu'il n'y a pas un seul homme malheureux dans tout l'Empire. Sur le portrait que
vous m'aviez fait d'abord de vos Européennes , je ne les aurois pas crues capables de
gouverner des nations , & je crains fort que
les rênes du gouvernement ne soient bien mal
placées dans des mains si foibles , si délicates
& si légéres ; & qu'une nation ne fasse bien
des étourderies , sur-tout si elle est gouvernée par une Dame de Paris ou de Londres.

Je ne sçais , Madame , quel usage feroit de
l'autorité une Dame de Paris sur le trône, les
femmes ne succedent point à la Couronne de
France. Quelques Reines-Meres y ont régné
pendant le bas âge de leurs fils avec assez de
difficultés & de troubles. D'autres femmes y
ont régné fort souvent , mais uniquement par
le charme de cet empire que la nature & l'art
leur donnent, dont nous avons parlé ; & j'ai
ouï dire qu'on s'en est toujours fort mal trouvé. Dans la plupart des autres Royaumes, les
femmes ont droi à la Couronne , & les femmes nous ont donné plus d'un exemple d'heureux regnes. Celui d'Elisabeth est actuellement un des plus heureux & des plus glorieux
de l'Europe. Ma nation n'a point eu de Roi
qu'elle ait plus respecté & plus aimé que cette
Reine , qui ait possédé à un plus haut degré
tous les talens nécessaires pour le gouvernement. Son nom sera placé dans l'histoire à
côté de celui des plus grands Rois. C'est un
hommage que lui ont rendu le Roi de France
& le Pape Sixte-Quint , les deux plus grands
politiques de l'Europe. Le suffrage de ce dernier sur-tout n'est pas suspect ; car il est son
ennemi juré , ainsi que de la nation Angloise.

Quel perſonnage nous nommez-vous-là ;
dit Madame Taumelli , le Pape Sixte-Quint ?
Eſt-ce l'un de vos Rois , de vos Princes , de
vos Souverains ? Comment ſe nomme ſa prin-
cipauté , ſon royaume ? Sur quelle nation re-
gne-t-il ?

Madame , ſur toute l'étendue du monde
connu , ſi on veut l'en croire ; il prétendroit
même régner ſur le vôtre , s'il ſçavoit qu'il
exiſte. Ses ordres ſont abſolus ; il les envoie
d'un bout du monde à l'autre. Il eſt vrai qu'ils
ne ſont pas également reſpectés par-tout. Il
juge , il proſcrit , il condamne même au feu
des nations entieres & en grand nombre , qui
n'en ſçavent rien , qui ne le connoiſſent point,
& cependant ſur le fondement qu'elles ne lui
obéiſſent pas ; & quelques-unes de celles qui
le connoiſſent , vont leur train & le laiſſent
faire ; mais il y en a pluſieurs qui redoutent
extrêmement ſa colere.

Voici un être , dit le Seigneur Taumelli ,
qu'il ne nous ſera pas facile de définir. Madame
Taumelli , ceci eſt un peu plus difficile à concevoir que l'hiſtoire des eſclaves. Eſt-il Roi
ce Pape Sixte-Quint , ou Empereur de quelque nation plus forte que les autres ? Car il
s'arroge une autorité ſi extraordinaire , qu'il
faut néceſſairement qu'il ſoit quelque choſe de
bien grand dans votre monde.

Non , repartis-je , il n'eſt ni Roi , ni Empereur , il ſe prétend bien au deſſus ; il eſt
Pape , il ſe nomme Sixte-Quint , parce qu'il
eſt le cinquieme de ce nom. Il y a long-tems
que ſes prédéceſſeurs ont uſurpé un petit coin
de terre en Italie , petite partie de l'Europe ,
où il habite , & où il entretient la cour la plus

faſtueuſe de toute cette partie du monde. C'eſt de là que partent ſes ordres, & que dans une langue qui n'eſt pas la ſienne, qu'on ne parle plus depuis quinze ſiecles, il explique ſes volontés à tous les Potentats, à tous les Souverains & à toutes les nations de la terre, excepté aux Auſtraliens, qu'il ne manquera pas de mettre auſſi ſous ſa domination, dès qu'il entendra dire qu'ils exiſtent.

Vous nous donnez-là, dit le Seigneur Taumelli, l'idée d'un empire qui a bien l'air d'une fiction. Comment concevoir en effet que le Souverain d'une petite partie d'un petit coin de l'Europe exerce un poůvoir ſi étendu ? Il faut qu'il ait des milliers de ſoldats à ſes ordres, & que toutes les puiſſances de la terre redoutent bien la force de ſes armes.

Il s'en faut bien, leur dis-je, que je vous aie encore expliqué toute l'étendue de ſon pouvoir. Il eſt vrai que cette puiſſance n'a de fondement qu'une fiction, qu'elle n'eſt apuyée que ſur l'opinion, qu'elle ne s'eſt établie & ne ſe ſoutient que par des paroles, & qu'une armée de dix mille hommes ſuffiroit pour mettre ce Potentat & toute ſa cour dans les fers : & cette opinion qui a fondé & qui perpétue le regne de cette puiſſance depuis pluſieurs ſiecles, a fait regarder la ville où eſt ſon ſiége comme la capitale du monde. Le Pape a ſouvent dépoſé les Rois & les Empereurs, & donné leurs couronnes à ſon gré, en diſpenſant leurs ſujets de leur ſerment de fidélité. L'idée d'un lieu de délices pour les ames de ceux qui ont bien vécu dans ce monde, & d'un lieu de tourmens pour les méchans, exiſtoit avant lui parmi les hommes.

C 5

Il en a profité, il leur a perfuadé qu'il étoit le Vicaire de Dieu, qu'il lui a confié les clefs de ce lieu de délices, qu'il a nommé le *Paradis*; qu'il en ouvre les portes & les ferme à qui il veut. On l'a cru; en conféquence il a donné des loix à toute la terre, & il en a fait une fi grande quantité, que la vie d'un homme fuffiroit à peine pour les lire toutes. Il a ordonné des jeûnes, des prieres publiques; il en a fait fur les mariages, fur les droits qu'il prétend exe rcer en différens royaumes, fur les actions des hommes, & même fur ce qu'ils doivent croire ou penfer. Il s'eft arrogé en mêmetems le droit de les difpenfer de ces mêmes loix par des loix nouvelles qu'il accorde tous les jours à ceux qui l'en fuplient en payant une certaine fomme. Il a une efpece de tarif où chaque difpenfe eft taxée. Par cette feule voie il attire à lui les tréfors de plufieurs nations. Il a fouvent armé en expliquant ou en faifant une loi à fon gré, une nation contre une autre, & des peuples contre leurs Souverains, pour foutenir le droit qu'il s'eft attribué de faire croire ce qu'il veut. En dernier lieu le Roi de France, le plus refpectable Monarque de l'Europe, n'eft parvenu à régner tranquillement fur un peuple qui l'aime, & dont il eft le pere, qu'après avoir reconnu fon autorité par un acte public, & cru ou fait femblant de croire qu'il a raifon. Ce Pape avoit armé pour foutenir fon autorité, plus de la moitié des fujets de ce bon Roi; & il ne lui a ouvert les portes du paradis qu'il lui avoit fermées, qu'après avoir été affuré de fa foumiffion.

Le pere de nôtre Reine a ofé fecouer le joug de cette efpece de pouvoir magique,

parce que le Pape en avoit terriblement abufé
en Angleterre en plufieurs occafions, au point
que ce royaume lui payoit un tribut annuel
affez confidérable. Ce Roi a ébranlé les colon-
nes de cet édifice. Cela lui étoit plus facile
qu'au Roi de France, parce que le peuple
Anglois ne croit pas, comme le croient les
François, que le Pape a réellement les clefs
du *Paradis*. Depuis ce temps-là fur-tout, les
Anglois jouiffent de la liberté de penfer & de
croire. C'eft un grand avantage qu'ils ont fur
les François, leurs éternels ennemis, auxquels le Pape fait croire de gré ou de force
tout ce qu'il juge à propos, & dont il tire
tous les ans une fomme très-confidérable,
comme un impôt légitime, à titre de Souverain de leur opinion.

Les clefs du paradis font fes feules armes ;
auffi apelle-t-on fon pouvoir, le pouvoir des
clefs ; & ce pouvoir inutile chez quelques
nations qui ont ofé lever le voile qui couvre cette fiction, eft fupérieur aux armes des
Souverains chez des peuples ignorans, crain-
tifs & fuperftitieux. Le Pape a d'ailleurs des
Soldats ou une efpece de Soldats répandus
par millions chez ces peuples. Ces Soldats
fçavent faire refpecter fon autorité, non par
des armes & des combats, mais par des paroles & par l'opinion. Cette milice a acquis
à titre de pauvreté des biens immenfes ; non-
feulement elle fait la guerre à fes propres
frais pour l'intérêt du Pape, mais elle lui
paye encore un tribut. Car en même-tems
que cette milice eft un très-puiffant foutien
de fa couronne, elle eft une branche très-
riche de fes finances.

Si un homme propoſoit, nous dit le Seigneur Taumelli, de nous ſoumettre à cet
empire, nous le regarderions comme un fou.
Il faut donc que cette puiſſance ſe ſoit élevée parmi vos nations à la faveur d'une extrême ignorance. Car rien n'eſt moins naturel qu'un tel empire ; il eſt entierement
l'ouvrage de l'imagination. On a dû employer
une politique bien pénible & bien artificieuſe
pour ſoutenir pendant tant de ſrecles l'autorité d'un homme qui commande aux eſprits,
qui les oblige de croire & penſer comme
il lui plaît, & ſans doute tout ce qu'il juge
utile ou néceſſaire à ſon intérêt, ou à la
conſervation de ſon régne, & au ſoutien de
ſon autorité. Les reſſorts de cette politique
doivent s'uſer à la longue ; & ſi jamais vos
Européens reprennent leur liberté naturelle
de penſer, c'en eſt fait du premier de vos
Potentats : il n'en reſtera que les ruines d'un
édifice artificiel. Je conçois beaucoup d'eſtime pour votre nation, depuis que vous n'a-
vez apris qu'elle a eu aſſez de bon ſens &
de fermeté pour ſecouer le joug d'une autorité ſi abſurde & ſi ridicule. Mais croyez-
vous que votre Reine ſoutiendra bien ce
premier effort de votre raiſon ? Elle eſt une
femme Européenne.

Je vous entends, Seigneur Taumelli, vous
en concluez qu'il eſt plus facile de ſéduire
une femme qui eſt ſur le trône, qu'un Roi.
L'art de connoître les hommes eſt la premiere qualité & la plus néceſſaire pour gouverner. Car ce n'eſt que par le choix des
hommes & par l'emploi qu'on en fait, qu'un
gouvernement eſt bon ou mauvais ; qu'on

rend une nation malheureuse ; ou qu'on la fait prospérer. Or les femmes ont naturellement en Europe à un bien plus haut degré que les hommes, la présence d'esprit, la pénétration, l'art d'observer & de voir ce qui se passe dans le cœur des hommes, & l'habileté de s'en prévaloir. Cet art naît avec elles, & les hommes sont obligés de l'étudier. D'ailleurs la Reine Elisabeth est Angloise, & les femmes Angloises se distinguent parmi les Européennes par le courage & la fermeté. Cependant le Pape a déjà tenté plus d'une fois de rétablir son autorité en Angleterre par la séduction ; il le tentera peut-être encore, mais j'espere que ce sera toujours sans succès quoiqu'il ait employé une société de nouveaux séducteurs, qui vient de se former sous son autorité, plus séducteurs encore que tous ceux qu'il a eus jusqu'à présent à ses ordres. Ceux-ci semblent n'agir qu'au nom du Pape, mais tous les gens sensés s'aperçoivent que ces nouveaux-venus travaillent secretement à leur élévation. On ne connoît point de bornes à leur ambition : ils veulent gouverner par l'opinion & par la persuasion toutes les Puissances, le Pape lui-même ; car ils le trompent, & ils ont déjà envoyé des détachemens dans toutes les parties du monde pour établir une monarchie universelle pour leur propre compte.

Votre Europe, dit Madame Taumelli, produit des hommes bien extraordinaires. Ils me paroissent tous fous. Ceux-ci font-ils aussi des loix ?

Non, Madame, ils n'en ont point encore

fait ; mais il y a bien de l'aparence qu'ils
en feront beaucoup, lorfqu'ils auront établi
leur monarchie univerfelle, dont ils jettent
actuellement les fondemens ; en attendant ils
en font faire tantôt par le Pape, tantôt par
les Rois, & ils interprêtent fuivant leurs vues
& leurs intérêts toutes celles qui font faites.
Ces gens-là deviendront bien terribles au
genre humain, fi quelque homme fenfé ne
fait pas bientôt tomber le mafque de bonté, de douceur & de vertu qu'ils ont pris.
Car on les accufe déjà de vouloir faire affaf-
finer les Rois qui refufent de les croire.

Sçavez-vous, mon cher Robertfon, dit
Madame Taumelli, ce que je penfe de tout
ce que vous dites de votre Europe ? c'eft
que nous fommes bienheureux que votre
Pape & tous ces gens qui veulent régner
par l'efprit & l'imagination, ignorent nos
Terres Auftrales ; & nous, la féduction, la
vanité, l'intérêt & l'ambition de ces hommes entreprenans. Ils abuferoient facilement
de notre fimplicité & de notre paifible douceur ; & d'heureux que nous fommes, nous
ne ferions bientôt que de malheureux efclaves, comme vos Européens, chez lefquels
je ne vois qu'une ombre légére de liberté.

Je vous avoue, Madame, que je ne me
rapelle qu'avec douleur l'idée du tableau af-
fligeant pour l'humanité, des miferes infinies
que cette multitude de légiflateurs & de loix
ont répandues parmi les peuples Européens.
J'ai paffé fous filence un détail immenfe de
calamités qui de tout tems ont défolé l'Europe, & qui n'ont point eu d'autre caufe
que cette multitude de loix & l'ambition de

ceux qui les ont faites. Permettez que je n'entre pas dans de plus grands détails ; je m'attendris trop fur les malheurs de ma patrie.

Et bien, reprit-elle, pour diſſiper les effets de votre ſenſibilité, nous irons tantôt à une fête de mariage dans le village que vous voyez d'ici ſur le penchant de cette colline, où vous verrez régner une joie pure & naturelle, qui peut-être vous fera oublier les malheurs de votre Europe, dont votre cœur eſt ſi affecté.

J'acceptai cette invitation avec joie ; j'avois déjà bien obſervé le peuple Auſtralien. Son air content, ſa gayeté naturelle, m'avoient frapé ; mais je n'avois pas encore vu quel étoit le ton de ſa joie dans une fête telle qu'un mariage où une naiſſance qui ſont les ſeules fêtes qui leur ſont connues, & qui ne méritent point ce nom ailleurs, comme chez les Auſtraliens.

Nous entrâmes dans une maiſon où régnoit la plus grande propreté : On danſoit dans un ſalon au ſon d'un inſtrument très-doux & très-agréable. Les Auſtraliens ont beaucoup d'inſtrumens, preſque ſemblables à ceux d'Europe, & leur muſique tient infiniment de la muſique Italienne. Les peres & les meres des nouveaux mariés vinrent au devant de nous, & nous préſenterent leurs enfans. Les careſſes que nous leur fîmes furent reçues avec un grand reſpect & la ſenſibilité la plus touchante. Nous fûmes conduits dans le ſalon où étoit aſſemblé tout le village, ce qui faiſoit environ cinquante perſonnes, y compris les peres, les meres & les enfans. Tous les villages ſont petits, mais

tous fort proche les uns des autres. Le Seigneur Taumelli, sa femme, sa mere & ses
filles firent mille amitiés à toute cette assemblée. C'étoit un spectacle très-intéressant pour
moi, que l'épanchement de cœur auquel on
se livroit de tous côtés. La joie étoit répandue par-tout; & je voyois également à tout
le monde un air de jeunesse & de santé.
Tous me paroissoient être d'une même famille & du même âge. Les garçons & les
filles que je ne parvins à bien distinguer des
peres & des meres, que parce qu'ils dansoient plus souvent & plus long-tems, &
qu'ils avoient un peu plus de vivacité, jouoient
tour-à-tour très-agréablement de quelque
instrument, & chantoient presque tous également bien. Ils faisoient succéder des concerts à la danse, car la danse finissoit dès
que quelqu'un demandoit le concert, & la
danse étoit reprise ensuite à la premiere pro-
position que quelqu'autre en faisoit. Léna &
Lilie furent de la danse & du concert. Elles
se confondirent avec les filles du village
toutes presqu'aussi jolies, aussi bien faites,
aussi proprement & aussi décemment mises.
Les graces chantoient & dansoient tour-à-
tour, ou plutôt la nature se montroit avec
tous ses charmes enchanteurs. Toute cette
jeunesse étoit livrée à une joie vive & pure; & l'innocence que j'y voyois régner me
la rendoit encore plus aimable & plus touchante. Les jeunes époux étoient trop occupés d'eux-mêmes & de leur bonheur, pour
prendre autant de part que les autres aux
plaisirs de la danse & du concer. Ils étoient
cependant l'un & l'autre remplis d'attention

pour les étrangers. La mariée me pria avec
tant de graces & de douceur de vouloir bien
danser une danse de mon pays que je ne pus
le lui refuser. Elle exécutoit un ordre secret
de Madame Taumelli. J'étois tout entier à
la fête, & je ne me fis pas prier. Je dan-
sai une danse Angloise, qui excita la curiosité & l'étonnement de tout le monde par
son extrême vivacité. Les leurs quoique fort
vives, l'étoient infiniment moins, parce
qu'elles étoient naturelles. Il me fut impossible de sçavoir si j'avois eu le bonheur de
leur plaire ; mais je reçus des remercimens
de ma complaisance, comme si je les avois
mérités. Je demandai à une jeune fille, si
elle se marieroit bientôt. Je ne le sçai point,
me dit-elle, je n'ai pas encore fait mon choix.
C'est ma sœur aînée qui vient de se marier,
elle est deux ans plus âgée que moi. J'ai
encore deux années pour y songer, car nous
ne pensons point à nous marier avant dix-
huit ans. Voilà ma cousine, en me montrant
une jeune fille assise auprès d'elle, qui a
choisi son mari. Elle se mariera dans le mois
prochain. J'espere, me dit celle-ci, que vous
me ferez le même honneur qu'à ma cousine, & que vous n'aurez pas oublié votre
danse Angloise. Je m'y engageai, & la conversation finit là. Madame Taumelli m'apella pour nous retirer. Toute l'assemblée sortit & nous accompagna jusqu'au bout du village. Nous nous quittâmes après bien des
caresses mutuelles, avec regret de part &
d'autre. Pour moi je me croyois dans cette
assemblée au milieu de mes amis.

   Qu'on ne soit pas étonné de ce que je ne

fais pas ici des récits de galanterie. Les
Australiennes en ignorent le jargon ; & un
galant Européen, un François fur-tout qui
excelle dans cet art frivole, ne trouveroit
pas auprès d'elles à exercer fon petit talent.
Elles vivent dans une aimable familiarité
avec les hommes, parce qu'ils font modeftes
& réfervés comme elles ; leurs entretiens
pleins d'innocence, font enjoués, badins,
folâtres même, mais décens. Elles méprifent
le petit jargon de la galanterie, elles le re-
gardent même comme très-offenfant. La fierté d'ame que leur donne la pureté de leurs
fentimens, leur feroit rejetter avec indigna-
tion les propos doucereux dont on voudroit
les amufer. Les louanges fur leur efprit, fur
leur beauté, fur leurs graces, fur le prix du
bonheur de leur plaire, & toutes ces gen-
tilleffes qu'on prodigue à nos Européennes,
& dont on les amufe, ne feroient reçues
qu'avec un froid à glacer. Les femmes n'é-
coutent rien de ce qui leur annonce une
paffion. Leurs filles ne font pas ennemies
des louanges, mais elles veulent qu'elles
foient vraies, & ne les reçoivent que de
celui qui leur montre affez de mérite pour
les déterminer au mariage. Le feul hommage fondé fur l'eftime peut flatter leur cœur,
& tout ce qui n'eft point cela eft toujours
rebuté. Ainfi tous ces romans de chevalerie
Efpagnole & Françoife dont les Européennes font leurs délices, toutes ces hiftoires
galantes dont l'Europe eft inondée, ne feroient pour elles que des contes fort infipides & fort ennuyeux. Léna a reçu mon hommage, elle m'a promis fa main, & m'a cru

donné le silence jusqu'au moment où elle
pourra me la donner ; nous l'attendons avec
une égale impatience, ce moment qui doit
nous unir ; nos yeux, nos soins, nos attentions réciproques nous le disent souvent, &
l'énergie de cette expression est bien supérieure au galant jargon de nos Européens,
qu'un sentiment honnête n'accompagne presque jamais.

Je commençois à secouer le joug de nos
préjugés, de nos institutions Européennes,
& de ces volumes de loix arbitraires qui
ont fait oublier la premiere de toutes les
loix. Le Seigneur Taumelli avoit rouvert mon
cœur à la voix sacrée de la loi de la nature, & avoit rapellé à cette loi toutes les
facultés de mon ame. Ici on ne marie point
les biens & les conditions ; on marie les
personnes.. On commence par se connoître
& par s'aimer avant que de s'unir. C'est là
le droit de la nature, qu'on a gêné, qu'on
a abrogé en Europe, & l'on y a ainsi détruit presque universellement le bonheur du
mariage, la douceur de la société la plus
naturelle & la plus sainte, par des institutions humaines, par des loix civiles. On y
a corrompu les mœurs des citoyens. Je me
livrois avec délices à ces réflexions en me
promenant seul dans les jardins, lorsque je
fus joint par le Seigneur Taumelli.

Il m'a semblé, me dit-il, que vous vîtes
hier avec plaisir une fête de village. Vous
commencez à prendre une juste idée de nos
mœurs, & je crois qu'elles vous plaisent.

Je m'en occupois délicieusement, Seigneur
Taumelli, dans le moment même. Je vois

par-tout la nature embelli & en même-tems
refpectée par l'art. La nature naïve parloit
dans cette affemblée ; une joie pure & innocente l'animoit ; j'ai trouvé une gayeté
moins vive & moins bruyante dans les peres & les meres, mais bien naturelle & bien
vraie : la joie de leurs enfans me paroiffoit
être la leur. Je fus touché du tableau le plus
refpectable & le plus attendriffant que j'aye
jamais vu, lorfque cette jeune fille fe trouva incommodée un moment. L'empreffement
à la fecourir, les foins, les inquiétudes, tout
cela fut fi prompt & fi général, qu'il me
fut impoffible de diftinguer ni fa mere, ni
fon pere, ni aucun de fes parens. L'accident ne dura qu'un moment, mais affez long-
tems pour me faire voir qu'il ne régne ici ni
jaloufie, ni haine, ni vanité, & que le peuple fe regarde comme une feule famille.

Et bien, mon cher Robertfon, dit le Seigneur Taumelli, cela ne vous étonne & n'ex-
cite votre admiration, que par la comparai-
fon des mœurs de votre Europe, où l'intérêt perfonnel, pere de tous les crimes & de
beaucoup de fauffes vertus, eft le feul mo-
teur de chaque individu, & où cet intérêt
étouffe fans ceffe la voix de la nature. Si
vous donniez à ce peuple des louanges fur
ce que vous avez vu, il y feroit infenfible,
parce qu'il ne comprendroit pas qu'on puiffe
agir autrement. On vous demanderoit, fi
dans votre pays on loue les hommes, parce
qu'ils marchent droit, ou parce qu'ils ne
marchent pas fur leurs deux mains.

Vous avez vu dans cette fête toutes celles
de la nation ; celles des naiffances, des ma-

riages, dans nos villes, dans nos châteaux;
ce font par-tout les mêmes tableaux. Nous
vivons avec les citoyens du fecond ordre,
comme avec nos freres. Nos ufages, nos
mœurs font les mêmes. Une ligne légére &
prefque imperceptible nous fépare; & cette
ligne eft l'ouvrage du fentiment. Leur reconnoiffance & leur équité naturelle l'ont formée & l'entretiennent. Vous avez vu avec
quel refpect tous les habitans de ce village,
qui font auffi libres, auffi indépendans que
nous, nous ont reçus. Ce refpect, nous ne
l'exigeons point, & nous le recevons avec
une fincere amitié. Car il n'eft établi fur aucune loi. L'agriculture & l'exercice des arts
font de tout tems le partage du peuple, &
la défenfe de la patrie le nôtre. Quoique
nous ayons le même intérêt dans la liberté
de la nation, & à expofer nos vies pour la
défendre, le peuple nous regarde comme les
protecteurs auxquels il doit fon repos, fa
liberté & tout fon bonheur. Nous fommes
à fes yeux chargés de l'emploi le plus néceffaire à la fociété, le plus pénible & le feul
dangereux pour la vie & la fanté. Voilà la
caufe de fa reconnoiffance & de fon refpect,
dont il a voulu donner une marque exté-
rieure & permanente, qui confifte à ne fe
fervir que d'uftenciles d'argent, à ne fe vêtir
que d'étoffes de coton ou de foie mêlées de
coton, & à ne porter ni diamans ni rubis.
C'eft un ufage qu'il prit de lui-même au moment de la reftauration, & qu'il fuit fcru-
puleufement depuis plufieurs fiécles; ufage
que nous refpectons en eux en leur marquant
en toute occafion notre égalité; ce qui lui

rend cet ufage encore plus précieux.

Faites-moi le plaifir , lui dis-je , de me
dire ce que fignifie ce mot *reftauration*. Nous
ne le connoiffons point encore dans aucune
de nos langues Européennes. Je fus dans
l'inftant bien fâché de l'avoir interrompu en
cet endroit , pour lui faire une demande ,
dont je ne l'aurois pas importuné, fi je lui
avois donné le tems de continuer. Je m'é-
tois déjà corrigé par l'exemple de la modeftie, du défintéreffement & du bon fens des
Auftraliens, de l'aveugle paffion des Européens de parler fans ceffe de ce qui les intéreffe , de fe peindre eux-mêmes dans la
converfation , & de ramener tout à eux ; mais
je n'avois pas encore perdu tout-à-fait l'im-
pertinente habitude d'interrompre un homme qui parle , quelques bonnes chofes qu'il
dife. L'avidité que j'avois de m'inftruire de
chofes fi nouvelles & fi étranges pour un
Européen , fur-tout pour un Anglois qui croit
être le feul homme libre au monde , & qui
regarde fon gouvernement comme le plus
beau & le meilleur gouvernement de la terre , m'avoit confervé ce défaut ridicule. Un
Auftralien ne fe fâche pas pour avoir été
interrompu par une queftion faite hors de
propos , ni même par les mauvais raifonne-
mens d'un efprit de contradiction : rien ne
peut altérer fa douceur qui entretient toujours
fon ame dans un heureux calme.

C'eft le plus grand des malheurs de l'Europe, reprit tranquillement le Seigneur Taumelli, qu'une reftauration y foit inconnue.
Si les Européens la connoiffoient, ils ne
gémiroient pas fous le poids énorme de

leurs loix, ils feroient libres. Ils feroient
des hommes, & ils ne font que des efclaves. Vos Princes, vos Rois, votre Pape
même qui fe prétend le Souverain des Souverains, le Souverain univerfel; en un mot
tous ceux qui gouvernent, même ces hommes qui vivent dans l'erreur de fe croire
libres, font tous efclaves. S'ils rempliffent
bien leurs devoirs, ils font efclaves de fonctions très-fatigantes, très-pénibles & quelquefois très-dangereufes pour leurs perfonnes; s'ils ne les rempliffent pas, ils font
efclaves d'une multitude infinie de paffions,
& des remords qui troublent fans ceffe leur
repos. Votre Pape eft plus efclave que
tous les autres, car il eft encore efclave de
l'extravagance de fes prétentions. La reftauration eft donc un événement qui fait
paffer dans un moment une nation, de l'efclavage à la liberté, qui tire une nation
d'une fituation factice & violente, d'un
état forcé, & la rend à fon état naturel.
C'eft précifément ce qui eft arrivé à notre
nation, il y a deux mille ans. Elle avoit
un Roi qui la gouvernoit ou la laiffoit gouverner en fon nom par des miniftres. Nous
avions une multitude infinie de loix anciennes & nouvelles qu'on ne ceffoit de multiplier encore tous les jours, fur la propriété
des biens, fur les teftamens, fur les mariages, fur la naiffance des enfans, fur les
querelles, les difputes qui s'élevoient entre
les particuliers; on faifoit encore des loix
fur la liberté de penfer touchant des queftions que tout le monde vouloit entendre,
auxquelles perfonne ne comprenoit rien,

& fur lefquelles cependant on étoit fouvent
fur le point d'en venir aux mains. Les impôts, les finances & le commerce perpétuellement en contradiction, étoient auffi le
fujet continuel de loix nouvelles. Les conteftations entre les fujets naiffoient & re-
naiffoient fans ceffe, à l'aide de la protection de tant de loix, de celle des tribunaux
établis en grand nombre pour rendre la
juftice, & enfin de celle d'un ordre de citoyens qui expliquoient à ces tribunaux des
conteftations qu'ils ne pouvoient entendre
& juger que par l'organe de ces tiers en
aparence défintéreffés. La nation accablée
d'impôts, étoit toujours à la veille de fuc-
comber fous le poids que l'avidité des fer-
miers ne ceffoit encore d'y ajouter.

Il m'eft d'autant plus facile de vous faire
le tableau des calamités qui découloient fur
la nation d'une fource fi abondante, que
lors de la reftauration il fut jugé néceffaire
de le conferver, comme on conferve la
mémoire du local d'un précipice d'où l'on
eft heureufement forti, & dans lequel on
craint de retomber. Ce tableau fut impri-
mé à la tête de l'hiftoire de la reftauration,
que tous les citoyens du premier ordre,
même ceux du fecond, lifent de tems en
tems par reconnoiffance & par refpect pour
la mémoire de nos reftaurateurs, & en
même-tems pour nourrir notre fenfibilité &
notre attachement inviolable pour notre loi.

Qui peut pénétrer à travers le voile obf-
cur qui nous dérobe l'origine de toutes les
nations & les premiers berceaux des hommes ? Dans les derniers tems qui ont précédé

'eédé la reftauration, nous avions un grand
nombre d'auteurs, qui tous à l'envi avoient fait
des recherches infinies fur ce fujet, fur la
maniere dont s'étoient formées les premieres
fociétés & fur leurs premieres ioix. Il fembloit à les entendre que le public devoit
prendre un grand intérêt à leurs pénibles
travaux, leurs laborieufes conjectures. Ils
formoient des fociétés idéales, enfuite des
gouvernemens & un corps de loix à leur
gré, où ils auroient voulu que les légiflateurs modernes priffent les modeles des loix
nouvelles, les moyens de mieux gouverner
les nations & l'idée d'un gouvernement parfait. D'autres s'occupoient à chercher dans
toute forte de monumens obfcurs, de quoi
reculer les annales de la nation : & ceux-
ci mettoient encore un grand prix à leurs
recherches, comme s'il étoit bien important pour le bien d'une nation, de lui
fournir de quoi fe vanter d'une grande antiquité. Il eft certain que nos annales, que
nous confervons encore, font très-ancien-
nes. Mais nous en perdons le fil au bout
de quelques milliers d'années, & peu nous
importe. Nous ne faifons même quelque attention qu'au petit nombre de fiecles qui
ont précédé la reftauration, fur lefquels nous
n'arrêtons point nos regards fans plaindre
ceux de nos ancêtres que les loix avoient
rendu efclaves, & ceux qui étoient les auteurs de ces loix, ou qui les avoient con-
feillées. Nous avons dans nos annales une
idée affez claire de quelques fiecles anté-
rieurs à ces loix, & de mœurs à peu près
femblables aux nôtres. Il paroît qu'alors la

D

nation ne connoiſſoit d'autre loi que celle qui nous gouverne aujourd'hui, & qu'elle étoit plus heureuſe qu'elle ne l'a été enſuite ſous l'empire des loix arbitraires.

Je vous arrêterai peu ſur les régnes d'une longue ſuite de Rois. Les premiers dont nous avons l'hiſtoire, ne firent point de loix : ils furent les conſervateurs des droits & des libertés de la nation ; & quoique leurs régnes paroiſſent fort longs, leur hiſtoire eſt fort courte. Ils furent les peres du peuple. Des Rois foibles ſuccéderent à des Rois forts ; ils firent des loix, cependant en très-petit nombre. Ils étoient trop proche de l'obſervation de la loi naturelle ; ſa voix ſe faiſoit trop entendre au fond de leurs cœurs : on étoit encore trop ſenſible à la pureté, à la beauté, à la ſainteté de cette loi, on n'oſoit y toucher que d'une main trem-blante.

D'autres Rois leurs ſucceſſeurs, plus foi-bles encore, furent plus hardis, ou peut-être leurs miniſtres. Les loix s'accrurent, les intérêts ſe diviſerent & ſe multiplierent dans un détail infini. La propriété des biens devint incertaine ; les partages, les teſta-mens diviſerent les freres ; les voiſins ne purent vivre en paix, ils s'accuſerent d'u-ſurpation. On voyoit peu d'exemples de paix dans les familles ; les parens ne ſe re-connoiſſoient plus ; la plus reſpectable des ſociétés, l'union dans les mariages fut trou-blée de mille manieres. Les maris & les peres n'eurent plus qu'une ombre d'autorité. Les conteſtations, les querelles devinrent ſi fréquentes entre les citoyens & dans le ſein

des familles, que les Rois ne pouvant suf-
fire à rendre la justice à leurs sujets, furent
obligés d'établir des juges ; ceux-ci eurent
bientôt besoin de gens qui faisoient pro-
fession de sçavoir les loix, pour leur aider
à reconnoître de quel côté étoit la justice :
ce qui donna lieu encore à de nouvelles
loix sur la maniere dont ces derniers devoient instruire les juges. A des volumes
immenses de loix on ajouta de plus gros
volumes encore de gloses & de commentaires. Le courage le plus intrépide n'auroit
osé entreprendre seulement de lire tant de
volumes. Les juges abandonnerent l'étude,
& laisserent à ceux qui faisoient la profes-
sion de sçavoir les loix, le soin de les en
instruire. Cependant on avoit de l'esprit,
& l'on s'en servit pour rendre problémati-
que le droit le plus clair. On jugeoit au
hazard & souvent par passion ou par faveur.
La capitale dévoroit les Provinces ; le séjour
de la Cour, des Seigneurs, & des gens
de loi, y attiroit tous les trésors de la nation, & les impôts achevoient de détruire
toute sorte d'industrie. Des guerres avec
des nations voisines les avoient rendus nécessaires, & l'adresse des financiers en dévoroit une grande partie. Le luxe & l'immense richesse de ceux-ci affligeoient la nation bien plus que les dépenses de l'Etat.

Plusieurs Rois ont trouvé la nation dans
cette triste situation à leur avénement à la
Couronne. Quelques-uns de ces Rois l'ont
augmentée par leurs querelles au dehors.
D'autres Rois foibles y ont encore ajouté
par leur aveugle confiance dans des minis-

tres vains, ambitieux & ignorans. De bons Rois fuccéderent quelquefois à ceux-ci. Ils aimoient leurs fujets, ils vouloient en être les peres, & remédier à tant de maux. Mais ils ne voyoient de tous côtés que des entraves. Les intrigues des gens riches alloient au devant des précautions les plus fages, & les rendoient inutiles. Les gouverneurs des Provinces ne voyoient dans leurs emplois que leur intérêt, leurs amufemens & leurs plaifirs, qui leur faifoient multiplier leurs injuftices, & accroître fans ceffe les calamités du peuple.

Les richeffes étoient concentrées dans la capitale, où le luxe d'un grand nombre de riches faifoit vivre un peuple nombreux; mais la nation dépériffoit de jour en jour. La fanté du peuple étoit affoiblie par la mifere, & celle des gens riches par l'abus de leur opulence. Le tempérament foible & délicat de leurs enfans n'annonçoit qu'une foible poftérité. La plupart étoient vieux à vingt-cinq ans. Il a fallu plufieurs fiecles à la nation pour reprendre fes premieres forces & fon ancien embonpoint. Nous fommes encore jeunes aujourd'hui à l'âge où nos ancêtres de ces malheureux tems, les plus robuftes, étoient dans une vieilleffe décrépite. Ils avoient de l'efprit, & communément plus d'efprit que de corps. On s'étoit piqué auparavant pendant plus d'un fiecle d'être fçavant, & cette fcience ne confiftoit qu'à aprendre une langue ancienne d'une ration voifine qui l'avoit oubliée depuis plufieurs fiecles, à lire quelques vieux livres écrits dans cette langue, à faire

de longs commentaires fur ces livres. Le
goût des livres, le goût pour d'autres fciences devint à la mode, & les Auftraliens,
après s'être piqués d'être fçavans, fe pique-
rent d'avoir de l'efprit. Tout le monde
voulut en avoir & faire des livres; quelques femmes même en firent, ou s'en firent dicter par quelque ami fecret. Les livres furent un nouveau fléau répandu fur
la nation; on les multiplia fi prodigieufe-
ment, qu'il n'y avoit point de palais affez
grand pour contenir tous ceux qu'on avoit
raffemblés pour le Roi; il fallut en conftruire un exprès d'une grandeur immenfe. Dix
fiecles de vie n'auroient pu fuffire à un
homme pour lire ce tas énorme de livres,
dont le plus grand nombre n'étoient bons
qu'à étouffer le bon fens & la raifon. La
licence publia auffi fes productions; on em-
ploya l'efprit à corrompre les mœurs. On
publia des livres en vers & en profe où
l'on faifoit l'éloge de prefque tous les vices.
L'innocence déferta les villes, fur-tout la
capitale : les campagnes furent fon afyle.
Une heureufe ignorance la conferva chez
les cultivateurs.

· Les femmes dans les villes ne fe piquoient
plus d'être modeftes, réfervées, & ne portoient plus fur le front le témoignage au-
gufte de l'innocence & de la vertu. Celles
de la capitale, qui donnoient le ton, devenoient toujours plus infenfibles à l'honneur & à la réputation, & méprifoient même les aparences que les femmes de la
Province mettoient encore au nombre de
leurs devoirs. C'étoit la faute des hommes,

dont le goût ufé & le cœur corrompu faifoient oublier aux femmes que chez elles les
attraits de la figure reçoivent leur plus grand
prix des charmes de la vertu. Il eft une
coquetterie que toutes les femmes ont fans
s'en apercevoir, parce qu'elle eft née avec
elles, coquetterie également utile aux deux
fexes, puifqu'elle eft l'ame de leur union,
tant qu'elle eft couverte par le voile de la
modeftie, qui eft auffi un autre don de la
nature. L'art de la toilette avoit levé ce
voile précieux, & éteint les fentimens naturels de la décence & de l'honnêteté.

On avoit corrompu & déshonoré la mufique en l'accompagnant de paroles qui étoient
toujours fous mille tournures différentes l'é-
loge de la paffion la plus dangereufe. Les
poëtes l'avoient déïfiée cette paffion, avec
la derniere impudence. Ils lui foumettoient
toutes les actions de la vie. C'étoit l'ame qui
animoit toute la nature. Ils lui avoient foumis l'univers entier : c'eft ainfi qu'à l'aide des
livres & de la mufique on aprenoit de bonne heure aux deux fexes à lui facrifier les
devoirs les plus faints. On porta enfin l'excès de la licence jufques à publier en vers,
c'eft-à-dire, dans le langage inventé par la
féduction, l'art d'aimer, ou ce qui eft la
même chofe, l'art de corrompre l'innocence, & d'étendre encore par la voie la plus
artificieufe la dépravation des mœurs. On
avoit fait de la danfe, comme du chant, un art
qui en l'éloignant de la nature, l'avoit rendue indécente. Elle étoit devenue l'objet d'une
étude fort fine & fort recherchée, pour plaire par des peintures vives de la licence &

de la volupté ; fubftituées à l'image d'une joie naïve & innocente , le caractere naturel de la danfe,

Tant de défordres répandus dans les mœurs de la nation firent naître d'autres productions de l'efprit. Il parut fucceffivement un nombre infini de livres de morale, la plupart très-volumineux & inlifibles. Quelques-uns en fort petit nombre parloient à l'efprit , mais aucun ne parloit au cœur. Aucun ne connoiffoit la route de la nature , & il falloit la connoître pour ramener la nation à fa loi qu'elle avoit entierement oubliée. Ces livres firent quelques hypocrites , & la loi de la nature confervoit dans le filence & la retraite quelques hommes vertueux.

Il s'éleva en même-tems une mer d'opinions humaines dont la nation fut inondée. Ceux qui en étoient les auteurs (& ils étoient encore en auffi grand nombre que les antiquaires , les commentateurs des loix & des livres anciens, les poëtes les moraliftes) étoient dogmatiques , fiers, affirmatifs. Les uns doutoient de tout , les autres n'ignoroient rien. Chacun avoit une opinion à foi qu'il ne prouvoit point , & ils ne s'accordoient que pour difputer. Chacun avoit conftruit le monde & le faifoit mouvoir à fon gré par les machines qu'il avoit inventées. La raifon & le bon fens n'entroient pour rien dans les immenfes volumes que produifoit la fureur de vouloir établir des opinions nouvelles , enfans de l'amour-propre aveuglé par un vain orgueil. Des queftions inutiles , inintelligibles tirées de ces livres infenfés , divifoient de tems en tems la nation en différens par-

fis, dont le plus fort tourmentoit quelquefois cruellement le plus foible, & jettoit de
nouveaux troubles, de nouvelles divifions
dans la fociété & dans les familles.

On croyoit avoir les mefures de l'univers ;
on en calculoit les raports, on en expliquoit
les premieres loix & la caufe finale, on connoiffoit notre nature & notre principe actif:
on croyoit avoir eu affez d'intelligence pour
pénétrer des myfteres impénétrables qui nous
environnent de toutes parts ; & tout cela n'é-
toit que l'ouvrage de l'imagination.

Les uns diftinguoient dans les corps l'a-
parence & la réalité. D'autres rejettoient la
réalité & n'admettoient que l'aparence , &
d'autres rejettoient également l'une & l'autre.

D'autres foutenoient que le tout eft plus
plus grand que la partie, & d'autres que la
partie eft plus grande que le tout.

On s'avifa de vouloir expliquer la nature
des idées. On voulut qu'elles fuffent dans les
objets, qu'elles fuffent acquifes ; d'autres
qu'elles fuffent innées, &c.

Ces queftions & beaucoup d'autres de cette
nature firent enfanter de nouveaux volumes,
& l'efprit de parti s'empara de la nation &
l'expofa fouvent aux fureurs des guerres civiles.

On mettoit en tête de prefque tous ces livres des épîtres dédicatoires adreffées à des
protecteurs ou à des protectrices, & remplies
de fades louanges; heureufement ceux mêmes pour qui ces épîtres étoient faites, y
prêtoient peu d'attention. Ce ne fut qu'une
addition inutile au mal que faifoient les livres. Car bientôt perfonne ne put fuporter

la fade lecture d'une feule phrafe de ces adulations puériles.

L'éloquence eut auffi fes livres ; on les multiplia de même fur l'art de convaincre & de perfuader ; fur l'art de bien penfer, de bien écrire & de bien parler. Cet art étoit fans doute bien agréable ; mais on en abufa, parce qu'on s'étoit mis en poffeffion d'abufer de tout ; & avec ce bel art on perfuadoit tous les jours mille menfonges, & rarement quelque vérité. Ce fut ainfi que l'éloquence fit fouvent de l'hiftoire une pure fiction. On enfeigna en même-tems la politeffe, & la politeffe devoit marcher en effet à la fuite de cet art féducteur. On enfeigna l'art d'imiter les vertus & de s'en paffer, l'art artificieux de la flatterie, & l'on oublia la bienfaifance. Les hommes devinrent faux & cefferent d'être indulgens. La fatire & la médifance prirent la place de l'indulgence & de l'humanité.

Les arts attirerent encore l'attention de ceux qui étoient poffédés de la manie d'écrire. I' n'en inventerent aucun, il n'en perfectionnerent point ; mais ils écrivirent des volumes fur tous les arts, livres dont ceux qui exerçoient les arts, ceux même qui y excelloient, n'avoient aucune connoiffance ; fi on en excepte la chymie & la médecine, dont la théorie produifit encore un nombre infini de volumes, qui contenoient fort peu de chofes utiles.

Les arts, fur-tout les arts agréables & ceux qui font les enfans du luxe, étoient portés à un degré de perfection qui auroit fait honneur à l'induftrie, au génie même de

D 5

la nation ; fi ces efforts n'avoient pas été
produits par tous les excès du luxe , qui font
la preuve de la corruption des mœurs. Car
on avoit tout apris ; excepté l'art le plus
néceffaire à l'homme & au citoyen, qui eft
de fçavoir vivre avec fes femblables. On fe
raffembloit dans les villes , on défertoit les
campagnes, on fentoit les befoins de la fociété , on la recherchoit, & l'on y paffoit
fa vie dans des difputes , dans des querelles & dans des conteftations perpétuelles.
Les hommes ne pouvoient ni vivre feuls ,
ni vivre enfemble. Cependant on ofa bientôt apeller ce fiecle , le fiecle du goût, des
fciences & des arts ; on l'eût bien mieux
nommé le fiecle des abus. Car on abufoit
de tout, des loix , de l'efprit , des arts, des
richeffes & de la fanté.

Parurent quelques hommes fenfés , qui firent de généreux efforts pour délivrer la patrie de l'efclavage des paffions & des préjugés, pour l'engager à reprendre fon ancienne
liberté , & à rendre au bon fens & à la raifon
l'autorité que tant de loix & tant de livres
leur avoient f. it perdre. Ils s'attendrirent inutilement fur des hommes qui ne les entendoient pas , & qui à l'aide de leurs loix &
de leurs fçavans , ne ceffoient de s'égarer
d'erreurs en erreurs. Ils tenterent de rapel-
ler leur nation à fa premiere loi , mais quoique gravée dans tous les cœurs , depuis trop
long-tems on n'écoutoit plus fa voix, tout
l'avoit fait oublier ; & ces citoyens zèlés
redoutant la force des préjugés , n'ofoient
encore la préfenter dans toute fon étendue ,
ou avec la même force qu'elle fe faifoit en-

tendre à leur cœur. Ils avoient à nager contre le courant d'un torrent trop rapide. Ils
se rejetterent sur des idées du bien public,
& bornerent leur entreprise à substituer le
goût des arts & des sciences utiles, à celui
des arts & des sciences de pur agrément.

Les auteurs avoient presque épuisé tous
les sujets de pur agrément & les sujets frivoles. Ils avoient besoin de quelque sujet
nouveau, comme on en avoit souvent besoin dans des assemblées du beau monde pour
relever la conversation. Ils saisirent avec avidité l'idée du bien public : une foule d'écrivains
s'occuperent à discuter le bien public sans le
connoître, & cette idée devint tellement à la
mode, que des gens raisonnables crurent que
toute la nation alloit se tourner de ce côté. On
eut bientôt parcouru les arts & les sciences utiles. On en fit l'éloge de mille façons. On pro-
posa dans de nouveaux livres des réformes dans
l'administration de l'Etat. Des projets de nouveaux établissemens pour le bien de l'humanité
prirent la place de ceux qu'on avoit vus pendant long-tems pour l'augmentation des impôts. On annonçoit dans d'autres une révolution dans les sciences ; on se félicitoit sur
les progrès des connoissances, des arts, de
l'industrie, en un mot de l'esprit humain. Quelques auteurs plus modestes donnoient leurs
ouvrages au public comme un fond de ma-
tériaux assez riche pour espérer que bientôt quelque main habile en formeroit un sys-
tême de gouvernement capable d'assurer la
félicité de la nation ; mais aucun ne sentoit
les difficultés que présentoit l'architecture
d'un tel édifice. Un étranger qui n'auroit vu

la nation que par les titres de cette multitude d'écrits nouveaux, auroit pu croire que
les Auftraliens étoient devenus en un moment un peuple de fages. Il n'en étoit rien
cependant. Cette ardeur pour le bien public
ne fut qu'une flamme éphémere qui s'étei-
gnit dans les converfations. Enfin on s'en-
nuya de l'idée du bien public. On l'abandonna
au petit nombre d'hommes fenfés qui l'avoient
produite, & qui continuerent de s'en occuper férieufement.

Le gouvernement la faifit, non dans cette
légion de livres nouveaux, dont les uns ne
montroient que de l'enthoufiafme & une imagination en défordre, d'autres que des plans
qui auroient été une nouvelle fource de mal
public, mais dans les obfervations fages d'un
petit nombre de citoyens qui refpiroient encore l'air falutaire de l'ancienne liberté &
de l'ancienne pureté de mœurs de la nation.
Le miniftre recevoit de leurs mains définté-
reffées, & de leur zèle pour la profpérité de
l'Etat, des moyens de la rétablir. Il forma
un tableau exact de toutes les branches de
l'adminiftration, qui contenoit l'enfemble de
toutes les parties d'un gouvernement établi
fur des principes qui conftituént également
la force, la puiffance du Souverain & le bonheur des fujets. Ce miniftre étoit vraiment
digne de fon fiecle, parce qu'il étoit capable de le ramener à la vertu, & du Roi
qu'il fervoit, qui aimoit la vérité, la juftice
& le bien de la nation.

Le défordre régnoit depuis long-tems dans
les finances, dans l'adminiftration de la juftice, & dans la diftribution des graces de la

Cour. Les finances étoient la source de la fortune rapide, de l'opulence excessive du petit nombre d'habitans de la capitale, qui pouvoient parvenir à s'y introduire, au lieu d'être la principale base de la force de l'Etat. On avoit fait de la finance une science à laquelle on s'étoit livré avec une ardeur funeste à la prospérité de la nation. Ceux qui la cultivoient avec le plus de soin, ne l'envisageoient qu'avec un esprit d'intérêt personnel, qu'avec l'idée & le projet d'une grande fortune. Ils ne s'occuperent qu'à bien connoître, à bien distinguer les droits divers, les différens moyens de les étendre, de les accroître sans s'embarrasser de leur source, & à bien saisir, sans crainte de l'épuiser & sans ménagement, la voie la plus courte d'assurer la perception. Un exercice continuel de la dureté avoit endurci le cœur de ces hommes qui depuis long-tems avoient cessé d'être citoyens.

Un volume immense de loix sur cette matiere, presque toutes destructives de la population, de l'agriculture & de l'industrie, étoit également l'objet ou le fruit de leurs études. Aucun de ces hommes attachés par état à cette branche de l'administration, n'étoit distrait de l'étude des moyens de s'enrichir promptement dans une carriere où la fortune n'étoit que trop aveugle & trop facile, pour jetter ses regards sur les vrais principes de la finance considérée uniquement dans l'intérêt de l'Etat ; sur la population, l'agriculture & l'industrie qui en sont les sources. On les épuisoit sans cesse ces sources respectables, & personne n'avoit assez de vertu ou

aſſez de courage pour prévoir les malheu-
reuſes ſuites de cet épuiſement, ou aſſez de
force pour les prévenir.

On imaginoit ſouvent de nouvelles impo-
ſitions, qui produiſoient d'abord de grandes
ſommes, & on ſe laiſſoit ſéduire par l'apas
de cette richeſſe éphémere & forcée, qui
détruiſoit le germe de la fécondité. On ne
s'apercevoit pas qu'en augmentant les droits
des finances, on diminuoit les conſommations
& la circulation des denrées, qu'on reſtrai-
gnoit les productions naturelles & celles de
l'induſtrie, qui produiſoient ces droits, &
qu'on en détruiſoit ainſi la ſource. La corruption étoit ſi générale que ceux même qui
ſe permettoient les reproches les plus amers
contre les financiers, ou qui affectoient de
les mépriſer, alloient ſouvent à cette ſource
de richeſſes pour s'y déſaltérer.

La mode d'avoir de l'eſprit avoit fait négliger aux juges l'étude des loix. La forme
qu'ils avoient établie pour l'inſtruction des
conteſtations, étoit devenue l'occupation d'un
nombre prodigieux de ſujets, qui s'en étoient
fait un patrimoine. Les gens qui exerçoient
la ſcience des loix, employoient tout leur
art à ſéduire les juges ; car ceux-ci ſe déci-
doient preſque toujours pour celui qui avoit
acquis auprès d'eux le plus de crédit par ſa
ſcience & ſon art. Leur éloquence les rendoit redoutables à la juſtice même, & ils
s'enrichiſſoient ſouvent à ſes dépens. Ils ſe
diſoient les protecteurs de la veuve & de
l'orphelin. On auroit pu leur demander ce
qu'étoient ceux d'entre eux choiſis au haſard
qui ſoutenoient avec la plus vive chaleur la

prétention de quiconque avoit entrepris la ruine de cette veuve & de cet orphelin. C'étoit ufurper un titre refpectable, qui n'apartenoit qu'à la nation ou à fon légiflateur.

Les graces fous le régne précédent n'avoient été données qu'à la faveur, & tous les hommes en place avoient contracté l'habitude de ne voir dans leur place que leur intérêt perfonnel. S'ils s'occupoient quelquefois de celui du public, ce n'étoit que lorfqu'il leur paroiffoit être un moyen de fe maintenir dans leur place, ou de monter à une place fupérieure.

Le Roi vouloit, fur le plan de fon miniftre, mettre un nouvel ordre dans fes finances, fubftituer un petit nombre de loix claires & auffi fimples que juftes à ces volumes immenfes de loix qui la plupart fe contredifoient, ou contredifoient les vrais principes de l'équité; qui exigeoient perpétuellement des loix nouvelles pour être entendues ou exécutées, & mettoient fans ceffe des entraves à l'adminiftration de la juftice. Il vouloit par cette fage réforme que les juges n'euffent plus de prétexte d'ignorance, & rendre à l'agriculture & aux arts un nombre prodigieux de fujets dont toute l'induftrie n'étoit occupée qu'à s'enrichir de l'induftrie des autres citoyens.

La foibleffe du précédent miniftere avoit laiffé introduire une foule d'abus qui formoient autant d'obftacles à l'exécution des vues fages du Roi régnant. Il s'agiffoit de furmonter ces obftacles; de perfuader à une nation dévorée par l'amour du luxe, que fon intérêt demandoit une réforme; puis d'entreprendre avec vigueur ce grand ouvrage. Mais comment parvenir à changer les idées nation-nales? De quel moyen se servir pour renver-ser des préjugés anciens, fortifiés par l'ha-bitude? Les loix, en pareil cas, n'ont au-cune force, ou du moins si elles en ont, c'est tout au plus sur quelques ames privilégiées, sur ce petit nombre d'hommes courageux à qui il suffit de voir le bien général dans une ins-titution quelconque, pour l'embrasser sur le champ, & renoncer sans peine à des avan-tages personnels. Le ministere sentoit toute la force de cette difficulté; aussi comme il de-siroit sincérement le succès, il ne s'attacha pas par obstination à vouloir former un nou-veau code, moyen impraticable, ou du moins très-impuissant dans ce moment; & après avoir bien médité, il prit une route toute différente.

Depuis quelques années les Australiens avoient au milieu d'eux une société d'hommes qui, apliqués d'une maniere toute particuliere aux sciences & aux arts, avoient obtenu par l'étendue de leurs talens le droit de diriger à leur gré l'esprit de la nation, de faire adop-ter à leurs concitoyens presque toutes les idées qu'ils jugeoient à propos de faire ger-mer; c'étoit en un mot les *Pansophistes* (c'est ainsi qu'ils se nommoient) à qui il aparte-noit exclusivement de persuader les choses les plus difficiles, les plus singulieres, même les plus contraires au bien & à la tranquilli-té publique. On les avoit vu disputer à la nation ses priviléges les plus chers, débiter hardiment de nouveaux principes sur la mo-rale, le gouvernement & la politique; &

tes principes , tout pernicieux qu'ils étoient ,
le Public les avoit reçus avec avidité, moins
encore parce qu'ils favorifoient les paffions,
qu'à caufe du ftyle féducteur, du ton entou-
fiafte qu'avoient fçu employer ceux qui les
premiers avoient ofé les débiter publique-
ment. Ce fut donc fur les *Panfophiftes* que
le miniftere jetta les yeux pour opérer le changement fi defiré & fi néceffaire. On fçavoit
certainement que malgré leur mépris affecté
des richeffes , des honneurs , des diftinctions
de toute efpece , ces *Panfophiftes* enivrés de
leur mérite, ne dédaignoient aucun moyen
d'acquérir ce qui fait l'objet des defirs de tous
les hommes ; on les avoit vu fe placer mo-
deftement les uns & les autres au deffus du
gouvernement , & fe diftribuer libéralement
des éloges faftueux & emphatiques toujours
reçus avec tranfports ; on les avoit vu rechercher par toutes fortes de moyens les places ,
les récompenfes , les faveurs, tout en décla-
mant contre ceux qui les ambitionnoient : on
mit fagement ces difpofitions à profit.

 Le miniftre manda trois ou quatre Panfophiftes des plus accrédités dans le parti ; à la
premiere entrevue il ne parut avoir d'autre
deffein que de leur marquer la confidération
la plus grande pour leurs perfonnes , & fur-
tout une finguliere eftime de leurs talens ; la
feconde fois il leur demanda confeil fur des
affaires épineufes ; enfin lorfqu'il s'aperçut qu'il
avoit gagné leur confiance , il leur ouvrit fon
cœur. » J'ai depuis long-tems , dit-il au prin-
» cipal d'entre eux , à vous communiquer un
» projet important, digne d'occuper des hom-
» mes tels que vous , fait pour de grandes

» ames , & dont les Panfophiftes feuls peu-
» vent fentir toute l'étendue. Ne me faites
» point d'inutiles difficultés ; la confiance du
» Prince me met heureufement à portée de
» vous être utile : mais je veux devoir à votre
» attachement pour moi ce que tout autre fe-
» roit par des vues que vous êtes incapables
» d'avoir jamais. »

» Il n'eft queftion de rien moins, continua-
» t-il que de changer les idées reçues depuis
» trop long-tems dans la nation fur les objets
» les plus effentiels de l'adminiftration , je
» veux dire le commerce , la population &
» l'agriculture. Les maximes que vous avez
» femées jufqu'ici font juftes , fages , dignes
» de vous ; mais enfin ce ne font pas celles
» que je defire vous voir préfenter aujourd'hui ;
» j'ai d'autres vues dans ce moment , & vous
» les trouverez dans le mémoire que je vous
» confie. Etendez ces vues, méditez-les , mais
» fur-tout occupez-vous à les revêtir de ce
» ftyle enchanteur qui jufqu'ici a féduit tous
» ceux qui ont lu vos ouvrages ?

Les Panfophiftes fe retirerent très-fatisfaits ;
dès le lendemain il parut une ode fans chaleur,
mais en revanche pleine de philofophie, dans
laquelle on mettoit le miniftre au deffus de
tous les grands hommes de l'antiquité. Les
Journaliftes n'oferent dire librement ce qu'ils
penfoient de cette production froide ; le crédit du héros arrêta pour cette fois leur plume,
ils fe contenterent d'enchérir fur les éloges
donnés au miniftre , & fix femaines après ils
fe firent adreffer une lettre , dans laquelle
après un détail prolixe des vertus du miniftre
que l'on avoit oublié de célébrer dans l'ode ,

un anonyme envoyoit un catalogue exact des expreffions louches, des idées gigantefques, des fautes de grammaire aperçues dans l'ouvrage du Poëte panfophifte.

Cependant la fociété fongeoit à fatisfaire le miniftre. Pour mettre de l'ordre dans leurs opérations, les Panfophiftes avoient commencé par former un tableau *analytique* de toutes les idées qu'ils avoient à déveloper, tableau dans lequel on voyoit chaque objet à fa place ; parce que les auteurs, avant de le tracer, avoient heureufement eu la prudence de lire un de leurs prédéceffeurs, dont l'ouvrage, écrit en une langue étrangere, étoit alors très-peu connu. Ce tableau ainfi arrêté, on diftribua à chaque Panfophifte une matiere à traiter ; l'un fut chargé de l'agriculture, confidérée dans chacun de fes *raports* ; le commerce & toutes fes branches échurent à un autre ; un troifieme engagé à s'occuper de la population, ayant trouvé la matiere trop vafte, demanda du fecours, & fe déchargea des calculs à faire fur un mathématicien profond, qui laiffa à un homme ordinaire le foin de faire les obfervations affez peu néceffaires en pareille matiere, où il ne s'agiffoit à fon avis que de calculer.

La befogne ainfi diftribuée devint plus facile ; tandis que chacun travailloit de fon côté à la partie qui lui avoit été confiée, le chef des Panfophiftes publia un éloquent profpectus de l'ouvrage médité ; l'amour des hommes l'attachement à la patrie y étoient peints avec des traits de flamme qui embraferent tous les cœurs, & préparerent merveilleufement les efprits à la lecture du grand ouvrage.

Enfin le livre parut avec tout l'éclat conve‑
nable aux grandes vues que l'on fe propo‑
foit. Le miniftre qui en avoit accepté la dédi‑
cace avec modeftie , paya noblement fes pa‑
négyriftes , malgré les critiques des jour‑
naux ; on eut foin d'envoyer *gratis* des exem‑
plaires à certains endroits où plufieurs jours
de chaque femaine les hommes oififs ont toute
liberté d'aller copier les anciens livres pour en
faire de nouveaux ; enfin on n'épargna rien
pour répandre la *Panfophiftie* parmi toutes
les fociétés , & jufques dans les provinces les
plus éloignées de l'Empire.

A peine l'ouvrage fut-il connu , que l'on
aperçut tout-à-coup un changement étonnant
dans les idées : le grand & le petit , l'habi‑
tant de la ville comme celui de la campa‑
gne , chacun éprouva dans l'ordre de fes pen‑
fées une révolution fubite & telle que le mi‑
niftere même n'avoit ofé l'efpérer. A la vérité
quelques méchans , jaloux de n'avoir pas été
affociés à la noble rédaction du *livre de la na‑
tion*, s'efforcerent d'y trouver des principes
dangereux , de féditieufes maximes , des idées
hardies & téméraires ; mais il fut aifé de
montrer que ces nuages dont on vouloit cou‑
vrir la *Panfophiftie* , avoient été amaffés par
la jaloufie , la calomnie & le faux zèle pour
l'ancienne routine. Les bruits furent bientôt
apaifés , & cet orage parut n'avoir été excité
que pour faire fentir plus fortement l'excel‑
lence de l'ouvrage. Dans tous les cercles on
ne parla plus qu'*agriculture* , *population* , *écono‑
mie* ; les académies déjà exiftantes n'étant pas
affez nombreufes , ou fe trouvant furchar‑
gées de travail , on en créa de nouvelles dont

l'unique objet étoit d'étudier, de difcuter, d'aprofondir ces matieres, l'efpérance des diftinctions, le defir de plaire aux concitoyens tourna toutes les converfations, tous les efprits aux vues du bien général : on abandonna avec dédain ces fciences prétendues, qui fous les noms impofans de métaphyfique, de morale, de politique, avoient jufqu'alors trompé leurs fectateurs par des définitions vagues, de myftérieufes obfcurités, des mots vuides de fens.

Bientôt la nation revenue comme d'un long fommeil à des idées plus juftes & plus faines, s'occupa uniquement des chofes ufuelles : les grands qui jufques à cette fecouffe générale avoient dédaigné les élémens des connoiffances, cultiverent eux-mêmes les fciences dont ils fentirent enfin l'utilité : en un mot l'efprit de difpute fur des riens frivoles, & l'amour de l'oifiveté ne furent plus des obftacles à redouter dans l'exécution du projet de rétablir autant qu'il étoit poffible, la profpérité de la nation. Le miniftre mettoit la main à cet important ouvrage, qui devoit immortalifer fon miniftere, lorfque le Roi qui n'avoit depuis long-tems qu'une fanté foible & languiffante, mourut fans laiffer d'héritier de fa Couronne. Par cet événement la nation rentroit dans fes droits. Elle avoit la liberté de fe donner un nouveau Roi, ou telle autre forme de gouvernement qu'elle jugeroit à propos de choifir. Le miniftre, après avoir donné à la mémoire de fon maître le tribut de larmes que fon cœur lui devoit, s'occupa avec un nouveau zèle comme fimple particulier, mais en même-tems comme un des premiers

membres de l'Etat, des intérêts de la nation,
Il les confidéra avec cette élévation d'ame,
cette bonté de cœur, & cet amour pour le
bien public, qui avoient caractérifé fon miniftere, & vit d'un coup d'œil tout ce qu'il
y avoit à faire pour rendre fa nation heureufe, tous les obftacles qui pouvoient s'opo-
fer à l'établiffement de fa profpérité, & les
moyens de les vaincre.

Je ne vous ai préfenté jufqu'ici de l'hiftoire
de la reftauration que fa partie trifte & hu-
miliante pour l'humanité. Vous n'y avez vu
que les funeftes effets des paffions humaines.
Vous ne verrez dans ce qui me refte à vous
aprendre que les fruits heureux de la vertu.
Il eft tems, me dit-il, que nous allions revoir nos bons amis. J'avois fait pendant fon
récit une infinité d'obfervations, & j'avois bien
des éclairciffemens à lui demander, que je
fus contraint de réferver pour un autre moment.

En rentrant je fus frapé d'un fpectacle
inattendu. Le falon du château étoit rempli
d'une affemblée nombreufe qui fembloit n'attendre que notre arrivée pour fe livrer à la
danfe & aux concerts. La gayeté & la décence
étoient répandues par-tout. Je reconnus bientôt tous les habitans du même village, dont
la fête m'avoit fait tant de plaifir; mais je ne
pus comprendre la raifon qui les avoit tous
raffemblés ici. Je priai Léna de me la dire.
Cette fête eft pour moi, me dit-elle; c'eft
aujourd'hui le jour de ma naiffance. Nous
avons voulu vous furprendre. C'eft notre
ufage de chaque jour de la naiffance de l'un
d'entre nous, un des villages qui nous entou-

rent vient la célébrer ; & ils s'y rendent tous
à un mariage & à la naiſſance d'un enfant.
La même joie, la même modeſtie, la même
décence, la même ſimplicité, la même égalité & la même union, que j'avois obſervées
dans la fête du village, régnoient également
dans celle-ci. On y ſervit, comme dan la
premiere, des rafraîchiſſemens qui conſiſtoient
dans de la limonade & des fruits. Je demandai
au Seigneur Taumelli, s'il ne faiſoit pas ſervir
du vin, & ſi les fêtes n'étoient pas précédées
d'un diner, ou ſuivies d'un ſouper. Ce n'eſt
point notre uſage, me dit-il, & lorſque je
vous en aurai dit la raiſon en vous expliquant
des choſes plus importantes, je ne doute point
que vous ne l'aprouviez.

Notre converſation fut interrompue par un
accident qui fit ſuccéder en un inſtant les alar-
mes & les inquiétudes à la joie, dans toute
l'aſſemblée. Un habitant d'un village voiſin,
voulant cueillir du fruit, s'étoit laiſſé tomber
d'un arbre ſur lequel il étoit monté. On venoit
chercher le chirurgien qui ſe trouvoit de cette
fête. Le Seigneur Taumelli partit dans l'inſtant
avec lui pour aller au ſecours du bleſſé ; &
toute l'aſſemblée les ſuivit, comme ſi chacun
en particulier alloit ſecourir un pere, un frere, un fils, un ami. J'arrivai preſqu'auſſi-tôt
que le chirurgien, j'étois curieux de l'obſerver dans l'exercice de ſon art. Car je l'avois
déjà vu pluſieurs fois ſans me douter de ſa prcfeſ-
feſſion. Le bleſſé me paroiſſoit auſſi tranquille
qu'un homme en ſanté. Il avoit cependant un
bras caſſé. Le chirurgien le lui remit dans un
clin d'œil, il examina enſuite ſon bleſſé, & ne
lui trouva qu'une légére contuſion à la tête.

J'avois bien de la peine à m'empêcher de
louer ſon habileté. Je me contins ſur cela, parce que le Seigneur Taumelli m'avoit inſtruit
que les Auſtraliens ne concevant point qu'on
puiſſe faire du mal, n'écoutent pas les louanges qu'on leur donne pour le bien. Je lui demandai pourquoi il ne faiſoit pas une petite
ſaignée au bleſſé. Il me répondit que la tranquillité que je lui avois vue étoit une preuve infaillible que ſa chûte n'avoit fait aucune
impreſſion ſur ſon ſang, qu'il n'avoit aucune
agitation, & qu'il ſeroit par conſéquent ïnu-
tile de lui en tirer. Je lui demandai encore
quel régime il preſcrivoit au bleſſé. Aucun, me
dit-il ; l'ordonnance du régime ne me regarde
pas. C'eſt l'affaire du médecin. Le Seigneur
Taumelli me dit en riant, je vois que vous
êtes en peine de voir ce médecin qui doit
ordonner un régime que le chirurgien n'oſe-
roit preſcrire. C'eſt un article de nos uſages
que je vous expliquerai en ce tems ; mais ne
ſoyez pas ſurpris de la tranquillité de cet
homme. Il dévore ſa douleur par égard pour
notre ſenſibilité, & pour celle de ſa famille,
qu'il connoît bien. Tous les Auſtraliens malades, à l'exception des petits enfans, ſe donnent une ſemblable tranquillité par la même
raiſon. Nous nous retirâmes, & nous trouvâmes la famille du bleſſé occupée, à la porte
de la maiſon, à répondre à l'attention de notre aſſemblée & des habitans du village, à
calmer leur inquiétude en leur faiſant le récit
de l'accident, & à leur donner des témoignages de leur reconnoiſſance.

Je vis bientôt renaître la joie, les divertiſ-
ſemens furent repris & continués juſqu'au ſoir,
comme

comme s'il n'étoit rien arrivé. Nous accompagnâmes les habitans en nous promenant jufqu'à la moitié du chemin de leur village.

Je n'avois rien vu de fi intéreffant que le
tableau qui me repréfentoit dans ces fêtes la
belle nature. Si les filles de ces habitans cher-
choient à fe diftinguer de leurs compagnes par
les graces de la danfe & par la douceur de
leur chant, ce n'étoit entre elles qu'un combat
gracieux de charmes, de douceur & d'enjouement ; & les peres & les meres témoins de
ces combats innocens, fe voyoient eux-mêmes avec une joie naïve & pure dans leurs
enfans. Je ne me laffois pas de ces images dont
la nature étoit le peintre, & auxquelles l'art
Européen n'auroit ofé porter fa main profâne.
Mais je me rapellois fur-tout avec une efpece
de tranfport l'image de ce fentiment tendre,
de cet amour de l'humanité, qui fe manifef-
toient avec tant de vivacité dans tous les
cœurs, dès qu'il arrivoit quelque accident.

Le lendemain le Seigneur Taumelli reprit
ainfi fon récit de la Reftauration. Le miniftre
qui pour le bonheur de la nation furvécut à
fon Roi, l'immortel Taumelli (car je le
compte au nombre de mes ayeux), forma
dans la retraite des premiers momens du
deuil public, le plan d'un gouvernement auffi
fimple que folide. Il étoit l'un & l'autre, parce
qu'il étoit naturel. Il affembla chez lui fecret-
tement onze de fes amis, dont il connoiffoit
le défintéreffement, l'amour patriotique, le
courage & le zèle pour le bien de l'humanité.

Vous avez à cœur, leur dit-il, autant que
moi, le bonheur de la nation. Je fçais combien vous font chers les droits facrés de l'hu-

E

manité. C'eft à la vertu à les faire refpecter
par quiconque oferoit y donner atteinte ; elle
nous en fait aujourd'hui le plus important, le
premier de nos devoirs. La nation eft rentrée
dans fes droits, c'eft à elle qu'il apartient de
fe donner un nouveau maître ou plufieurs.
Mais, vous le fçavez, eft-elle en état de fe
porter à faire paifiblement une démarche qui
demande la plus grande tranquillité ? Et n'eft-
il pas à craindre qu'il ne s'éleve dans cette
capitale ou dans quelque province, quelques
hommes ambitieux qui mettront toute la nation en armes, & qui fur le prétexte du bien
public, en feront égorger la moitié pour devenir les tyrans de l'autre ? S'il eft en notre
pouvoir, comme je n'en doute point, de
prévenir les calamités que la nation ne fçauroit
prefque éviter dans l'exercice de fes droits ;
nous devons nous affurer des moyens ; &
les ayant trouvés, les employer avec la
fermeté, le défintéreffement & le courage
qu'infpire la vertu. Le réfultat de nos recherches doit être une forme de gouvernement
fimple, dont le plan offre au peuple de la
maniere la plus fenfible & la plus évidente,
toute la félicité qu'il eft poffible de lui procurer. Si nous formons un tel plan, foyez fûrs
que nous ne l'aurons pas plutôt fait répandre
parmi le peuple, qu'il fera accepté avec les
plus grandes démonftrations de joie. Dès-
lors le peuple content, remettra ou plutôt laif-
fera dans nos mains le foin de pourvoir à fon
falut & d'affurer fon bonheur. Ainfi maîtres
du peuple, il nous fera facile de forcer l'opulence à fe taire, & même à rendre hommage à
la juftice & à la vertu, Il eft queftion de le for-

mer ce plan, & très-promptement, pour ne
point tomber dans le defpotifme ou dans l'a-
narchie.

Cette propofition fut généralement aprou-
vée. On fe livra en conféquence à l'examen
des différentes formes de gouvernement pour
fe fixer à celle qui paroîtroit la plus propre
à affurer le bonheur de la nation. On com-
mença cet examen par celui du CONTRAT
SOCIAL, ouvrage de l'un des plus grands génies qui eût encore paru, publié depuis peu.
Le miniftre Taumelli en avoit un extrait. Il
en fit le raport à l'affemblée.

Voyons, dit-il, fi nous ne pourrions pas
trouver dans les méditations profondes de ce
fage obfervateur fur les loix faintes, & fur
les droits facrés de la nature, un flambeau
qui nous éclaire dans la route que nous devons fuivre pour trouver le plus grand bien
que nous cherchons.

Il importe peu que les fociétés qui exiftent
fe foient formées par choix, volontairement
ou par force ; puifque les loix qui les gouvernent peuvent être tellement les mêmes,
qu'il eft impoffible de reconnoître fi elles ont
été dictées par la force ou par la volonté,
& que perfonne n'en peut tirer une raifon
qui l'autorife à rompre les liens de la fociété dans laquelle il fe trouve né, ni d'en troubler l'ordre.

L'auteur fupofe que le peuple avant de
s'élire un Roi, eft un peuple, & qu'il s'eft
fait tel par un contrat focial. D'où il conclut que le contrat focial eft la bafe de toute
fociété civile, & que c'eft dans la nature de
cet acte qu'il faut chercher celle de la fo-

ciété qu'il forme : & il énonce la nature de
ce contrat en ces termes : *Chacun de nous
met en commun ses biens, sa personne, sa vie,
& toute sa puissance sous la suprême direction
de la volonté générale, & nous recevons en
corps chaque membre, comme partie indivisible
du tout.*

Cet acte d'association produit un corps moral & collectif, composé d'autant de membres que l'assemblée a de voix. Cette personne publique prend en général le nom de
Corps Politique ; lequel est apellé par ses membres, *Etat*, quand il est passif, *Souverain*,
quand il est actif, *Puissance*, en le compa-
rant à ses semblables. A l'égard des membres eux-mêmes, ils prennent le nom de
Peuple collectivement, & s'apellent en particulier, *Citoyens*, comme membres de la
Cité, ou participans à l'autorité Souveraine,
& *Sujets*, comme soumis à la même autorité.

Cet acte d'association renferme un engagement réciproque du public & des particuliers, & chaque individu, contractant,
pour ainsi dire, avec lui-même, se trouve
engagé sous un double raport, sçavoir, comme membre du Souverain, envers les particuliers, & comme membre de l'Etat, envers le Souverain. L'auteur assure qu'il n'y
a, ni ne peut y avoir d'autre loi fondamentale proprement dite, que le seul pacte social.

Les particuliers ne s'étant soumis qu'au
Souverain, & l'autorité souveraine n'étant
autre chose que la volonté générale, l'homme obéissant au Souverain, n'obéit qu'à lui-
même, & l'on est plus libre dans le pacte
social que dans l'état de nature.

'Après avoir fait la comparaison de la liberté naturelle avec la liberté civile quant aux personnes, il fait, quant aux biens, celle du droit de propriété avec le droit de souveraineté, du domaine particulier avec le domaine éminent. Si c'est sur le droit de propriété qu'est fondée l'autorité souveraine, ce droit est celui qu'elle doit le plus respecter; il est inviolable & sacré pour elle, tant qu'il demeure un droit particulier & individuel: si-tôt qu'il est considéré comme commun à tous les citoyens, il est soumis à la volonté générale, & cette volonté peut l'anéantir. Ainsi le Souverain n'a nul droit de toucher au bien d'un particulier ni de plusieurs; il ne peut pas abolir les dettes; mais il peut légitimement s'emparer des biens de tous.

Puisque rien n'oblige les sujets que la volonté générale, on demande comment se manifeste cette volonté, à quels signes on est sûr de la reconnoître, ce que c'est qu'une loi? le sujet, dit l'auteur, est tout neuf; la définition de la loi est encore à faire.

A l'instant que le peuple considere en particulier un ou plusieurs de ses membres, le peuple se divise, il se forme entre le tout & sa partie une relation qui en fait deux êtres séparés, dont la partie est l'un, & le tout moins cette partie est l'autre. Mais le tout moins une partie n'est pas le tout; tant que ce raport subsiste, il n'y a donc plus de tout, mais deux parties inégales.

Au contraire quand tout le peuple statue sur le peuple, il ne considere que lui-même; & s'il se forme un raport, c'est de l'objet

E 3

entier fur un point de vue à l'objet entier
fous un autre point de vue, fans aucune divifion du tout. Alors l'objet fur lequel on
ftatue eft général, & la volonté qui ftatue eft
auffi générale. On demande s'il y a quelqu'autre
efpece d'acte qui puiffe porter le nom de loi.

Si le Souverain ne peut parler que par
les loix, & fi la loi ne peut jamais avoir
qu'un objet général & relatif également à
tous les membres de l'Etat, il s'enfuit que
le Souverain n'a jamais le pouvoir de rien
ftatuer fur un objet particulier ; & comme
il importe cependant à la confervation de
l'Etat, qu'il foit auffi décidé des chofes particulieres, on demande comment cela fe peut faire.

Les actes du Souverain ne peuvent être
que des actes de volonté générale, des loix :
il faut enfuite des actes déterminans, des
actes de force ou de gouvernement pour
l'exécution de ces mêmes loix ; & ceux-ci,
au contraire, ne peuvent avoir que des objets particuliers. Ainfi l'acte par lequel le Souverain ftatue qu'on élira un chef, eft une loi,
& l'acte par lequel on élit ce chef en exécution
de la loi, n'eft qu'un acte de gouvernement.

Voici donc encore un raport fous lequel
le peuple affemblé peut être confidéré ; fçavoir, comme magiftrat ou exécuteur de la
loi qu'il a portée comme Souverain.

Eft-il poffible que le peuple fe dépouille
de fon droit de fouveraineté pour en revêtir
un homme ou plufieurs ? car l'acte d'élection
n'étant pas une loi, & dans cet acte le peuple n'étant pas fouverain lui-même, on ne
voit point comment alors il peut transférer
un droit qu'il n'a pas.

L'effence de la fouveraineté confiftant dans la volonté générale , on ne voit point non plus comment on peut s'affurer qu'une volonté particuliere fera toujours d'accord avec cette volonté générale. On doit bien plutôt préfumer qu'elle y fera fouvent contraire ; car l'intérêt privé tend toujours aux préférences , & l'intérêt public à l'égalité ; & quand cet accord feroit poffible , il fuffiroit qu'il ne fût pas néceffaire & indeftructible, pour que le droit fouverain n'en pût réfulter.

On demande fi, fans violer le pacte focial, les chefs du peuple , fous quelque nom qu'ils foient élus , peuvent jamais être autre chofe que les officiers du peuple , auxquels il ordonne de faire exécuter les loix. Si ces chefs ne lui doivent pas compte de 'eur adminiftration , & ne font pas foumis eux - mêmes aux loix qu'ils font chargés de faire obferver.

Si le peuple peut aliéner fon droit fuprême , peut-il le confier pour un tems ? s'il ne peut fe donner un maître , peut-il fe donner des repréfentans ?

Si le peuple ne peut avoir ni Souverain ni Repréfentans , comment peut-il porter fes loix lui-même ? doit-il avoir beaucoup de loix , doit-il les changer , eft-il aifé qu'un grand peuple foit fon propre légiflateur ?

Il fuit de ces confidérations qu'il y a dans un Etat un Corps intermédiaire entre les Sujets & le Souverain ; & ce corps intermédiaire, formé d'un ou plufieurs membres, eft chargé de l'adminiftration publique, de l'exécution des loix , & du maintien de la liberté civile & politique.

Les membres de ce corps s'apellant *Magiſtrats* où *Rois*, c'eſt-à-dire, Gouverneurs: le corps entier, conſidéré par les hommes qui le compoſent, s'apelle *Prince*; & conſidéré par ſon action, il s'apelle *Gouvernement*.

Si plus le peuple eſt nombreux, moins les mœurs ſe raportent aux loix; par une analogie aſſez évidente, ne peut-on pas dire auſſi que plus les Magiſtrats ſont nombreux, plus le gouvernement eſt foible?

On diſtingue dans la perſonne de chaque Magiſtrat trois volontés eſſentiellement différentes. Premierement la volonté propre de l'individu, qui ne tend qu'à ſon avantage particulier: ſecondement la volonté commune des Magiſtrats, qui ſe raporte uniquement au profit du Prince; volonté qu'on peut apeller volonté de corps, laquelle eſt générale par raport au gouvernement, & particuliere par raport à l'Etat dont le gouvernement fait partie: en troiſieme lieu, la volonté du peuple ou la volonté ſouveraine, laquelle eſt générale, tant par raport à l'Etat conſidéré comme le tout, que par raport au gouvernement conſidéré comme partie du tout. Dans une légiſlation parfaite, la volonté particuliere & individuelle doit être preſque nulle, la volonté de corps propre au gouvernement très-ſubordonnée, & par conſéquent la volonté générale & ſouveraine eſt la régle de toutes les autres. Au contraire ſelon l'ordre naturel, ces différentes volontés deviènnent plus actives à meſure qu'elles ſe concentrent; la volonté générale eſt toujours la plus foible, la volonté de corps a le ſecond rang, & la volonté particuliere eſt préférée à tout. Ensorte que chacun est premierement soi-même, & puis magistrat, & puis citoyen. Gradation directement oposée à celle qu'exige l'ordre social.

De ce que le gouvernement se relâche à mesure que les Magistrats se multiplient, & que, plus le peuple est nombreux, plus la force réprimante du gouvernement doit augmenter, on conclut que le raport des Magistrats au gouvernement doit être inverse de celui des sujets au Souverain : c'est-à-dire, que plus l'Etat s'agrandit, plus le gouvernement doit se resserrer, tellement que le nombre des chefs diminue en raison de l'augmentation du peuple.

Pour fixer ensuite cette diversité de formes sous des dénominations plus précises, on remarque en premier lieu que le souverain peut commettre le dépôt du gouvernement à tout le peuple ou à la plus grande partie du peuple, ensorte qu'il y ait plus de citoyens magistrats que de citoyens simples particuliers. On donne le nom de *Démocratie* à cette forme de gouvernement.

Ou bien il peut resserrer le gouvernement entre les mains d'un moindre nombre, ensorte qu'il y ait plus de simples citoyens que de magistrats ; & cette forme porte le nom d'*Aristocratie*.

Enfin il peut concentrer tout le gouvernement entre les mains d'un magistrat unique. Cette troisieme forme est la plus commune, & s'apelle *Monarchie* ou gouvernement royal.

Toutes ces formes, ou du moins les deux premieres, sont susceptibles de plus & de moins, & ont même une assez grande la-

E 5

titude. Car la *Démocratie* peut embraſſer tout le peuple, ou ſe reſſerrer juſqu'à la moitié. L'*Ariſtocratie* à ſon tour peut, de la moitié du peuple, ſe reſſerrer indéterminément juſqu'aux plus petits nombres. La *Royauté* même admet quelquefois un partage, ſoit entre le pere & le fils, ſoit entre deux freres, ſoit autrement.

Chacun de ces gouvernemens pouvant à certains égards ſe ſubdiviſer en diverſes parties, l'une adminiſtrée d'une certaine maniere, & l'autre d'une autre, il peut réſulter de ces trois formes combinées une multitude de formes mixtes, dont chacune eſt multipliable par toutes les formes ſimples.

On a de tout ſems beaucoup diſputé ſur la meilleure forme de gouvernement, ſans conſidérer que chacune eſt meilleure en certains cas, & la pire en d'autres. Pour nous, dit l'auteur, ſi dans les différens Etats le nombre des magiſtrats doit être inverſe de celui des citoyens, nous concluons qu'en général le gouvernement *Démocratique* convient aux petits Etats, l'*Ariſtocratique* aux médiocres, & le *Monarchique* aux grands.

Il ſemble que s'agiſſant du gouvernement d'un grand Etat, nous dévrions, en conſéquence des recherches de cet auteur, propoſer au peuple la continuation du gouvernement monarchique, & d'élire un Roi, en lui preſcrivant par la loi de l'élection la réforme de tous les abus qui opriment la nation. Mais pouvons-nous eſpérer d'aſſembler tranquillement la nation, ou aſſez de

calme & de liberté dans ſes aſſemblées pour
qu'elle ſe porte à faire une loi ſalutaire ?
Et ſi nous pouvons la ſupoſer faite cette
loi, le bon ſens nous permet-il d'entrevoir
aucun moyen qui puiſſe en aſſurer l'exécution ? J'admire l'idée du *Contract Social*;
mais je n'y vois qu'une ſimple fiction. Dans
le fait, peut-on ramener le peuple à l'idée
de ce contract ? Le lui faire enviſager comme exiſtant, ou le porter à le former & à
agir en conſéquence ? Je reviendrai ſur le
ſyſtême de Société ſupoſée formée ſur un
Pacte Social. Mais je dois fixer encore votre attention ſur des réflexions de l'auteur,
où je crois voir qu'il a lui-même peu de
confiance dans l'idée du contract ſocial,
pour en faire la baſe d'un gouvernement
tel que ſon amour pour l'humanité le lui
fait deſirer, c'eſt-à-dire, d'un gouvernement qui aſſure le bonheur d'une nation.

Après avoir ainſi conſidéré, dit-il, chaque eſpece de Société civile en elle-même,
nous les comparerons pour obſerver leurs
divers raports : les unes grandes, les autres petites ; les unes fortes, les autres foibles ; s'attaquant, s'offenſant, s'entre-détrui-
ſant, &, dans cette action & réaction continuelle, faiſant plus de miſérables, & coûtant la vie à plus d'hommes, que s'ils
avoient tous gardé leur premiere liberté.
Nous examinerons ſi l'on n'en a pas fait
trop, ou trop peu, dans l'inſtitution ſocia-
le ; ſi les individus ſoumis aux loix & aux
hommes, tandis que les ſociétés gardent entre elles l'indépendance de la nature, ne
reſtent pas expoſés aux maux des deux

états, fans en avoir les avantages ; & s'il
ne vaudroit pas mieux qu'il n'y eût point
de fociété civile au monde , que d'y en
avoir plufieurs ? N'eft-ce pas cet état mixte
qui participe à tous les deux & n'affure ni
l'un ni l'autre ? n'eft-ce pas cette affocia-
tion partielle & imparfaite qui produit la
tyrannie & la guerre ? & la tyrannie & la
guerre ne font-elles pas les plus grands
fléaux de l'humanité ?

Je vais m'expliquer à préfent fur toutes
ces idées, avec la liberté d'un citoyen qui
defire fincérement le bonheur de fa patrie,
& qui cherche les moyens d'établir & d'affurer fa profpérité.

Quand on parle de la fociété en général,
on ne peut concevoir l'idée de fon exiftence fans celle d'un gouvernement ; & l'on a
raifon. Car une fociété ne pourroit exifter,
fi elle n'étoit pas gouvernée de quelque maniere que ce foit. Mais fupofer qu'il y ait
aucune fociété qui fe foit formée par un
contract , & qu'elle fe foit donné enfuite
de ce contract la forme de gouvernement
qu'elle a voulu, c'eft fupofer des faits que
la nature détruit. Obfervons la nature &
fa marche, & nous ne verrons point de
contract focial, ni d'autres loix que les
fiennes, ni d'autre gouvernement. Ne mettons point en queftion, comme on a fait
tant de fois, fi l'homme eft né libre ou efclave ? Qui eft-ce qui a pu ignorer que
l'efclavage eft l'ouvrage de l'homme , &
non celui de la nature ? L'efclavage n'a eu
d'origine & de fondement que la loi dictée
par la paffion du plus fort, qui a violé la

loi de la nature. Le premier qui a fait un
efclave, ne s'eft point vu dans fon femblable, il s'eft oublié lui-même : il s'eft lui-
même avili & dégradé en violant la loi de
la nature, dont quelque paſſion violente lui
a fait oublier l'empire, ou ne lui a plus
permis d'entendre fa voix.

C'eſt ainſi que chez les Miraboulans, qu'on
a regardés comme une nation ſauvage, parce
qu'ils n'ont aucune forme de gouvernement,
qu'ils vivent contens des productions de leur
pays, & ne recherchent de communiquer avec
aucune autre nation, on a oublié l'empire
de la loi naturelle à l'égard des Neuſtriens
qu'ils virent arriver chez eux en force & à
main armée. La néceſſité d'une défenſe légitime fit taire l'amour de l'humanité. Les
Neuſtriens plus foibles furent efclaves. Les
Neuſtriens étoient une nation déjà corrom-
pue. Celle des Occaſes s'étant préſentée enſuite avec douceur & ſans méfiance, ne cauſa
point d'alarme. Elle en fut reçue avec amitié. Lorſque des hommes ne connoiſſant encore reſpectivement d'autres loix que celle
de la nature, ſe ſont aprochés ſans ſe connoître, & ſans ſe faire craindre comme ennemis par des aparences de violence ou
faute de s'entendre, ils ſe ſont unis. Livrés
de part & d'autre à la loi naturelle, ils
ont trouvé de la douceur à vivre enſemble.
La nature a formé leur ſociété, & l'a en-
tretenue juſques à ce qu'un étranger qui avoit
oublié cette loi, eſt venu troubler leur union.
Si quelques-unes de ces ſociétés ſe ſont donné
un ou pluſieurs chefs, la néceſſité de ſe défendre contre des ennemis, les y a forcées.

& cette élection · qui n'a eu d'autre objet
que l'ordre de la défenfe de foi-même , n'a
point été l'ouvrage de la nature , mais celui de ces hommes ennemis de la nation paifible , qui en avoient déjà oublié la loi.

Il eft aifé de concevoir que ces chefs ont
été renouvellés enfuite , ont abufé de leur
autorité , ont fait des loix , ont gouverné
fous une infinité de dénominations ou de formes différentes, des nations qui auparavant
étoient gouvernées par la loi naturelle ,
qu'ils leur ont fait oublier par des loix arbitraires.

Supofons le monde divifé en différentes nations ou en différentes fociétés , toutes gouvernées également par la loi de la nature ,
ainfi que cela a dû être , puifqu'en fortant
des mains de la nature les hommes n'en avoient
point d'autres. Une feule nation , fortie de
cet état paifible par la crainte des fignes d'a-
mitié d'une nation voifine dont elle n'entendoit pas la langue, qu'elle a pris pour des
menaces , a fuffi pour faire fortir fucceffivement toutes les autres de leur état naturel ,
& pour les tranfporter toutes dans un état
de contrainte, dans un état forcé, dans un
état de guerre. De-là la néceffite de l'élection des chefs, & de toutes les loix qui fe
font toujours multipliées de plus en plus à
mefure , qu'on s'eft plus éloigné de cet état
primitif, c'eft-à-dire, à mefure qu'on eft tombé dans un plus profond oubli de la loi de
la nature. Ainfi qu'on choififfe un nombre donné d'hommes ou de familles que leur penchant naturel réunit pour vivre enfemble ,
il eft évident que la feule force de la nature

forme leur société, qu'elle en est l'unique loi, que c'est-là leur contract social. En imaginer un autre, c'est imaginer une machine égale à toutes les autres loix auxquelles on veut donner pour base un contract factice. Vous serez encore plus sensibles à cette vérité, si vous faites attention que les meilleures loix de nos plus grands législateurs, sont celles qui ne font que répéter pour les cas pour lesquels on les a faites, exactement tout ce que la loi naturelle a prescrit, & que tous les efforts de l'esprit de législation se sont portés à apuyer la loi arbitraire sur les principes de la loi naturelle. Si nous avons quelques loix respectables parmi les loix factices, ce sont celles qui portent ce caractere, c'est-à-dire, dans lesquelles l'équité naturelle est le plus sensible.

Les premieres sociétés étoient formées par le penchant naturel à l'homme pour la société. Elles étoient peuples sans aucun contract, & sans d'autre loi que la loi naturelle qui les gouvernoit. Les chefs qu'elles se donnerent, n'eurent point d'abord d'autre loi à suivre; & celles qu'ils ont faites ensuite ne furent que des loix forcées par les circonstances d'un gouvernement factice, & du concours des intérêts personnels.

Si vous parcourez avec un peu d'attention les Républiques anciennes, vous distinguerez dans le principe de leur constitution la loi naturelle, qui avoit servi de point d'apui à leurs fondateurs & fait des hommes libres; & des loix arbitraires qui leur donnoient des esclaves; vous y verrez un mêlange continuel de ces deux sortes de loix, la premiere enfin ou-

-bliée & ces Républiques toujours toublées ;
toujours agitées, & à la fin fucceffivement
détruites par l'effet des dernieres. L'intérêt
perfonnel des fondateurs les éleva, & cet
intérêt perfonnel ne marchoit qu'à l'aide des
loix factices. Arrêtons-nous à la plus moderne des Républiques que nous connoiffons.
Elle fut fondée par un Prince qui profita de
l'idée de liberté que la tyrannie d'un Roi avoit
fait naître chez fes fujets : ce Prince ne pouvant fe faire Roi, fe fit Républicain, & fe
donna tout ce que fon ambition pouvoit obtenir à la tête d'un Etat Républicain. Il falloit bien s'y borner, puifque la liberté étoit
dans fes mains l'unique moyen de s'élever.
C'eft-là à peu près l'hiftoire de la naiffance
de toutes les Républiques & de leurs fondateurs. L'idée de la liberté a toujours ramené, les premiers Républicains à une fimplicité, à une pureté de mœurs, à une générofité & à un défintéreffement, qui font l'ouvrage de la loi naturelle, prefque la feule
connue dans les Républiques au moment de
leur naiffance, & que les loix factices que
produifent bientôt les intérêts perfonnels,
éteignent enfuite en peu de tems. Dans le
premier & le bel âge de cette République
moderne, on ignoroit à quoi pouvoit fervir
l'ufage des ferrures, rien n'y fermoit à clef
chez aucun citoyen. Aucune conteftation, aucun différend n'y troubloit le repos des familles; parce qu'il n'y avoit aucune loi que
celle de la nature pour les décider, & que
le cœur de chaque citoyen étoit le feul juge
qui tenoit la main à l'exécution de cette loi.
On y a multiplié les loix & les intérêts per-

fonnels ; & cette République n'est plus re-
connoissable.

Nous entendons citer tous les jours la loi
naturelle ; car malgré la corruption qui régne dans nos mœurs, il semble qu'on la respecte encore, mais on n'en connoît que le
nom. Peu de gens connoissent toute l'énergie de son expression, & toute la force de
son autorité. C'est sur quoi il est nécessaire
que nous fixions de nouveau notre attention.
Écoutons encore sur ce sujet l'auteur du *Contract Social*.

. Le premier de tous les soins, dit-il, est
celui de soi-même ; cependant combien de
fois la voix intérieure nous dit qu'en faisant
notre bien aux dépens d'autrui, nous faisons
mal ? Nous croyons suivre l'impulsion de la
nature, & nous lui résistons : en écoutant
ce qu'elle dit à nos sens, nous méprisons ce
qu'elle dit à nos cœurs ; l'être actif obéit,
l'être passif commande. La conscience est la
voix de l'ame, les passions sont la voix du
corps. Est-il étonnant que souvent ces deux
langages se contredisent, & alors lequel faut-
il écouter ? trop souvent la raison nous trom-
pant, nous n'avons que trop acquis le droit
de la récuser ; mais la conscience ne trompe jamais, elle est le vrai guide de l'homme ; elle est à l'ame ce que l'instinct est au
corps ; qui la suit, obéit à la nature, & ne
craint point de s'égarer.

C'est sans doute relativement à l'état ac-
tuel où nous sommes que l'auteur a parlé de
.la loi de la nature avec cette distinction, &
non relativement à l'état où nous avons été,
& auquel je desire que nous puissions reve-

nir. Il n'a point confidéré la loi de la nature lorfque l'homme ne connoiffoit d'autre loi , d'autre gouvernement, que fon empire. Il prend l'homme dans l'efclavage de l'intérêt. Je confidere au contraire l'homme libre : & dans cet état je ne diftingue point la voix de l'ame de la voix du corps, & la nature ne parle point à l'homme deux langages qui fe contredifent. La raifon ne le trompe point. Il eft certain que le premier de tous les foins eft celui de foi-même; mais c'eft précifément par le foin de foi-même , pour fon propre bien, que l'homme ne fera jamais fon bien aux dépens d'autrui. Dès qu'il n'exiftera aucun intérêt dans la fociété qui l'aveugle fur ce qui conftitue fon véritable intérêt, fur celui de fa confervation & de fon bien-être, il verra qu'il fe feroit du mal à lui-même , en faifant fon bien aux dépens d'autrui. La confervation de fon femblable & de la fociété eft identifiée avec la fienne, & lui fait rechercher le bien d'autrui comme le fien propre. Tel eft l'empire de la loi naturelle. Il lie tous les hommes par l'intérêt de leur confervation & de leur bien-être; intérêt qui fera le feul fenfible, & qui affurera toujours l'exacte obfervation de la loi dans toute fociété qu'on n'aura pas divifée par des intérêts factices, & qui ne fera gouvernée que par cette loi. L'homme eft forti bon des mains de la nature, & la nature a gravé dans fon cœur la loi qui le confervera bon, tant qu'il ne fera pas tranfporté fous l'empire d'autres inftitutions qui la lui feront oublier , ou l'empêcheront d'entendre fa voix. Jettez un coup d'œil fur ce jeune homme que nos inftitutions n'ont pas encore corrompu, qui les ignore parce qu'il a été élevé dans la retraite par des mains fages. Vous voyez la candeur, la vérité, la droiture peinte fur fa phyfionomie & dans fon maintien, qui eft l'image de fon ame innocente. Propofez-lui fon bien aux dépens du bien d'autrui, la nature vous a déjà fait fa réponfe, avant que fa bouche la prononce.

Ne reviendra-t-on jamais de la vanité des opinions humaines, qui en voulant établir la vertu par la raifon feule, ne peuvent lui donner une bafe folide ? Rejettons loin de nous ces fiftêmes inventés par l'orgueil, qui après avoir défini la vertu, l'amour de l'ordre, nous tranfportent, pour expliquer cet ordre, dans une mer d'idées où l'efprit fe perd, & où l'ame oublie entierement fa fenfibilité naturelle. Je fens qu'il y a un ordre moral. Ne me faites pas oublier ce fentiment par des explications, par des diftinctions fans nombre. Je fens que je fuis dans cet ordre, tous les devoirs de la loi naturelle font tracés dans mon cœur en caracteres ineffaçables. J'écoute fa voix, je lui obéis & je fuis dans la route de la fageffe.

Telle eft la loi primitive à laquelle nous devons ramener notre nation pour la rendre heureufe. C'eft-là fon ancien gouvernement. La nature ne lui en infpira point d'autre. Ses mœurs étoient fimples & pures : celles du peuple le font encore, & l'obfervation de cette loi réformera les mœurs des riches. L'établiffement, ou pour parler plus exactement, le rétabliffement d'un gouvernement fi fimple, n'exige que des moyens fimples,

avec lefquels nous irons au devant de l'ambition & de la violence. Une prompte expédition dans l'ufage de ces moyens retien-
dra dans les premiers momens toutes les paffions dans le filence ; & bientôt elles n'ofe-
ront fe montrer.

Auftraliens ! c'eft à vous à vous donner un
ou plufieurs chefs pour vous gouverner, ou
de renoncer au gouvernement des hommes,
& de n'en reconnoître point d'autre que celui de la loi naturelle. Vos cœurs font les livres dans lefquels cette loi eft gravée. Si
vous en ordonnez l'exacte obfervation, nous
fommes tous égaux, tous les biens font en
commun, ils doivent s'en faire un partage
égal, toutes les dettes font abolies, ainfi
que les impôts ; tous les tribunaux de juftice font fuprimés, parce que nous n'avons
plus befoin de faire du mal à perfonne, ni
de crainte d'en recevoir ; parce que l'obfervation de la loi prévient toute idée de conteftation, & détruit tout intérêt qui pourroit
en faire naître. Vous pouvez confier aux citoyens du premier ordre la défenfe de la
nation contre les entreprifes des nations voifines, pendant que le fecond ordre s'occupe de
la culture des terres & de l'induftrie. C'eft-
là la feule diftinction que la nation doit reconnoître entre les deux ordres des citoyens.

Ne doutez pas que cette loi ne foit promptement foufcrite par tout le peuple; & dès-
lors aucun intérêt n'eft capable de le diftraire
de l'idée de fon bonheur, ni par conféquent
de l'engager à fournir des armes à un ambitieux pour fubjuguer la nation.

Quand on a traité d'acte illégitime l'abolition des dettes on n'a pas affez réfléchi fur le pouvoir du peuple fouverain. Car en difant qu'il peut s'emparer légitimement du bien de tous, on ne devoit pas en excepter les créances des particulier qui font partie du bien de tous. La feule abolition des dettes feroit un acte illégitime, fi l'on n'obfervoit pas d'ailleurs la loi de la nature dans toute la plénitude de fon empire ; & en la fuivant, l'exiftence des dettes feroit contraire à la loi, en ce qu'il réfulteroit une inégalité incompatible avec l'obfervation de la loi.

La propofition fut dans l'inftant foufcrite par les douze Reftaurateurs, & il en fut envoyé fur le champ des doubles à toutes les Villes & à tous les Villages de l'Empire pour être préfentés à tous les chefs de famille. Tous ces doubles revinrent foufcrits en peu de jours, & tous portoient que les vénérables Reftaurateurs étoient priés d'ordonner & de prendre toutes les mefures qu'ils jugeroient néceffaires pour affurer l'exacte obfervation de la loi. Le peuple également frapé du bonheur que lui préfentoit l'obfervation de la loi, de la vertu, & du défintéreffement des Reftaurateurs, qui préféroient la félicité de la nation à l'ambition de la gouverner, à laquelle ils pouvoient tous prétendre, fe livra à la joie la plus vive, & à des fêtes qu'il fe donna lui-même, auxquelles l'artifice n'eut point de part. Cette joie univerfelle du peuple rendit encore plus refpectable l'autorité des Reftaurateurs & prévint toute idée de contradiction.

Les feuls tribunaux de la juftice vinrent les trouver avec des repréfentations. La ré-

ponfe fut auffi fimple, que prompte. Vous
étiez, leur dit-on, féparés du peuple par
votre état ; aujourd'hui votre état ne fubfifte
plus ; rentrez dans les ordres du peuple ; &
fi vous vous préfentez enfuite avec la pluralité des voix, nous vous écouterons.

On fuprima la monnoie fabriquée d'un métal rouge fort précieux, uniquement parce
qu'il étoit fort rare, & fort méprifé des peuples qui faifoient du commerce avec la nation. On lui fubftitua une monnoie d'or, très-
recherchée par les étrangers. On avoit des
mines d'or & d'argent de tous côtés, toutes à fleur de terre, d'une richeffe inépui-
fable. Tous les habitans avoient la liberté
d'en prendre à leur gré pour en faire des
uftenciles & des outils. On n'en faifoit pas
d'autre ufage, & cet ufage fut confervé.
On fit fabriquer, une fomme de monnoie
d'or proportionnée aux befoins de la nation,
dont chaque habitant demanda celle qu'il jugea lui être néceffaire. Le peuple s'étoit fi
bien rapellé la loi naturelle qu'il fut obfervé
que perfonne ne demandât rien au delà de
la proportion de fes befoins. On régla le
montant de la fomme qui feroit fabriquée
tous les ans, fur laquelle on affigna aux citoyens du premier ordre celles qu'ils de-
manderoient tous les ans pour leur te... lieu
du revenu de leurs terres, qu'ils aba...den-
nerent aux cultivateurs dans le partage des
terres qui fut fait entr'eux. On affigna auffi
une rente à vie feulement à tous ces gens
de loi qui avoient perdu l'ufage de leurs
bras dans l'exercice de leur pénible profef-
fion ; & leur poftérité fut rendue à la cul-

ture de la terre ou à l'induſtrie.

On établit dans chaque ville des magazins du ſuperflu des denrées des cultivateurs
& des productions naturelles , & un autre
magazin des denrées & des marchandiſes étrangeres dont la nation avoit beſoin , où chaque citoyen avoit la liberté de venir faire
ſes échanges. On forma en même-tems dans
le port de mer où arrivoient les vaiſſeaux
des nations étrangeres , un magazin général
des échanges que la nation faiſoit avec elles ,
dont la balance qu'on ſoldoit auparavant avec
de l'or ou de l'argent en barres , ne fut plus
ſoldée qu'en monnoie d'or. Cette ſolde étoit
fort bornée attendu l'abondance des denrées
de la nation données en échange.

Les nations étrangeres avoient introduit
dans l'Empire plus de cent différentes ſortes
de liqueurs fortes , dont le luxe avoit prodigieuſement étendu l'uſage , ſur-tout parmi
les gens qui ſe diſoient *le beau monde*. Comme l'uſage de ces liqueurs attaquoit également les mœurs & la ſanté , on en défendit
l'entrée. On ne laiſſa de liberté aux étrangers que pour une quantité de vin limitée
ſuivant l'eſtimation qui fut faite de celle que
chaque famille pouvoit en conſommer ſans
abus & ſans ſe nuire.

On établit dans la capitale , dans le palais des Rois , un dépôt public de livres con-
tenant les noms de tous les citoyens de deux
ordres , les naiſſances , les mariages & les
morts , qu'on eut ſoin d'y inſcrire ſur les
déclarations qui y étoient envoyées par les
familles. On y inſcrivit auſſi les adoptions
dont l'uſage fut jugé néceſſaire pour entre-

tenir le nombre des citoyens du premier ordre chargés de la défense de la patrie.

Il fut arrêté que chaque citoyen du premier ordre seroit employé à son tour à la
garde des magazins, à celle du dépôt, &
à la direction de la monnoie ; & qu'en cas
de guerre, l'armée composée des citoyens
du premier ordre, éliroit son général.

La supression de la monnoie rouge, l'a-
bolition des dettes & le partage des terres
réduisirent les financiers dans la même situation que les gens de la loi. Leur postérité
fut rendue de même à l'agriculture & aux
arts utiles, & cette classe de sujets & leurs
femmes n'osant murmurer en public, rede-
vint sobre & modeste.

On fit rassembler tous les livres existans
chez la nation, tant anciens que modernes. On
les condamna au feu. On fit brûler plus de
mille volumes de loix, de commentateurs &
de discours concernant l'administration de la
justice & des finances, recueils immenses
de loix obscures, de raisonnemens équivo-
ques où l'on puisoit également des armes
pour défendre l'innocence & pour l'oprimer ;
un pareil nombre sur les sciences abstraites,
sur les questions inintelligibles ; tout autant
sur des sujets frivoles ou licencieux qui dés-
honoroient l'esprit humain ; un grand nombre sur la médecine, sur l'éloquence, sur les
théâtres, sur la poësie, & toute la musique
écrite sur des paroles, tous ouvrages dé-
savoués par le bon sens & par la nature.
On ne conserva que ceux qui contenoient
la description des arts utiles, & de quelques arts agréables qui pouvoient être exercés

tés fans bleffer la pureté des mœurs, tels
que la fculpture, l'architecture, la gravure,
la peinture & la mufique inftrumentale. On
conferva auffi un très-petit nombre de livres
fur les mœurs, qui parurent dictés par la
vertu, par la fageffe même ; & il ne fut
plus permis d'imprimer aucun livre nouveau
fur aucun prétexte.

Ces réglemens rendus publics reçurent un
aplaudiffement général, & donnerent lieu à
de nouvelles fêtes. La reconnoiffance fut fi
vive que chaque citoyen voulut avoir dans
la plus belle piece de fa maifon les portraits
des douze Reftaurateurs. Ils furent obligés,
malgré leur modeftie & leur répugnance,
de fe laiffer peindre. Toutes les villes voulurent avoir auffi leurs ftatues dans leurs places publiques. Mais un monument plus refpectable encore, auquel deux mille ans n'ont
pu donner la moindre altération, ce fut le
premier mouvement général de la reconnoiffance du peuple qui le porta à former lui-
même la ligne qui fépare le fecond ordre du
premier, en fe renfermant pour fes uftenciles à l'ufage de l'argent, & en renonçant
à celui des étoffes toutes de foie pour fes
meubles & fon vêtement, ainfi qu'à l'ufage
des diamans & des rubis ; ouvrage du fentiment d'autant plus précieux, qu'il avertit
fans ceffe les citoyens du premier ordre,
de leur égalité avec ceux du fecond, en les
rapellant à l'origine de cette diftinction ; en-
forte qu'il femble que cette ligne de fépara-
ration n'eft aperçue & fenfible, que pour
unir encore davantage les deux ordres.

La divifion des fortunes, la fupreffion des

F

tribunaux de juftice & des finances, rendirent toutes les villes prefque défertes. Il n'y refta que les familles des citoyens du premier ordre chargés du foin & du travail qu'exigeoient les dépôts & la direction de la monnoie, avec des artifans. Bientôt les citoyens des villes livrés à la vie champêtre, à l'agriculture & à l'amour de leur premier état, vivifierent les campagnes, & ranimerent le zèle prefqu'éteint de l'infortuné villageois. On vit le peuple fe multiplier, les champs fe fertilifer, la terre prendre une nouvelle parure, la multitude & l'abondance transformer les travaux en fêtes, les cris de joie & les bénédictions s'élever du milieu des jeux autour des villages & des métairies; on croyoit voir renaître les plus heureux fiecles de l'humanité. Tout intérêt perfonnel avoit difparu. Perfonne ne voyoit d'autre intérêt que celui de la fociété. Tout autre eût été fans réalité & fans objet, on ne pouvoit en concevoir d'aucune efpece. L'harmonie régna partout; non cette harmonie artificielle qui n'eft que le fruit de l'efprit humain; mais l'harmonie qui eft l'ouvrage de la nature, & qu'il n'apartient qu'à la nature d'entretenir.

Les riches, débarraffés de leur opulence, goûterent enfin les délices de la vie champêtre, & le bonheur d'une condition toujours parée de l'innocence : bientôt ils s'abandonnerent à un fommeil que les inquiétudes, les foins & les chagrins n'interrompoient jamais; ce qui réduifit les médecins à l'exercice d'une théorie inutile.

Cette révolution naturelle n'avoit point échapé à la fage prévoyance des Reftaurateurs. Mais ce n'étoit cependant pas le seul motif qui les avoit portés à comprendre dans la proscription générale des livres, tous les traités de médecine.

Parmi le grand nombre de médecins que notre luxe entretient, dirent les Restaurateurs, très-peu sçavent la médecine, & nous pouvons regarder la multitude des médecins ignorans comme un des grands fléaux qui affligent l'humanité. A l'égard des médecins habiles, si nous observons bien la nature, nous voyons que c'est la dépravation de nos mœurs qui les rend nécessaires. Corrigeons nos mœurs, & bientôt ils nous seront inutiles, de même que leur pharmacie, qui nous présente une si prodigieuse quantité de remedes, c'est-à-dire, beaucoup d'ennemis de l'humanité, & fort peu d'amis.

Il y a plus : nous devons ... rder les médecins comme un obstacl ... rogrès des bonnes mœurs. Il n'est pas d ...teux que la sobriété fortifie également les mœurs & le tempérament, en même-tems qu'elle prévient les maladies. Or la confiance dans le médecin & dans les remedes, est l'une des causes, & peut-être la principale, qui fait négliger la sobriété. D'ailleurs le médecin le plus habile n'exerce qu'une science conjecturale, qui a peu de principes certains, qu'il n'exerce avec quelque succès qu'après une longue expérience, & une expérience raisonnée aux dépens d'un grand nombre de malades ; & qui enfin n'ayant pour objet que d'aider la nature, la contrarie presque toujours. Concluons donc d'après notre propre expérience que la vie sobre & tranquille rend heu-

reufement inutile une fcience fi équivoqué ;
& ne confultons déformais d'autre médecin
que la nature. Elle ne nous indiquera jamais de remede funefte : elle veille avec trop
de foin à la confervation de fes ouvrages.
Ne confervons que le chirurgien dont l'art
ne s'exerce qu'à l'extérieur & fur des accidens vifibles & connus.

Tel eft aujourd'hui, me dit ici le Seigneur
Taumelli, le feul médecin en effet que nous
ayons, que nous confultons & qui ne nous
trompe jamais dans le régime qu'il nous prefcrit. Voilà en même-tems les raifons qui font
que nous parvenons à un âge fi avancé fans
vieillir, & que nous ceffons enfin de vivre bien au-delà du terme que la nature femble avoir prefcrit à tous les autres hommes,
fans prefque nous apercevoir des infirmités
de la vieilleffe. Nous nous éteignons, pour
ainfi dire, comme la lumiere, fans douleur,
ou plutôt nous nous endormons après avoir
joui des douceurs de la vie jufques au dernier moment. Voilà l'idée que je pouvois
vous donner des Reftaurateurs de la nation,
de leur génie, de leur vertu & de leur défintéreffement. Vous la trouverez dans l'hiftoire
de la Reftauration dévelopée dans un plus
grand détail. Pour moi je ne penfe jamais
aux fondateurs de notre profpérité fans ra-
viffement ; leur vertu eft le fujet de mes réflexions les plus délicieufes, & mon ame
eft enivrée du plaifir de la contempler.

Depuis cette époque la loi de la nature a
toujours conftamment exercé fur nous fon
empire fans la moindre contradiction : nous
n'en connoiffons point d'autre. C'eft cette

loi qui nous gouverne. Nous voulons être heureux, & nous le fommes; nous voulons le bonheur d'autrui, & ce bonheur qui exifte, ne coûtant rien au nôtre, l'augmente. Voilà le fruit de l'obfervation de notre loi, & notre gouvernement.

Je n'ai pas eu, lui dis-je, le bonheur de naître parmi les Auftraliens; mais je fens à mes tranfports d'admiration pour les actions héroïques de vos Reftaurateurs, à l'impref-fion que m'a faite le fpectacle touchant du bonheur univerfel dont ils font les fondateurs, que tous les hommes feroient heureux, s'ils étoient Auftraliens. O ma patrie! pardonne-moi de ce que je ne fuis plus Anglois. Je fuis Auftralien. O Anglois! vous êtes des hommes libres, vous êtes les premiers hommes de l'Europe, de l'Afie, de l'Afrique & de l'Amérique, mais vous n'êtes pas les pre-miers hommes du monde. Les Auftraliens feuls connoiffent véritablement la liberté & fçavent en jouir. Dames Européennes! vous n'avez pas la premiere idée du bonheur que vous recherchez avec tant de foins. Venez vivre parmi les Dames Auftraliennes, vous aprendrez le véritable ufage que vous devez faire de vos charmes & de votre empire; vous aprendrez à les conferver & à être heureufes pendant la vie la plus longue.

J'avois de la peine à contenir mes tranf-ports; le Seigneur Taumelli m'en témoigna fa fatisfaction. Je lui demandai la permiffion de lui faire plufieurs queftions. Tant qu'il vous plaira, me dit-il, je ne veux vous laif-fer ignorer aucun de nos ufages, ni aucune des raifons qui nous y attachent, & qui les

perpétuent depuis tant de fiécles. Vous fçavez à préfent pourquoi nous ne donnons
point de repas dans nos fêtes, & la raifon
qui en a exclu l'ufage du vin, que c'eft à
la fobriété qui régne dans nos repas & à
l'ufage modéré du vin, que tous les Auftraliens doivent un tempérament robufte & une
fanté ferme & conftante jufques dans l'âge
le plus avancé. Vous fçavez pour quelle raifon nous avons fi peu de livres & point d'auteurs, aucuns poëtes. Les maîtres à danfer
ont été également fuprimés. Je vous ai dit
pourquoi nous avons confervé la chirurgie.
Cet art eft au rang des arts utiles & néceffaires ; & cet art eft exercé avec d'autant
plus de fûreté que le bien de l'humanité eft
le feul motif qui depuis ce tems anime &
dirige la main du chirurgien. On a traité les
chirurgiens, comme les citoyens du premier
ordre, on leur a affigné fur le tréfor public
la rente annuelle qu'ils jugent à propos de
demander tous les ans ; parce qu'on a jugé
qu'ils devoient être exempts de tout travail
pour conferver la légéreté de leur main, &
l'on a exigé qu'ils fiffent continuellement des
éleves ; devoir dont ils fe font toujours ac-
quités avec un grand fuccès. Ainfi nos chirurgiens ne reçoivent aucun témoignage de
reconnoiffance.

Je fuis bien convaincu, lui dis-je, que pour
jouir de la vie, il n'eft pas néceffaire d'être
riche ; qu'il fuffit d'être libre, fain, & de
ne pas manquer du néceffaire. Tous les autres biens ne font que les biens de l'opinion.
On ignore heureufement ici cette forte de
biens ; l'opinion n'a point de prife fur le cœur

des Auftraliens. Ils font fains, ils font libres, & il eft impoffible qu'aucun d'eux manque jamais du néceffaire. Mais il me femble qu'il manque un peu de diverfité dans leurs amufemens, dans l'occupation fur-tout de ceux qui n'emploient pas leur tems à l'exercice de quelque art. Je ne puis m'empêcher de regretter dans la profcription générale de vos livres les ouvrages d'éloquence & de poëfie, On a peut-être perdu des tréfors précieux, plufieurs chefs-d'œuvres de l'efprit humain, & cette perte n'eft-elle point une perte irréparable ?

La liberté qu'on a en Angleterre de déclamer ouvertement contre le Miniftere, contre le Roi même, contre les Amiraux, les Généraux & les Alliés ; l'efprit de parti qui y tient un champ toujours ouvert à des combats de plume, y multiplie les livres à l'infini, qu'on ajoute fans ceffe à la maffe énorme de ceux qui appartiennent aux loix, aux fciences & aux arts. L'auteur qui veut fe fignaler dans cette finguliere carriere, odieufe ou interdite chez les autres nations Européennes, commence par établir que les affaires d'une nation libre font celles de chaque citoyen, autant que celles du Roi & des Miniftres ; que quoique le Parlement repréfente la nation & agiffe pour le peuple, il n'a pas le droit exclufif de parler pour lui ; que la faculté de penfer & d'exprimer ce qu'on penfe, eft inaliénable. Delà le droit de tout dire & de tout imprimer même fur les mœurs. Tel eft l'abus, telle eft l'ivreffe de la liberté, qui donne aux Anglois une grande fupériorité fur les autres Européens à l'égard des productions de l'esprit & du génie.

Les François produifent auffi depuis quelque tems un grande quantité d'ouvrages férieux , d'ouvrages fçavans , & d'ouvrages agréables ; & en bien plus grand nombre des riens amufans ou infipides ; quoique cette abondance que bien des gens raifonnables y trouvent exceffive, pour l'honneur du génie & du bon fens de la nation , y foit reftrainte par des examens & des aprobations. Les François qui font gouvernés par un Roi, fans Parlement, fans Communes , c'eft-à-dire , qui ne font pas ce qu'on apelle en Europe une nation libre , font obligés de refpecter un peu plus que les Anglois, les mœurs , le gouvernement & la tranquillité publique. Ils s'en dédommagent par la traduction des ouvrages Anglois. C'eft un avantage que leur donne l'ufage de la langue Françoife, qui eft la langue dominante de l'Europe.

Si jamais ces deux nations étoient affez heureufes pour parvenir à une reftauration femblable à celle des Auftraliens, je crois qu'elles aprocheroient beaucoup du bonheur dont vous jouiffez , fi tous les livres, à un très-petit nombre près , y étoient profcrits & brûlés , & tous les auteurs condamnés à des occupations utiles ; je voudrois conferver un petit nombre d'ouvrages d'éloquence & de poëfie , quelques fruits précieux du goût & du génie , également agréables & inftructifs ; quand ce ne feroit que pour occuper les perfonnes defœuvrées , & prévenir les vices de l'oifiveté.

. Je conçois, me dit le Seigneur Taumelli,
qu'il feroit heureux pour vos nations Européennes, que leurs livres ne fuſſent qu'un
poids inutile ; car je crois que le plus grand
nombre leur eſt infiniment nuiſible, & que
la liberté de les multiplier fans ceſſe eſt en
Europe un des grands fléaux de l'humanité.
Dites-moi, je vous prie, pour que je con-
noiſſe le prix de ceux que vous voudriez
conferver, & ſi je dois regretter avec vous
la perte de quelques-uns des nôtres, ce que
c'eſt en Europe que l'éloquence & la poëſie. Ce font des arts fans doute. Mais voyons
quelle idée d'utilité vous y avez attachée,
qui paroît vous les rendre ſi cners ?

L'éloquence, lui dis-je, nous enſeigne
l'art de parler, l'art de convaincre, & de
perfuader ce que nous voulons, & nous avons
des ouvrages dans ce genre qui font des chefs-
d'œuvres. Les Anglois fur-tout excellent :
leur liberté & les affaires publiques qu'ils
traitent dans les aſſemblées du Parlement,
leur donnent un grand avantage fur les autres Européens. C'eſt-là qu'on voit fouvent un
homme obſcur, un homme ignoré juſques à ce
moment, s'élever par fon éloquence; & par la
feule force de fon génie conduire fa nation où
il veut. La poëſie fuit les mêmes regles que
l'éloquence, & en a d'autres qui lui font propres. Son objet eſt de rendre le vice odieux;
& de faire aimer la vertu. Elle doit plaire à
l'eſprit & toucher le cœur, mais plus vivement que l'éloquence. Elle y réuſſit par des figures plus hardies par des peintures & des
images plus fortes ; ce que produit la régle
qui l'oblige d'être cadencée, & qui l'aſſu-

jettit à une mefure exacte dans fa marche;
C'eft un feu prefque divin, qui l'anime &
l'éleve. Elle fait parler toute la nature.

Nos Reftaurateurs, dit le Seigneur Taumelli, ont bien fait de rejetter l'éloquence
& fes ouvrages. Nous parlons fans art, avec
fimplicité, avec ordre. La nature eft notre
maître, elle ne nous enfeigne que la vérité, & nous la rend aimable fans le fecours
d'aucun artifice. Nous n'avons pas befoin
d'art pour la perfuader aux autres, car nous
ne trouvons jamais perfonne qui la rejette.
Qu'avons-nous befoin d'un art qui nous apren-
droit également à perfuader le menfonge ?
Perfonne parmi nous n'a d'intérêt, & ne peut
même en avoir, de féduire fon femblable,
& encore moins de féduire la nation pour
l'entraîner à faire quelque démarche extraordinaire. Qui l'entreprendroit feroit un monf-
tre à nos yeux.

Rien ne me paroît moins naturel que la
poëfie, elle eft encore plus que l'éloquence,
l'ouvrage de l'imagination. La nature ne nous
enfeigne pas à parler un langage figuré : &
ce langage qui n'eft qu'un abus de l'efprit
ou de raifon, ne pourroit être que nuifible
par les images du vice à des hommes qui
ne le connoiffent pas.

Je fus obligé d'avouer au Seigneur Taumelli que l'éloquence & la poëfie ne pouvoient convenir & être utiles que chez des
nations efclaves des loix, des intérêts perfonnels & des paffions; où la pureté des mœurs
des hommes eft fans ceffe attaquée par mille
exemples du vice, & où les Légiflateurs font
toujours flottans entre le bien & le mal. Je

revins de mon préjugé à l'égard de l'éloquence & de la poësie. Je lui fis le sacrifice de l'opinion qui m'étoit restée de quelques pieces de l'un & de l'autre genre que j'avois lues & relues avec délices en Europe. Mais j'étois encore prévenu en faveur du théâtre. J'avois lu le théâtre des Grecs , Térence , & quelques pieces Angloises.

Vous aviez des théâtres, lui dis-je, qui ont été suprimés. Les théâtres sont regardés en Europe comme un délassement , comme un amusement honnête, & en même-tems comme une école de politesse, de bon goût & de bonnes mœurs. Il me semble que c'est un plaisir innocent & utile, dont les Australiens devroient jouir.

Nous n'avons , répondit le Seigneur Taumelli, aucune idée précise des théâtres. Nous croyons que c'étoient des sales publiques où l'on donnoit des fêtes que nos Restaurateurs trouverent contraires à la pureté des mœurs à laquelle ils vouloient ramener la nation par la force de la loi naturelle. Il y a bien de l'aparence que la musique faisoit une partie de ces spectacles, & comme on l'avoit dégradée & avilie en y ajoutant des paroles dictées par la licence & par la corruption des mœurs, cette partie des spectacles ne pouvoit subsister. Si la danse en faisoit aussi partie, comme nous le croyons, c'étoit un motif de plus de les suprimer ; puisque la corruption des mœurs avoit fait de cet art aussi innocent que celui de la musique, un exercice qui ne sçavoit plus représenter que le vice & la volupté. Nous ignorons si les théâtres présentoient quelque autre sorte d'amu-

fement au public. Mais c'en étoit bien affez
pour les faire profcrire.

Cependant vous avez vu combien nous aimons la danfe & la mufique. Nous les regardons
comme des talens naturels qui n'ont pas befoin du fecours de l'art pour être agréables.
Les Auftraliens naiffent avec de la voix &
du goût ; leur voix eft naturellement jufte
& flexible. Ils aprennent prefque tous avec
une grande facilité la mufique inftrumentale.,
& à jouer de quelque inftrument. Plufieurs
même chantent & s'accompagnent fans fçavoir une note de mufique ; l'oreille & le goût
leur en tiennent lieu. Il en eft de même de
la danfe, & les enfans n'ont d'autres maîtres que leur volonté, leur goût & les perfonnes plus âgées qu'eux, qu'ils veulent imiter. Ils chantent les plaifirs de leurs jeux innocens, les délices de la vie champêtre, &
les merveilles que la nature produit & ré-
produit fans ceffe.

Je ne puis m'empêcher, dis-je au Seigneur
Taumelli, de reconnoître qu'on chante &
qu'on danfe bien moins naturellement en Europe, & qu'à force de vouloir imiter la nature par les recherches de l'art, on s'en éloigne, on la défigure, on la rend méconnoiffa-
ble. On y fait chanter des héros en fureur,
d'autres en mourant. Rien n'eft plus éloigné
du ton de la nature. La fureur ne chante
point, non plus qu'un homme qui vient de fe
donner la mort. On veut repréfenter par une
danfe une fête de village, ou de bergers &
de bergeres, & l'on fait danfer des panto-
mimes, qui par des geftes & des fauts forcés ou indécens, ne deffinent rien où l'on

puiſſe reconnoître les graces naïves de la
nature, dont des images licencieuſes ou des
attitudes indécentes prennent la place. Ainſi il ſeroit encore heureux pour les mœurs
Européennes qu'une reſtauration y ſuprimât
la muſique vocale & la danſe. J'abandonne
ces deux parties des théâtres Européens. Mais
je ne penſe pas de même des tragédies &
des comédies, qui en ſont les parties les plus
nobles & les plus intéreſſantes. Je ſuis bien
tenté de croire que les Reſtaurateurs les auroient exceptées de la proſcription générale
des livres, ſi ces deux ſortes d'ouvrages de
théâtre avoient été connus des Auſtraliens,
& qu'ils auroient conſervé comme agréables
& utiles les ſpectacles après en avoir détaché
la muſique & la danſe.

Les Auſtraliens, reprit le Seigneur Taumelli, connoiſſoient peut-être les tragédies
& les comédies, mais nous ignorons entierement l'une & l'autre, parce qu'il ne nous
en eſt reſté aucun veſtige. Je vous prie de
m'en donner une idée.

La tragédie, lui dis-je, eſt un poëme qui
met ſur le théâtre, des Rois, des Reines,
des Princes & des Princeſſes en action,
dans laquelle les grandes paſſions ſe dévelopent avec toute leur force en un langage
ſublime; telles que l'amour, la haine, l'ambition qui y livrent à la vertu & à l'innocence le combat le plus animé, quelquefois
le plus ſéduiſant. Lorſque le poëte à ſuivi
les régles de l'art, après avoir tenu par une
diſcuſſion d'intérêts & de ſentimens divers
entre les acteurs, l'auditeur en ſupens &
dans l'inquiétude du ſuccès ou de l'événement

pendant deux heures, il lui préfente la punî-
tion du crime, & la piece finit par la mort du
Roi tyran. Dans de certaines fituations les Reines pleurent, & les Rois auffi quelquefois ; &
le fpectateur touché aplaudit par fes larmes.

Les Auftraliens, repliqua le Seigneur Taumelli, avoient fûrement des tragédies ; car
rien n'eft plus éloigné du ton naturel que celui de cette production de l'efprit. L'idée
n'en pouvoit naître chez une nation qui a
les mœurs pures & innocentes ; elle devoit
être le fruit de la corruption des mœurs,
qui faifoit imaginer à des hommes de génie
des moyens de les corriger par des peintures vives du vice & de vertu. Les Reftaurateurs jugerent avec raifon que chez une
nation chez laquelle la loi naturelle ne devoit laiffer fubfifter aucune idée du vice &
de toutes ces grandes paffions qui avoient
tant agité les Auftraliens, ces images, ces
peintures vives du vice ne pourroient être que
nuifibles. Nous qui ignorons à quoi peuvent
fervir l'ambition, la haine, la jaloufie & toutes ces grandes paffions qui troublent vos fociétés Européennes, nous ne pourrions voir
dans vos tragédies qu'un jeu ridicule de l'efprit humain. Les Auftraliens font heureux
de ne pouvoir s'intéreffer à un pareil fpectacle. Paffons à la comédie.

Les mœurs font encore le principal objet
de la comédie, lui dis-je, mais dans un goût
différent. La comédie entreprend de corriger
les mœurs en faifant rire, par le ridicule qu'elle donne au vice. Elle met fur le théâtre un
avare, un menteur, un prodigue, une femme
coquette, &c.

C'eſt aſſez, dit le Seigneur Taumelli, les Auſtraliens ont eu auſſi des comédies. Elles ſont bonnes & elles peuvent être utiles chez une nation dont la ſociété eſt tourmentée par des avares, par des menteurs, par des prodigues, par des femmes coquettes, & par d'autres inſeﬅes de cette eſpece, que nous ne connoiſſons point. Les Reſtaurateurs prévirent que la loi naturelle en délivreroit la nation, & la rendroit par conſéquent in-ſenſible à ce jeu d'eſprit, dont la conſerva-tion, ne pouvoit être d'aucune utilité. En effet vous ne trouveriez pas une ſeule per-ſonne dans toute la nation, qui pût vous donner une idée exaﬅe de l'avarice, du men-ſonge, de la prodigalité, & aucune de nos femmes ne concevroit rien à la coquetterie, ſi vous vouliez la leur expliquer. Elles ont, comme nous, l'ame tendre & ſenſible, ne connoiſſent ni airs ni faſte, & ſont plus tou-chées des égards & des attentions de l'amitié que des éloges. Elles veulent plaire: c'eſt un ſentiment naturel aux deux ſexes; par cette raiſon elles ne négligent ni leurs manieres, ni leur maintien. Elles ſont miſes avec pro-preté, mais les recherches de l'art ne dés-honorent point leur parure; & l'artifice ne dément jamais les ſentimens de leur cœur.

Je ſuis obligé, lui dis-je, malgré mon ex-trême prévention pour les chefs-d'œuvres du génie Européen, de laiſſer les tragédies & les comédies dans la proſcription générale des productions de l'eſprit. Je conçois que les inſtitutions humaines, qui s'éloignent de la nature, établiſſent le régne des paſſions & du vice; qu'on ne les détruit point par d'au-

très inftitutions; & que les meilleures ne font
que les modifier. Je me gardai bien de donner au Seigneur Taumelli une idée des or-
ganes dont nos fages auteurs des tragédies &
des comédies, fe fervent pour donner au public leurs leçons de morale. Il n'auroit rien
compris dans la contradiction des inftitutions
Européennes. Je ne puis m'auroit-il dit, regarder vos fages que comme des fous ou des
enfans en bas âge, qui détruifent d'une main
ce qu'ils édifient de l'autre. Car quelle efpérance peuvent-ils concevoir d'infpirer l'horreur
du vice & l'amour de la vertu, en faifant
préfenter leurs leçons au public par des acteurs & des actrices qui ne s'occupent que de
l'art de féduire, d'étendre le défordre des paffions & d'en profiter. Je pouvois bien moins lui
parler encore de ces théâtres qui n'intéreffent
le fpectateur que par l'excès de la licence.

Il ne me refte, dis-je au Seigneur Taumelli, qu'une feule forte d'ouvrages à fau-
ver de la profcription générale des livres. Ce
font ceux qui traitent des arts, de l'aftronomie & de l'hiftoire naturelle.

Nous avons, dit-il, une defcription très-
exacte des arts. Ceux qui les exercent y prennent chacun en particulier ce qui lui apartient. Les autres citoyens y lifent quelquefois
par curiofité. Ce livre fut confervé par les
Reftaurateurs comme utile fans danger pour
les mœurs. En effet ceux qui exercent les
arts ont choifi par goût ce genre d'occupation, qu'ils ne font jamais tentés d'abandonner
pour en prendre un autre. Ils font auffi libres,
ils jouiffent du même bonheur que les autres
citoyens. Dans le cas où leur travail ne

fuffit pas à leur procurer au-delà du néceffaire,
ils n'en ont aucune inquiétude. Ils demandent
ce qu'ils veulent au tréfor public qui ne leur
refufe rien : & il eft très-rare qu'ils y aient
recours. Les cultivateurs ont le même droit,
& n'en ufent jamais. Tout ce qui excede à la
fin de l'année le néceffaire de l'aifance, n'a
qu'un prix vil ou plutôt n'en a point aux yeux
d'un Auftralien. Il fe repofe avec raifon fur
l'égalité établie par la loi naturelle qui ne
permet jamais là où elle régne, que la profpérité du méchant afflige l'humanité.

Vous voyez donc qu'il ne peut naître une
diverfité d'intérêts , ni aucun mouvement
d'ambition ou de jaloufie de l'exercice des
arts , & que le livre qui en contient la defcription , ne fçauroit allumer une étincelle de
divifion.

Nous avions une infinité de volumes fur
l'aftronomie , fur le fyftême du monde &
la marche de l'univers. Les uns avoient formé le ciel & la terre au hazard, d'autres
avoient imaginé la loi de l'attraction , d'autres des tourbillons , des atomes, &c. tous
fe vantoient d'être parvenus par des routes
différentes à lever le voile qui dérobe à notre
vue le myftere de la création. On avoit
mefuré la grandeur des globes qui roulent fur
nos têtes , & calculé leurs diftances de celui
que nous habitons. De tout cela nous n'avons
confervé que des élémens. Nous avons à peu
près l'idée de la figure de la terre , & affez de
connoiffance du cours des aftres , pour compter les jours , les mois & les années avec la
même précifion que vous les comptez en Europe. Nous voyons l'univers en mouvement,

& que tous fes mouvemens font réglés, uni-
formes ; d'où nous concluons qu'ils font affujettis à des loix conftantes. Nous ne fçaurions comprendre que les premieres caufes
du mouvement foient dans la matiere. Elle
reçoit le mouvement, elle le communique,
mais il nous paroît abfurde d'imaginer qu'elle
le produife. Il nous eft impoffible de nous
repréfenter la matiere fe mouvant d'elle-même, & produifant quelque action. Il y a donc
une caufe étrangere à la matiere, qui lui
donne le mouvement, & s'il nous eft impoffible d'apercevoir cette caufe, nous avons
une perfuafion intérieure qui nous la rend
tellement fenfible, que nous ne pouvons voir
rouler le foleil fans imaginer une force qui
le pouffe, ou que, fi la terre tourne, nous
croyons fentir la main qui la fait tourner.
Quelques loix générales du mouvement qu'on
ait imaginées, car il y en a fans doute, quelques raports avec la matiere qu'on ait voulu
leur fupofer, pourquoi nous attacherions-nous
à vouloir connoître ces loix & leurs raports,
puifqu'il eft fi évident que ces loix ont un
fondement qui nous eft inconnu ?

Plus nous obfervons l'action & la réaction
des forces de la nature agiffant les unes fur
les autres, plus nous trouvons que d'effets en
effets nous devons toujours remonter à quelque volonté pour premiere caufe ; car nous
fupoferions en vain un progrès de caufes à
l'infini ; ce feroit n'en point fupofer du tout :
ce qui feroit trop abfurde. Tout mouvement
qui n'eft pas produit par un autre, ne peut
venir que d'un acte volontaire ; les corps ina-
nimés n'agiffent que par le mouvement, &

il n'y a point d'action fans volonté. Nous croyons donc qu'une volonté meut l'univers & anime la nature.

Comment une volonté produit-elle une action phyfique & corporelle ? Nous n'en fçavons rien, mais nous éprouvons en nous-mêmes qu'elle la produit. Nous voulons agir, & nous agiffons. La volonté nous eft connue par fes actes & par fa nature. Si la matiere mue nous montre une volonté, la matiere mue felon certaines loix, nous montre une intelligence. Agir, comparer, choifir, font des opérations d'un être actif & penfant : donc cet être exifte.

Nous jugeons de l'ordre du monde quoique nous en ignorions la fin, parce que, pour juger de cet ordre, il nous fuffit de comparer les parties entr'elles, d'étudier leurs concours, leurs rapports, d'en remarquer le concert. Nous ignorons pourquoi l'univers exifte ; mais nous voyons comment il eft modifié ; nous apercevons l'intime correfpondance par laquelle les êtres qui le compofent fe prêtent un fecours mutuel. Nous fommes comme un homme qui verroit pour la premiere fois une montre ouverte, & qui en admireroit l'ouvrage, quoiqu'il ne connût pas l'ufage de la machine & qu'il n'eût point vu le cadran. Je ne fçais, diroit-il, à quoi le tout eft bon ; mais je vois que chaque piece eft faite pour les autres ; j'admire l'ouvrier dans le détail de fon ouvrage, & je fuis bien fûr que tous ces rouages ne marchent ainfi de concert que pour une fin commune qu'il m'eft impoffible d'apercevoir.

Comparons les fins particulieres, les

moyens, les raports ordonnés de toute efpece, écoutons enfuite le fentiment intérieur :
quel efprit fain; eut fe refufer à fon témoignage ? à quels yeux non prévenus l'ordre
fenfible de l'univers n'annonce-t-il pas une
fuprême intelligence ? Et qui pourroit méconnoître l'harmonie des êtres , & l'admira-
ble concours de chaque piece pour la confervation des autres ? Nous croyons donc
que le monde eft gouverné par une intelligence unique , par une volonté puiffante
& fage : car nous ne voyons rien qui ne
foit ordonné dans le même fyftême , & qui
ne concoure à la même fin , fçavoir , la
confervation du tout dans l'ordre établi. Cet
être actif par lui-même , qui meut l'univers &
ordonne toutes chofes , eft néceffairement
bon & jufte. L'Auftralien l'aperçoit par-tout
dans fes œuvres & fe plaît à le contempler.

Voilà ce que nos Reftaurateurs nous ont
confervé dans un peu plus de détail , d'une
immenfité de volumes qui au lieu de ces
notions naturelles renfermées dans un petit
nombre de pages dictées par le bon fens &
la raifon , ne contenoient qu'une multitude
de différens fyftêmes , tous également inintelligibles. C'eft dans ce petit nombre de
pages que nous aprenons à lire dans le livre
de la nature. Celui qui traite de l'hiftoire naturelle nous eft précieux , mais nous préfé-
rons le plaifir d'admirer chez la nature même,
la richeffe de fes productions.

J'admire toujours plus , dis-je au Seigneur
Taumelli , l'empire de la loi naturelle & la
fageffe de vos Reftaurateurs. Je fuis bien
convaincu que toutes les nations Européen-

nes ne formeroient enſemble qu'une ſeule famille, ſi elles avoient toutes le même gouvernement. Mais il me paroît impoſſible qu'aucune d'entr'elles pût ſe le donner, s'il lui arrivoit, comme à la vôtre, de rentrer dans ſes droits par l'extinction d'une famille royale. La nation Angloiſe qui élit les membres du corps qui la repréſente, qui n'a jamais voulu aliéner le droit de dépoſer ſon Roi, qui s'eſt donnée tant de ſoin pour conſerver & accroître ſa liberté, qui en eſt ſi jalouſe, & qui eſt toujours dans le droit de varier la forme de ſon gouvernement, ſe feroit donné ſans doute celui de la loi naturelle, ſi elle avoit eu la même facilité que les Auſtraliens, de parer à tous les inconvéniens qui naîtroient d'un ſi grand changement, avec le ſecours de mines d'or & d'argent auſſi riches, auſſi inépuiſables que les vôtres. La Pologne eſt la ſeule nation de l'Europe qui auroit une grande facilité. Outre que la Couronne n'y eſt point héréditaire, elle poſſede des mines d'or prodigieuſement riches, dont elle a défendu l'ouverture par la crainte de faire naître aux nations voiſines, l'envie de la ſubjuguer. Cette nation a d'ailleurs mis elle-même un obſtacle inſurmontable à toute idée de proſpérité; en mettant le ſecond ordre de ſes habitans dans les liens perpétuels de l'eſclavage.

Vous êtes dans l'erreur, me répartit le Seigneur Taumelli; l'or & l'argent comme ſignes, ne ſont qu'un ſecours artificiel, dont la nature peut ſe paſſer. Ces métaux conſidérés comme tels auront une valeur quelconque chez toute nation autre que la

nôtre , relative à l'ufage qu'on en fera pour
des uftenciles , pour des outils , pour lefquels un métail plus vil , parce qu'il fera plus
commun , tel que le cuivre ou le fer , ne
pourra les remplacer. Mais rien n'eft plus
arbitraire que leur ufage comme fignes des
valeurs. On peut attribuer cette qualité de
figne à tout autre métail que l'or & en faire
le même ufage exactement que celui que nous
faifons de nos mines d'or. Les productions
de la nature qui pourvoient ou fervent à pourvoir à tous les befoins d'une nation , font
les vraies valeurs qu'elle poffede. Les fignes
ne fervent qu'à en rendre la circulation plus
facile ; ils ne font qu'un artifice de l'art des
hommes , affez heureufement inventé pour
fe procurer les befoins de la vie avec plus
de commodité. Mais il importe peu que
l'art emploie à ce jeu artificiel l'or, l'argent,
le cuivre , le fer , ou toute autre matiere
fufceptible de la même convention , fur-tout
chez une nation qui n'a pas befoin de ces
fignes au dehors : & je ne penfe pas qu'il
y ait dans le monde une terre habitée qui
ne produife de quoi nourrir fes habitans ,
s'ils font induftrieux , ou de quoi fournir à
fes échanges. Car la nature eft par-tout
plutôt prodigue qu'avare de fes productions.

Je crois en effet , lui dis-je , que la plus
grande difficulté pour établir l'empire de la
loi naturelle parmi les nations Européennes,
feroit d'y trouver des Reftaurateurs , comme
il s'en eft trouvé chez les Auftraliens. Je penfe
cependant que fi les Européens étoient une
fois frapés de l'idée du bonheur de vivre fous
l'empire de la loi naturelle , fon impreffion

deviendroit encore plus indeſtructible que celle que leur fit, il y a plus de quinze ſiecles, le point d'honneur, chimere qui ſubſiſte encore & qui leur eſt toujours chere, quoiqu'il n'en réſulte que du mal pour ceux même qui en ſont idolâtres, & malgré les précautions les plus ſéveres que leurs légiſlateurs ont priſes pour la détruire.

Je vous avoue, dit le Seigneur Taumelli, que je n'ai point d'idée du point d'honneur, & que vous excitez encore ici ma curioſité.

Les Européens, lui dis-je, ſur-tout les Anglois & les François, ont eu de tout teins la paſſion de la gloire, c'eſt-à-dire, l'ambition de ſe diſtinguer par des vertus, par des talens extraordinaires, par le génie ou les ſciences, par l'éloquence, par les ouvrages d'eſprit, par des actions de valeur dans la guerre, par des victoires, & quelquefois par des actes de juſtice, de clémence & d'humanité. Cette paſſion domine par excellence chez les gens de guerre. Il me ſeroit bien difficile de vous faire ſentir ce que c'eſt que le point d'honneur. Car ceux mêmes qui lui ſacrifient leur vie ou leur fortune, n'en ont pas une idée préciſe, & ne ſçauroient le définir exactement. Il tire ſon origine en partie de cette paſſion univerſelle pour la gloire dont je viens de parler, & en partie de la vanité.

C'eſt la fureur des particuliers de vouloir décider toutes leurs querelles, comme les Rois, par le ſort des armes; & leurs différends ſont fréquens; car ils ſe prétendent ſouvent offenſés pour fort peu de choſe, quelquefois même pour rien. Cependant dès qu'on se croit offensé, il faut se battre. On choisit un champ de bataille où l'offensé & l'aggresseur se rendent avec des armes égales, & celui qui est le plus adroit ou le plus fort décide le différend en sa faveur en tuant son adversaire. C'est ce qu'on apelle se battre en duel. Les Rois l'ont défendu sous les peines les plus séveres: mais en vain ; l'honneur s'est révolté & ne connoît point de loix. Les Législateurs Anglois avoient espéré de guérir la nation de cette fureur par la défense de mettre les armes à la main sous peine de la vie, & en permettant à tout le monde de se battre tant qu'on veut à coups de poing. Il en est arrivé qu'on a continué de se battre sérieusement avec les armes, & qu'on se bat encore à tous momens dans les rues à coups de poing, pour rien, souvent même pour le plaisir de se battre. Les Anglois & les François se sont mis dans un état violent. Car les loix de l'honneur obligent un honnête homme de se venger ; & les loix de la justice le punissent cruellement s'il se venge. Celui qui suit les loix de l'honneur est condamné à une mort infame, & celui qui suit les loix de la justice est banni pour jamais de la société des honnêtes gens. Lorsqu'on est offensé en Europe, ou il faut se résoudre à être indigne de vivre, ou à être condamné à la mort par la justice.

Que les Européens sont à plaindre ! dit en soupirant le Seigneur Taumelli. Ils sont si éloignés de la nature que je ne leur vois ni talens, ni vertus qui ne soient l'ouvrage de l'art, ou l'effet du jeu des passions. Je

les

les vois fe tourmenter fans ceffe pour courir après un bonheur idéal. Les anciens Auftraliens étoient vraifemblablement affez corrompus, puifqu'ils avoient autant de loix & de
livres qu'aucune nation Européenne, pour être
auffi tourmentés par l'ambition de la gloire
de s'élever au deffus des autres hommes par
toute forte de moyens ; mais je doute que
la dépravation des mœurs ait été portée jufques à l'excès qui a produit en Europe le
point d'honneur.

L'Auftralien qui voit fon bonheur dans
celui d'autrui & dans celui de fa patrie, ne
fçauroit être offenfé, ni offenfer perfonne ;
il ignore la vengeance ; il fait ufage fans
ambition des talens que la nature lui a donnés, qu'il perfectionne par imitation ou par
néceffité, toujours guidé par la loi de la
nature. Il ne conçoit rien à la gloire ; fon
cœur n'eft fenfible qu'au plaifir d'avoir bien
fait ce qu'il doit faire, d'avoir été utile à
quelqu'un de fes femblables, ou à fa patrie.
Des idées fi fimples & fi naturelles auroient
fait fans doute une impreffion plus forte &
plus durable fur le cœur des Européens que
les idées artificielles fi contradictoires & fi com-
pliquées de gloire & d'honneur, fi leurs anciens Légiflateurs ne leur avoient pas donné des
inftitutions & des loix qui contredifent de
mille manieres la loi naturelle.

Je m'apperçus que notre converfation commençoit à fatiguer le Seigneur Taumelli ; il
étoit fi fenfible à tout ce qui afflige l'humanité, que je craignis que l'idée de ce monf-
tre Européen, nommé le point d'honneur,
n'eût trop affecté fon cœur, & n'eût altéré

G

la férénité de fa belle ame. Je le priai de remettre la fuite de notre entretien au lendemain. Je ne me laffois pas d'obferver dans
cet heureux pays la marche de la nature.
Les enfans de tout âge, leurs jeux, leurs
occupations, les foins des peres & des meres, pour les conferver, pour les élever &
les former, attiroient fans ceffe mes regards.
Je parcourois fouvent les villages voifins ;
je m'arrêtois tantôt dans les maifons des artifans., dans celles des cultivateurs, tantôt
dans les champs, ou dans des places publiques, & par-tout la nature me préfentoit les
mêmes tableaux. Des meres d'un tempérament fain & robufte ne mettent au monde
que des enfans fains, & ne leur donnent
qu'une excellente nourriture. Leurs enfans
n'ont aucune gêne dans leurs vêtemens. Dès
l'inftant qu'ils font nés, ils jouiffent de la
liberté de tous leurs membres. C'eft à cette
liberté que j'attribue en partie la bonne conf-
titution des enfans, leur facilité à marcher
feuls fort promptement, & fur-tout leur
gaieté continuelle, car je n'en ai jamais vu
pleurer un feul. Les peres & les meres voient
avec joïe, fans alarme & fans inquiétude,
leurs enfans courir, aller & venir fans ceffe,
rire & jouer enfemble. Nulle leçon, nulle
contrainte de leur part, & leurs enfans qui
ne leur font d'abord attachés que par l'inf-
tinct, le font bientôt par le fentiment. L'i-
mitation qui produit fi peu de bien & tant de
mal en Europe, eft le maître que la nature
donne à leurs enfans. L'imitation retient les
jeunes filles auprès de leurs meres, les attache infenfiblement aux mêmes occupations,

& conduit les garçons dans les champs ou
dans les atteliers de leurs peres , leur fait
porter leurs petites mains délicates aux mêmes travaux , & les accoutume promptement
à exécuter les mêmes ouvrages. Ils n'ont point
d'autres maîtres pour aprendre à lire , à écrire , à danſer , à chanter & à jouer de quelqu'inſtrument ; & ſur tout cela les peres & les
meres ne leur donnent d'autres leçons que
celles que leur envie d'imiter leur demande. Ne faire jamais de mal à perſonne eſt
le ſeul précepte , la ſeule leçon de morale
qu'on leur donne , & qu'on leur rend d'autant plus facilement ſenſible , que dans l'enfance le cœur eſt naturellement tendre.

La ſociété ne leur préſente dans l'adoleſ-
cence ou dans un âge plus avancé , aucun
mauvais exemple à imiter. Ils ne voient autour d'eux que de l'aménité & de la bien-
veillance : rien ne les tranſporte hors des
mains de la nature qui leur dicte dans leurs
jeux mêmes les plus animés de la douceur
& une complaiſance réciproque. C'étoit pour
moi un ſpectacle charmant de voir les garçons & les filles dans la fleur de l'âge &
de la beauté occupés des jeux naïfs de l'enfance , & montrer par leur familiarité même la pureté de leurs mœurs & l'innocence
de leurs plaiſirs. Ils ſont bons , généreux ,
aimables & aimant à vingt ans , comme le
ſont tous nos Européens de même âge , qui
ont eu le bonheur de conſerver juſques-là
leur innocence ; mais la différence qui me
touchoit extrêmement , c'eſt que les Auſtraliens reſtent tels toute leur vie , parce qu'ils
n'ont point d'inſtitutions qui contrediſent celles
de la nature. G 2

Il me reſtoit à m'inſtruire de la maniere dont une nation qui ne connoiſſoit point de chef ; pouvoit traiter ſes intérêts de commerce , la guerre & la paix avec les nations étrangeres. Nous reprîmes notre entretien le lendemain.

Je ne comprens pas , lui dis-je , la maniere dont ſe fait votre commerce ; c'eſt-à-dire , par quel moyen votre nation ſe débarraſſe de ſon ſuperflu , & ſe procure les choſes qui lui ſont néceſſaires , que vos terres ne produiſent point , ou que vos artiſans ne ſçavent pas fabriquer , telles que vos toiles , vos étoffes , vos glaces , vos couteaux , vos ciſeaux , &c. car je ne vois ni négocians , ni boutiques de marchands , & vous ne m'avez point parlé de ces deux profeſſions.

Nous n'avons point en effet , me répondit le Seigneur Taumelli , de marchands en détail , & nous n'avons qu'un ſeul négociant , qui eſt la nation , que les citoyens du premier ordre qui ont pendant l'année la direction des magaſins publics , repréſentent. Nos villages font leurs échanges entr'eux de leurs productions reſpectives ſuivant leurs beſoins , & chaque particulier envoie ſon ſuperflu au magaſin le plus proche , où ſe fait l'échange pour ce qui lui eſt néceſſaire des choſes qui viennent de l'étranger. Cette opération eſt très-ſimple & très-facile ; les prix reſpectifs étant fixés tous les ans avec les négocians étrangers. Le magaſin général ſe trouve toujours en état de faire l'échange du ſuperflu de la nation avec les chargemens des vaiſſeaux qui arrivent à peu près dans le même-tems au port de Nambaki qui eſt le ſeul

port où les vaisseaux peuvent aprocher de
notre continent. Ces vaisseaux sont chargés
d'étoffes, de toiles, de toute sorte de quincaillerie & de vins. Les négocians de ces
vaisseaux donnent les états de leurs marchandises sur lesquels les directeurs fixent les prix,
& leur remettent l'état de celles de la nation
qu'ils veulent donner en échange. Chaque négociant arrête les parties qui lui conviennent,
& en fixe aussi le prix. Les prix respectifs
sont toujours les mêmes depuis un tems infini, excepté les prix des vins; parce que
les récoltes en font varier les prix chez la
nation qui nous les aporte, & nous trouvons
qu'il est juste d'y avoir égard. Les échanges
se font ensuite dans un grand ordre & dans
la plus grande tranquillité. Il y a cependant
toujours dans la ville de Nambaki une assemblée de deux mille citoyens du premier ordre qui gardent la ville depuis l'arrivée des
vaisseaux jusques à leur départ, dont il en
reste cinq cens pour la garde ordinaire pendant l'année, qui sont relevés l'année d'ensuite. Nous nous y rendons chacun à notre
tour, & nous en sommes tous instruits une
année d'avance par l'avis des directeurs du
magasin où est déposé l'état du service. L'assemblée se donne tous les ans son Général
qui nomme tous les chefs particuliers. Nos
marchandises sont de la noix muscade, du
girofle, de la canelle & du poivre, dont nous
ne faisons aucun usage, & dont les nations
étrangeres sont si avides qu'une seule s'em-
pareroit de tout ce que nous en avons, si
nous voulions nous y prêter. Nous les leur
distribuons en proportion du montant des mar-

chandifes que chaque nation aporte. Elles ne
font guere moins empreffées pour nos foies
& nos cotons ; mais elles prennent peu de
nos grains , dont par cette raifon le principal magafin eft du côté des nations voifines
qui habitent le même continent que nous ,
avec lefquelles nous les échangeons principalement pour du fer & des bois.

Il femble , lui dis-je par les précautions
que vous prenez , que ces nations commer-
çantes vous font fufpectes.

Infiniment, me répondit le Seigneur Taumelli , fur-tout deux de ces nations , qui ont
tenté plufieurs fois de former des établiffemens à Nambaki , tantôt par l'artifice , tantôt
par la force ; & peut-être y auroient-elles
réuffi, fi elles n'étoient pas ennemies, ou fi
jaloufes l'une de l'autre, qu'elles ne fçauroient
s'accorder fur rien. Ces deux nations qui
font les Pilenois & les Fonfaniens , nous vantent beaucoup leurs Royaumes, leur induftrie & leurs richeffes. Nous voyons bien que
ces nations font extrêmement induftrieufes ,
par les marchandifes qu'elles nous aportent ,
qui font le fruit d'un travail très-fin & très-
recherché. Mais nous ne fçaurions concevoir
les richeffes de gens qui viennent de plus de
deux mille lieues nous aporter des marchandifes qu'ils ont travaillées avec tant de foin,
pour remporter chez eux les productions qui
nous coûtent le moins , & dont nous faifons
le moins de cas ; & comme il nous montrent
la plus grande avidité pour ce qu'ils apellent des richeffes , nous jugeons qu'ils font
fort pauvres , ou qu'ils ont des mœurs &
des ufages qui les rendent bien malheureux ,

fi étant riches, comme ils le difent, ils fe tourmentent & fe donnent autant de peines que s'ils étoient pauvres. Ces deux nations habitent des terres affez avant dans le Nord à plus de deux mille lieues, puifqu'il leur faut plus de deux mois de navigation pour arriver chez nous. Elles fe difent voifines. Cependant elles ne fe reffemblent point du tout, & ne parlent point la même langue. Les Pilenois affectent une grande fupériorité fur les Fonfaniens. Il femble qu'ils foient leurs maîtres. Ils ont cependant une égale avidité. Les Fonfaniens paroiffent un peu plus adroits dans le commerce.

Les Fonfaniens furprirent autrefois notre ville de Nambaki, & ne nous trouvant pas en force pour les en chaffer, nous fumes forcés de leur permettre d'y conftruire une maifon & des magafins. Ils y établirent bientôt un gouverneur, & ils auroient pouffé fans doute bien loin leur entreprife, fi la jaloufie des Pilenois ne nous en eût délivrés.

Les Pilenois regardant le fuccès de l'entreprife des Fonfaniens comme une preuve de la foibleffe de notre nation, & jugeant aparemment qu'il leur feroit facile de la fubjuguer, ou craignant peut-être que les Fonfaniens ne le fiffent, & ne fe donnaffent le commerce exclufif de notre pays, ce qui étoit en effet leur deffein, tomberent en force fur l'efpece de fort que les Fonfaniens avoient élevé, le détruifirent & fe rendirent les maîtres des Fonfaniens qui fe défendirent fort bien affez long-tems. Nous profitâmes de cette circonftance pour nous ren-

ĕre les maîtres de notre ville, & nous trou-
vans les plus forts, nous dîmes aux Pilenois,
qu'ils ne devoient pas compter fur la liberté
de reconftruire le fort qu'ils avoient détruit,
que s'ils vouloient renoncer à tout établiffement, nous continuerions de les traiter avec
la même amitié ; & qu'attendu que c'étoit
par leurs armes que nous étions délivrés des
Fonfaniens, quoique leur intention ne fût
pas de nous rendre fervice, ils en recevroient
cependant une marque de reconnoiffance qui
ne leur étoit pas due. Nous leur offrîmes
de ne point recevoir de marchandifes des
Fonfaniens pendant cinq ans, s'ils faifoient
retirer fur le champ leurs troupes , & en
cas de refus nous leur déclarions la guerre.
Ils accepterent la propofition, & les Fonfaniens furent ainfi punis de leur mauvaife foi.
Nous ne voulûmes pas exclure pour toujours
les Fonfaniens de notre commerce, comme
le demandoit la nation rivale , qui nous auroit dans la fuite fait la loi, fi nous avions
ceffé d'entretenir la concurrence. Depuis ce
tems nous ne permettons l'entrée dans la ville ,
qu'aux Capitaines & aux Commis, auxquels
nous donnons la table & le logement pendant tout le tems du marché ; & les précautions que nous prenons, leur rendent toute
entreprife impraticable.

Nous ne connoiffons rien du gouvernement de ces deux nations. Il faut que les
Pilenois aient chez eux de grands chagrins ,
car ils font extraordinairement triftes, & ne
parlent prefque point. Nous ne les avons jamais vu rire. Les Fonfaniens font plus férieux que triftes. Ils parlent beaucoup en-

tr'eux, & ne paroiffent occupés que de leur
intérêt. Ils examinent toutes les marchandifes
dans la plus grande exactitude. Ils entrent
dans les plus petits détails & font des calculs
infinis fur chaque opération de leur commerce & fur le plus petit article de leur dépenfe, dont ils ont grand foin de fe faire
donner des quittances. Il femble qu'ils craignent toujours qu'on ne les trompe, ou qu'ils
cherchent les moyens de tromper. Ils font
extrêmement méfians, ce qui nous rend leur
probité fort fufpecte, & nous oblige de veiller un peu fur leur conduite, contre notre
penchant naturel. Les Pilenois au contraire
affectent une grande franchife & la bonne foi
en tout. Nous leur paffons leur air chagrin,
& une efpece de dureté dans l'humeur, que
leurs rivaux apellent de la fierté. Ils ont en
effet l'ame plus élevée.

Nous fommes bien moins fur nos gardes
avec les Pompanois. Ceux-ci nous apportent des vins. Leur nation eft proche voifine des deux autres, mais fi différente par
fa langue & par fon humeur, qu'on la croi-
roit éloignée des deux autres de plus de mille
lieues. Elle eft d'une gaieté finguliere. Les
capitaines des vaiffeaux Pompanois fe font
accompagner à terre par des muficiens. Ils
aiment le chant, la danfe & à parler beaucoup, fur-tout de leur pays. Ils font vifs,
légers & toujours contens d'eux, d'ailleurs
fort doux, fort complaifans & fort careffans,
fur-tout pourvu qu'on les écoute & qu'on
croie ou qu'on faffe femblant de croire que
leur nation eft la plus aimable, la plus in-
duftrieufe & la plus fpirituelle du monde.

G 5

La bonne opinion qu'ils ont d'eux-mêmes eſt fort commode pour les affaires ; on a traité avec eux dans un moment , parce qu'ils croient avoir tout vu, tout entendu , & tout ſçavoir dans un clin d'œil. Ils vantent ſur-tout beaucoup le goût de leurs ouvrages. Leurs étoffes paroiſſent en effet travaillées avec plus d'art que celles des Pilenois & des Fonfaniens. Elles ſont plus légeres & plus agréables à la vue. Si nous les en croyions nous les prendrions pour des prodiges de l'art. Nous n'avons jamais pu parvenir à leur faire comprendre que nous ne mettons aucun prix aux choſes ſi recherchées, & que notre goût dominant eſt pour les choſes ſimples. Ils nous entretiennent quelquefois des journées entieres ſur des colifichets dont ils nous aportent des échantillons, dans une variété infinie ; dont ils nous inonderoient ſi nous voulions les en croire. Cela m'a ſouvent fait penſer que cette nation s'occupe prodigieuſement de bagatelles.

Quelle différence de nos étoffes , me diſoit un jour un capitaine Pompanois, à celles que vous aportent les Pilenois & les Fonfaniens ! Ils ne ſçavent que faire toujours lourdement la même choſe, ſans goût , ſans variété. Leurs ouvrages ont du poids, mais ils n'ont que cela. C'eſt chez nous que réſident le goût & le génie ; qu'on ſçait répandre partout une charmante variété , & donner ſingulierement à tous les ouvrages de l'art , les graces de la nouveauté : Auſſi vous voyez que nous vous préſentons toujours dans les mêmes étoffes , des étoffes nouvelles par le deſſein , par la diſtribution des

couleurs & par la légéreté de l'ouvrage. Je
lui dis en vain que toutes ces belles chofes
étoient perdues pour nous qui aimons la
fimplicité, & que toutes ces recherches ne
pouvoient nous engager à augmenter le prix
de la valeur d'une épingle : il ne m'entendoit pas, il n'écoutoit que fon extrême impatience de parler, & il fallut bien le laiffer
aller. C'eft chez nous, continua-t-il, que la
mode a pris naiffance, qu'elle a fon trône ;
c'eft de-là qu'elle exerce fon empire fur
toutes les nations étrangeres. Cette mode
change continuellement nos habits, nos
meubles, nos fpectacles, nos promenades,
nos converfations, nos jeux, nos danfes,
notre mufique, notre air, notre maintien ;
& nous donnons le ton à toutes les autres
nations qui tâchent de nous imiter en tout,
& voyagent fans ceffe chez nous pour s'inftruire & fe former. Rien n'eft plus aimable, plus féduifant, plus enchanteur qu'u-
ne Dame Pompanoife. Quel air, quel
maintien, quels agrémens dans fa marche,
dans fes geftes, dans fa converfation ! tout
ce qu'elle dit a des charmes, on n'y tient
pas. Je vous dis que Pompan eft le véritable féjour des graces, des jeux & des
ris. Les Pilenois mêmes, nos triftes rivaux,
en conviennent en enrageant, & viennent
fouvent chez nous pour dérider leur front ;
ce qui leur réuffit quelquefois. Voyez, je
vous prie, ce capitaine Pilenois, avec fa
taille de quatre doigts & fon petit chapeau ;
peut-on être plus ridiculement mis ? furement
il n'a point voyagé à Pompan ; & ce Fon-
fanien n'eft-il pas rifible avec fon ventre

dans fa culote & fon chapeau qui lui couvre
les épaules ? Mais celui-ci, pourvu qu'il
compte de l'argent, jouit de tous les charmes de la vie. Qui fçait pendant combien
de tems ce Pompanois auroit continué de
parler, fi un capitaine Pilenois ne fût point
furvenu ? ce qui l'obligea de fe reffouvenir
qu'il avoit des ordres à donner à fes gens,
& de s'en aller.

Voilà un homme, me dit celui-ci, qui
vous auroit féduit par fon babil, fi on pouvoit féduire un Auftralien. Mais fans doute
il n'a fait que vous rompre la tête. Il eft
vrai, lui dis-je, que les Pompanois ne rai-
fonnent guere, mais leur jargon eft affez
plaifant. Il ne l'eft que trop, repliqua d'un
ton fâché le Pilenois. Ces gens-là ne réflé-
chiffent prefque jamais qu'après avoir beaucoup parlé, & malgré leur étourderie &
leur légéreté, ils dominent cependant chez
toutes les nations voifines. Nous étions prefque toujours en guerre avec les Pompanois
depuis plufieurs fiecles, fans avoir pu décider à laquelle des deux nations aparte-
noit la fupériorité, & nous n'ofions prefque
plus la difputer, lorfqu'en dernier lieu un
excellent Pilenois, à la tête de la nation,
en pefa les forces avec plus d'exactitude
qu'on n'avoit fait jufqu'alors. Il calcula fi bien
la force & la bravoure des Pilenois, qu'il fit
convenir qu'un feul Pilenois vaut dix Pompanois, & il vainquit en effet, avec une armée de dix mille Pilenois, cent mille Pompanois bien armés & commandés par un
grand nombre d'habiles généraux. Par la
force de ce génie puiffant & vraiment pa-

triotique, qui fçut fi bien faire connoître au public ce que valoit un Pilenois, notre nation impofa la loi aux Pompanois. Mais nous n'avons pu cependant les humilier : ils fe font rendus les maîtres de la langue du traité, & je ne puis pardonner à nos né-gociateurs, d'avoir eu la lâcheté de fouffrir que le traité ait été écrit en langue Pompa-noife. C'eft ainfi qu'un miniftere mou & complaifant a flétri les victoires de la nation. C'eft une fupériorité dont un Pilenois ne fçauroit fouffrir le joug.

Mais ce qui m'eft bien plus infuportable, c'eft de voir l'induftrie Pompanoife étaler à Pile fes modes, fes parfums & tous fes co-lifichets, dont l'ufage annonce la molleffe la plus deftructive. Son fafte, fon luxe & fes amufemens frivoles ont déjà fait chez nous des progrès affez rapides, pour nous faire craindre la deftruction prochaine de notre puiffance. Les Pompanois fe fortifient de jour en jour, & par l'excès de notre foi-bleffe, en nous faifant adopter & prendre tout ce qu'ils ont dans leurs mœurs de plus pernicieux, de plus deftructif d'une nation libre ; & par l'attention qu'ils ont de s'apro-prier tout ce que nous avons de bon & d'u-tile au progrès des fciences, de l'agriculture, du commerce & des arts. Ils nous ont ren-dus leurs tributaires par le goût qu'ils nous ont donné pour leurs étoffes, leurs dorures & leurs bijoux. Les romans, les hiftoires frivoles, mille riens amufans, dont cette na-tion fait fes délices, font encore un fléau qu'elle a fçu faire paffer chez nous. Nous en fommes inondés. Elle nous fait boire à

longs traits dans une coupe enchantée une
liqueur empoifonnée. Si jamais le caractere
de cette nation devient férieux, les Pilenois
font tout-à-fait efclaves. Je demande fi des
hommes libres peuvent fans rougir foutenir
l'idée d'une fupériorité fi marquée ? Ce qui
foutient encore un peu mon efpérance, c'eft
qu'heureufement les Pompanois ne font point
fenfibles au ridicule de la légéreté, des amufemens frivoles & de l'oifiveté; qu'ils n'é-
tudient ni l'art de la guerre, ni l'art de la navigation, ni la politique, & que l'amour de
la gloire n'eft chez eux qu'une paffion aveugle, pendant qu'il eft encore chez les Pilenois un fentiment fage, réfléchi, accompagné des talens & d'un zèle vraiment patriotique.

De ces trois nations, dit le Seigneur Taumelli, je préférerois de vivre avec les Pompanois. La vivacité de leur imagination, &
leurs mœurs qui me paroiffent affez douces,
doivent rendre leur fociété plus agréable que
celle des deux autres; mais nous fommes
heureux qu'aucune des trois n'ait pu s'établir parmi nous.

Nous avons auffi un commerce ouvert
avec un autre nation qui ne reffemble en
rien aux trois autres. Elle n'eft pas éloignée
de nos côtes. Ses vaiffeaux font fort petits,
& il en arrive plufieurs fois dans l'année
à Nambaki. Ces vaiffeaux nous apportent
du fer & des toiles de toutes fortes, qu'ils
échangent pour du ris, du miel & des épiceries. Les échanges fe font fans aucune forte
de méfiance de part ni d'autre. Les mœurs
de cette nation font douces & fimples com-

me les nôtres. Elles femblent avoir le même gouvernement. Cependant cette nation eft gouvernée par un Roi, & ce qui nous étonne, elle ne connoît d'autre loi que la nôtre. Les Taucaliens nous paroiffent une nation heureufe. Ils nous affûrent que leur Roi eft au milieu d'eux comme un pere au milieu de fes enfans, & il y a des fiecles qu'ils nous tiennent le même langage. J'ai été fort fouvent tenté de croire que c'eft notre loi qui les gouverne qu'ils nomment leur Roi. Quoi qu'il en foit, fi je n'étois pas Auftralien, je voudrois être Taucalien, & je crois qu'après notre pays, Taucala eft le plus heureux pays du monde.

Voilà de quelle maniere nous traitons le commerce de la nation, les affaires de la guerre & de la paix du côté de la mer. Nous donnons un peu plus d'attention au commerce de terre & à la conduite des nations voifines du côté du Nord. L'entrée de notre pays eft heureufement défendue par des rivieres & des défilés du côté de la nation, ou plutôt des nations, car elle fe fubdivife en un grand nombre, qui font les feules que nous ayons à craindre, & avec lefquelles nous avons été fouvent en guerre. Tout le côté où notre pays eft ouvert, & où nous aurions beaucoup de peine à nous défendre, eft habité par une nation guérriere, mais jufte, toujours prête à venir à notre fecours, lorfque quelqu'une des autres nations nous attaque. Cette nation cultive mal des terres affez fertiles, parce que tous les habitans font adonnés à la pêche & à la chaffe. L'abondance de nos grains contribue beaucoup à

leur faire négliger la culture de leurs terres ; parce que nous leur en fourniſſons toujours la quantité qu'ils nous en demandent ,
pour ce qu'ils veulent donner en échange , ce
qui conſiſte en des peaux & des bois. Tous
les habitans de cette nation nous aiment &
nous amenent quelquefois de leurs anfans que
nous adoptons , & qui prennent fort promptement nos mœurs & nos uſages.

Il n'en eſt pas de même des Nordaliens.
Ce ſont un grand nombre de nations qui
ont à peu près la même langue , les mêmes
mœurs , qui occupe une immenſe étendue
de pays. Elles ſemblent toutes réunies ſous
un même chef , dont on prononce le nom
avec un grand reſpect , mais auquel perſonne n'obéit. Cette nation eſt diviſée en un grand
nombre de grandes & de petites nations ,
qui ſont toutes gouvernées par leurs Souverains , ce qui fait dans toute cette étendue
de pays un petit peuple de Souverains &
un grand peuple d'eſclaves ; car il n'y a pas
de pays dans notre monde où l'eſclavage
préſente tant de chaînes à l'humanité. Tous
ces Souverains ſont fort inquiets & fort ambitieux. Tous ne s'occupent que de la chaſſe , du faſte de la repréſentation & des
moyens de s'aggrandir aux dépens les uns
des autres & des nations voiſines. Heureuſement pour notre pays ces Souverains dans
l'idée de ſe rendre plus puiſſans & plus redoutables , ſe ſont formés en corps , & ſe
ſont infiniment affoiblis par une multitude
immenſe de loix , qu'ils ont imaginées pour
fixer leurs prétentions reſpectives , & qui
au lieu de les unir , les tiennent toujours en

llivifion & en état de guerre. Ils entretiennent depuis plufieurs fiecles une nombreufe affemblée d'interprêtes pour expliquer continuellement au public le droit Nordalien,
que perfonne n'entend, & à chaque Souverain fes véritables droits, & lui en indiquer
les limites prefcrites par les loix, fans qu'aucun d'eux ait encore pu les reconnoître. Cette
affemblée écrit & parle fans ceffe pour fixer
la lettre & l'efprit des loix ; & les armes du
plus fort décident toujours de leur autorité
contre le plus foible. Je ne vous parlerai plus
de ces différentes nations, car on ne peut
donner ce nom à des efclaves, mais bien
de leurs Souverains, de leurs miniftres, qui
fouvent apefantiffent cruellement fur les peuples le joug des Souverains ; & des Seigneurs,
qui exercent encore fur les peuples une domination qui, quoique fubordonnée à celle
des Souverains ou de leurs miniftres, eft
prefque toujours plus pefante, parce qu'elle
eft immédiate. Ces Seigneurs ne font d'ailleurs eux-mêmes que des efclaves dorés.

Les Souverains n'ont jamais pu s'entendre
& fe réunir tous pour entreprendre la conquête de notre pays. Nous n'avons jamais
été attaqués que par un feul, ou par un petit
nombre, & toujours fur des prétextes les
plus frivoles & les plus injuftes. Ils ont fouvent tenté d'établir chez nous des Ambaf-
fadeurs, des Miniftres, des Envoyés, des Ré-
fidens ; c'eft-à-dire, des Efpions fous ces
différens titres ; & ils nous ont quelquefois déclaré la guerre pour tirer raifon, di-
foient-ils, de notre refus, qu'ils prenoient
pour une infulte. Nous les avons toujours

repoussés, & il y a fort long-tems qu'ils n'ont osé tenter de nouvelle invasion. Vous êtes les maîtres, avons-nous dit à ces Souverains, à leurs Ministres & à leurs Seigneurs, de voyager chez-nous tant qu'il vous plaira en gens paisibles, c'est-à-dire, en hommes. Toutes nos maisons vous sont ouvertes à votre choix pour vous recevoir. Nous n'avons point de portes qui ferment à clefs. Nous vous traiterons comme d'autres nous-mêmes. Mais nous n'avons aucune affaire d'intérêt à traiter avec vous. Nos limites sont décidées depuis des milliers de siecles ; la nature semble les avoir posées elle-même de sa main, puisque vous ne sçauriez entrer chez-nous que par des défilés & par des passages de rivieres très-difficiles. Cette barriere naturelle qu'il nous est si facile de défendre, & que nous avons toujours constamment défendue avec succès & avec de grandes pertes de votre part, devroit vous en rappeller une autre infiniment plus respectable ; c'est celle que la main sacrée de la justice éternelle a tracée dans le fond de vos cœurs. Vous pouvez l'oublier, mais vous ne sçauriez l'effacer. Obéissez à cette loi sainte, nous sommes vos freres & vos amis ; mais si au mépris de cette loi sacrée, vous persistez dans le dessein de troubler la tranquillité d'une nation paisible, & d'envahir les terres qu'elle habite & qu'elle cultive depuis tant de milliers d'années, cette même loi nous autorise à employer toutes nos forces pour vous repousser, & si l'exemple de notre nation ne peut vous faire aimer la paix & la vertu, nous vous forcerons d'être justes.

Voilà quelle eſt notre politique vis-à-vis
d'un monde de Souverains & de Miniſtres
qui ont fait de la leur une ſcience profonde, l'objet de l'étude la plus recherchée.
Vous voyez que la nôtre eſt ſimple comme
notre loi, & comme nos mœurs. Nous ne
connoiſſons rien hors des limites de la juſtice, que notre loi nous dicte, & ſi les Souverains ou leurs Miniſtres qui ont voulu étten-
dre la tyrannie de leur pouvoir ſur nos têtes,
avoient des ames ſenſibles, nous ignorerions
encore l'uſage des armes.

Nous n'avons point eu de guerre depuis
la réponſe que je viens de vous rapporter;
mais nous voyons ſouvent voyager chez nous
de petits Souverains & des Seigneurs Nordaliens, que l'oiſiveté & l'ennui dont ils ſont
accablés chez eux, nous attire, & non l'envie de s'inſtruire, car ces hommes-là dédai-
gnent l'inſtruction, parce qu'elle bleſſe leur
amour-propre. Ils ne nous parlent que de
table, de chaſſe, de chiens, de chevaux. Ils
ſont ſur-tout intariſſables ſur l'ancienneté &
l'illuſtration de leurs maiſons. Le peu d'attention que nous donnons à leur faſte, notre indifférence ſur la gloire & l'illuſtration
de leurs ancêtres, notre ton ſimple & familier avec eux, leur déplaiſent infiniment.
Mais ce qu'ils ne ſçauroient ſoutenir, & nous
débarraſſe bientôt de leurs viſites, c'eſt la
ſobriété dans laquelle nous vivons, & l'é-
galité qui régne entre nous & tous les citoyens du ſecond ordre. Il n'y a pas un Seigneur Nordalien qui ne croie deſcendre d'un
Souverain. C'eſt le nom qu'ils donnent à des
brigands qui avoient établi & fortifié leurs

habitations fur des pointes de rochers, d'où ils mettoient tous les cultivateurs à contribution, & en faifoient autant d'efclaves. Ainfi ces Seigneurs font confifter leur gloire & leur honneur à avoir pour ancêtres des hommes qui défolerent l'humanité. Pour nous qui ne voyons dans le fafte & le luxe de ces Seigneurs que les fers & les calamités des malheureux habitans de leurs terres, qui font obligés de foutenir par les travaux les plus pénibles, & par une extrême fobriété, l'orgueil ou la dignité artificielle de leurs maîtres, nous n'appercevons en eux que des objets affligeans.

Ce n'eft cependant qu'avec ces malheureux cultivateurs, que ces Souverains ont fouvent entrepris de fubjuguer une nation libre ; car leurs armées ne font formées que de leurs habitans, qu'ils arrachent de leurs chaumieres & qu'ils ne menent au combat qu'à force de les battre. Ils ne viennent à nous qu'avec des efclaves mal commandés, naturellement lâches, qui craignent également la main de l'ennemi, & le châtiment dont les menace la main qui les commande. Sont-ce-là des Soldats ? Il n'y a que des hommes libres qui fçachent obéir & combattre. Notre plus grande peine, notre plus grand embarras a toujours été le foin que nous nous fommes conftamment donné, pour épargner le fang de ces malheureux inhumainement facrifiés au caprice, à l'avidité ou à l'ambition d'un Souverain. Nous les avons prefque toujours écartés de devant nous, tant par la crainte feule, que parce qu'ils fçavent que nous n'en voulons qu'à leurs chefs. Quand nous parvenons à faire un Chef prisonnier, ce qui est souvent arrivé, nous ne trouvons qu'un homme rampant ; & la rançon que nous en exigeons, c'est une promesse solemnelle d'être juste & humain. Nous avons quelques exemples de Nordaliens qui ont été fidéles à leurs promesses. A l'égard de leurs Soldats, nous leur ôtons les chaînes de l'esclavage ; nous leur donnons la liberté ; & ceux qui n'ont point de famille nous prient de leur permettre d'habiter notre pays, ce que nous accordons à tous les artifans. Nous en avons plusieurs familles que nous ne distinguons point des Australiens.

Ces nations font peu industrieufes ; notre commerce avec elles est fort borné. Elles ne nous apportent que du fer, du bois & des cuirs, que nous leur payons en grains, en épiceries, & quelquefois avec un peu d'argent pour folder la balance. Il n'y a jamais de difficulté avec les négocians de ces nations, qui font tellement avilis par l'esclavage, qu'ils nous fçavent un gré infini de la douceur, de la familiarité & de l'égalité avec lesquelles nous les traitons.

Me voilà bien convaincu, dis-je au Seigneur Taumelli, que votre nation n'a pas besoin de légiflateur pour fuivre une politique fi naturelle, fi fimple, fi fage & fi juste. Mais fi quelqu'un de ces Souverains Nordaliens fe préfentoit avec des armes nouvelles, fupérieures par leurs effets à celles qui font actuellement en ufage, je craindrois fort qu'il ne parvînt enfin à fubjuguer votre nation. Vous ne connoiffez pas l'ufage des armes à feu, & je vois que toutes les nations de vo-

tre monde l'ignorent également. C'est un
secret inventé depuis près de deux siécles
en Europe, qu'on y a tellement perfectionné, qu'avec les armes nouvelles, une poignée d'hommes pourroit faire promptement
la conquête de vos nations les plus nombreuses. Je puis vous en donner le secret
qui est fort simple, & qu'il est fort facile
d'exécuter. Avec ce secret inconnu à tous
vos voisins, vous n'auriez jamais d'invasion
à craindre, quand même ils se réuniroient
tous & formeroient contre vous un monde.

Ce seroit nous faire, dit le Seigneur Taumelli, un présent bien précieux, que de nous
donner un secret d'armes nouvelles & inconnues, qui nous épargneroient la douleur
de détruire des hommes pour défendre notre liberté, en imposant à nos voisins les
plus forts & les plus redoutables la nécessité d'être paisibles & justes. Mais tout
ce que vous m'avez appris des loix & des
mœurs de l'Europe, me fait douter qu'on y
ait trouvé le moyen de vaincre les ennemis
sans détruire l'humanité. L'esprit humain ne
sçauroit faire une découverte plus intéressante. Vous pouvez juger par-là de mon empressement à connoître celle dont vous me
parlez.

Je m'étois attendu à la curiosité du Seigneur
Taumelli, & je m'étois préparé le plaisir de
le surprendre, & de l'instruire tout ensemble. J'avois préparé de la poudre & fait faire
un petit canon de fer à son insçu. Je le conduisis dans le jardin, je lui montrai de la
poudre, dont j'avois chargé le canon ; j'y
mis le feu. Il fut étonné du bruit. Il comprit

dans l'inſtant comment ce canon devenoit
une arme par l'effet de l'exploſion, en mettant ſur la poudre des boules de fer ou de
quelqu'autre métal. Je lui fis aiſément concevoir enſuite qu'on pouvoit donner à chaque
Soldat un pareil canon chargé avec des boules de fer ou de plomb ; qu'on pouvoit auſſi
employer des canons de toute groſſeur élevés ſur deux roues, chargés de boules de
fer du poids de pluſieurs livres, les multiplier ſuivant le beſoin, & détruire en un
moment une armée, des murs, des tours,
& toute ſorte d'ouvrages à une grande diſ-
tance. Cette poudre, lui dis-je, qui s'en-
flamme ſi rapidement, qui fait une exploſion ſi forte & ſi prompte quand elle eſt en-
fermée, n'eſt autre choſe que du ſalpêtre,
qui étant purifié avec de l'eau, a la vertu
de s'enflammer, & produit l'effet que vous
venez de voir, mêlé avec du ſouffre & du
charbon réduit en poudre.

Je ne vois là, me dit triſtement le Seigneur
Taumelli, qu'un nouveau fléau pour les hommes, & leur deſtructeur le plus certain. Cette
propriété qu'a le ſalpêtre de s'enflammer &
de porter la mort ſur ſon paſſage, en le
mêlant avec du ſoufre & du charbon, fût
peut-être reſtée inconnue pour jamais, ſi
celui qui forma le premier ce dangereux mêlange, eût pu prévoir l'uſage qu'on en feroit.
On n'a pas beſoin de bravoure en Europe
pour ſe faire la guerre avec de telles armes.
Elles favoriſent également la poltronnerie,
car on ne ſe bat que de loin, & l'inhumanité, parce qu'on détruit une plus grande quantité d'hommes.

Les Auſtraliens ne ſe donneront jamais
l'avantage d'une ſi malheureuſe invention. Je
n'en rejette cependant pas le ſecret, nous
pouvons le dépoſer à Canoſe notre capitale,
pour nous défendre à armes égales, ſi notre monde étoit aſſez malheureux pour pro-
duire un homme capable de faire la découverte d'un ſecret ſi pernicieux à l'humanité.
En attendant nous continuerons de combattre avec la pique, la hache & le ſabre ; &
de ménager la vie des hommes, même celle de nos ennemis, autant qu'il eſt poſſible.

Dans cet inſtant on lui remit un paquet
qui contenoit l'enregiſtrement de mon adoption dans le livre des Auſtraliens du premier
ordre, & en même-tems un avis portant
qu'un Souverain Nordalien aſſembloit une
armée, ce qui faiſoit ſoupçonner un projet
d'invaſion de ſa part. Vous êtes à préſent
Auſtralien, me dit-il, en m'embraſſant, &
voici le moment de montrer que vous êtes
auſſi digne de l'être par votre zèle pour la
défenſe de la nation, que vous l'avez fait
voir par la bonté de votre ame. Je ne doute
point de votre bravoure, je vous recommande de la modérer. Nous combattons de
ſang froid, & nous voyons par conſéquent
tout ce qui ſe paſſe autour de nous, ce qui
contribue infiniment à nous aſſurer la victoire. Nous partirons dès aujourd'hui pour
nous rendre ſur la frontiere, dont nous ſommes fort éloignés. Allons aprendre à nos
Dames cette nouvelle, & prendre congé,
d'elles. Je ſuis bien fâché que cette nouvelle
trouble dans mon cœur le plaiſir que j'ai de
vous déclarer en vous remettant votre adoption,

tion, que ma fille Léna m'a confulté fur le choix qu'elle a fait de vous pour fon époux, & qu'elle ne pouvoit faire un choix qui pût m'être plus agréable. C'eft un lien de plus dans notre amitié, mais en même-tems un lien qui vous attache à la défenfe de la nation doublement, & vous en impofe l'obligation, comme le premier & le plus effentiel de vos devoirs.

La néceffité d'un départ fi prompt, & de courir aux armes pour la défenfe de la patrie, répandit la trifteffe dans le cœur des Dames. C'étoit le moment de payer un tribut à la nature. Les Auftraliens ont le cœur trop fenfible pour le refufer, & j'étois Auftralien. Je reftai un moment interdit. Je m'aproche enfin de Léna qui n'ofoit lever fur moi les yeux, & dont je redoutois les regards. Je vous quitte malgré moi, lui dis-je, pour courir à la défenfe de la vertu, de l'innocence, de la patrie, & de tout ce qui eft le plus cher à mon cœur. Il eft cruel pour moi qu'un devoir fi facré éloigne le plus heureux moment de ma vie. Je n'en foutiens la rigueur que par l'efpérance de revenir plus digne de jouir de mon bonheur. Elle ne put me répondre que par quelques larmes qui lui échaperent malgré elle, & me tendit la main que j'arrofai des miennes. Son pere ne voulut point nous permettre de nous livrer davantage à notre attendriffement. Partons, me dit-il, en me prenant par le bras. Je connois la nation qui trouble notre repos. Elle détefte fon Souverain & encore plus fon miniftre, fi l'un ou l'autre commande l'armée, ou s'ils ont nommé

H

un Général digne d'eux, nous n'aurons qu'à
nous montrer pour les diffiper, & nous reviendrons bientôt effuyer les larmes que notre départ fait répandre. Le fens froid &
l'air de férénité du Seigneur Taumelli me
firent rougir de ma foibleffe. Nous partons
dans une chaife à deux, fans armes & fans
domeftiques.

Nous avions déjà fait une lieue dans le
filence. Je le rompis enfin. Je ne puis vous
diffimuler mon étonnement, dis-je au Seigneur Taumelli, de nous voir en route pour
aller combattre une armée ennemie, fans
armes, fans équipage, même fans un feul
domeftique.

Ce n'eft pas avec des équipages, me dit-il
en riant, ni avec des domeftiques, que
nous combattons ; mais avec du courage &
des armes. Le courage eft toujours avec
nous, & les armes font au rendez-vous,
c'eft là que nous en trouverons à notre gré
dans un arfenal où l'on les entretient avec
un grand foin. Je vois, ajouta-'-il, que ma
réponfe ne vous fatisfait pas entierement,
vous êtes en peine pour les fubfiftances &
pour les campemens en cas que nous foyons
obligés de tenir la campagne. Il n'y a pas
plus d'embarras pour nous fur tout cela, que
pour les chevaux dont nous avons befoin
fur la route, ainfi que pour les gîtes. Vous
allez voir des chevaux prêts par-tout où nous
devons relayer, & vous remarquerez en
même-tems un empreffement infini chez tous
les citoyens du fecond ordre pour nous fervir. Des domeftiques ne nous ferviroient certainement pas mieux ; car c'eft l'amitié & la

reconnoiſſance qui nous tendent les mains par-tout où nous paſſons. Nos domeſtiques ſont auſſi libres que les autres citoyens, quoiqu'ils ſoient nés & élevés dans cet état. Nous n'en avons point d'autres que les deſcendans de ceux qui exiſtoient lors de la reſtauration, dont les enfans n'ont jamais voulu quitter l'état de leurs peres, & ſont reſtés attachés à nos maiſons. Nous les aimons comme nos enfans ; mais n'étant pas obligés de combattre avec nous, ils ne feroient que nous embarraſſer ſur la route ; & au rendez-vous nous ſommes toujours entourés de citoyens du ſecond ordre que leur zèle pour le bien de la nation attire auprès de nous. Le même zèle nous fournit abondamment des vivres, & généralement tout ce qui nous eſt néceſſaire. Nos Chirurgiens s'y rendent auſſi en grand nombre, & dès qu'un homme eſt bleſſé, il eſt emporté & ſecouru dans le moment. La cavalerie ne nous ſert preſque point à cauſe de la diſpoſition du terrein. Auſſi nous en avons fort peu, ainſi que l'ennemi.

Nous arrivâmes au bout de huit jours au rendez-vous ſur la frontiere après une marche très-légere & très-prompte. Nous nous trouvâmes le lendemain au nombre de dix mille hommes aſſemblés au champ de l'Union ; c'eſt le nom qu'on donne au lieu de l'aſſemblée. Le Seigneur Taumelli avoit déjà été élu Général dans le cœur de tous les citoyens. Il fut proclamé dans un moment. Il auroit bien voulu refuſer cet honneur, mais celui qui avoit commandé dans la derniere guerre, ne pouvant plus ſervir, il n'avoit

H 2

aucune raifon de refufer. Tous les anciens Commandans fubalternes préfens furent continués ; & dans un moment chacun choifit fon drapeau. Je reftai auprès du Seigneur Taumelli pour combattre immédiatement fous fes ordres

On avoit avis que le Prince Nordalien s'étoit avancé affez proche des premiers défilés à la tête d'environ douze mille hommes. Le Seigneur Taumelli voulut reconnoître lui-même fon armée ; ce qu'il fit le lendemain accompagné feulement de cinquante hommes, pendant qu'un corps de nos troupes marchoit pour s'emparer des hauteurs. Nous découvrîmes bientôt dans la plaine l'armée ennemie, qui fe mettoit en marche. Nous allions nous retirer, lorfqu'un corps d'environ cent hommes des ennemis parut à l'entrée du défilé, dont il venoit s'emparer pour favorifer le paffage de l'armée. Le Seigneur Taumelli n'héfita pas de tomber avec fes cinquante hommes fur cette troupe, qui fe mit en état de nous recevoir. Je m'avançai devant le Seigneur Taumelli, & dès le premier choc cette troupe tourna le dos, excepté quelques officiers qui furent tous pris. Il y eut quelques bleffés, mais point de morts. Je m'attendois à quelque chofe de plus férieux, & à fuivre la réfolution que j'avois prife de couvrir de ma perfonne celle du Seigneur Taumelli, pendant un combat que je crus d'abord devoir être très-long & très-meurtrier. Nous vîmes immédiatement l'armée ennemie faire une marche rétrograde affez précipitée, ce qui nous fit croire qu'elle avoit compté que nous n'aurions pas eu le tems de

garder les défilés, & qu'elle pourroit faire tout
d'un coup une irruption. C'étoit en effet le
deſſein de l'ennemi , qui nous fut confirmé
par les priſonniers.

Le Seigneur Taumelli voulut ſçavoir de
l'officier qui commandoit ce détachement ,
que j'avois eu le bonheur de faire priſonnier ,
par quelle raiſon ſon Souverain vouloit faire
la guerre à notre nation. Cet officier auroit
bien voulu ſe diſpenſer de nous aprendre ce
qu'il en ſçavoit par reſpect pour ſon maître.
Il ſe rendit enfin après s'être fait un peu preſ-
ſer. Ne croyez pas , Seigneur , dit-il , en
adreſſant la parole au général , que ma troupe
auroit fait ſi peu de réſiſtance , ſi elle n'avoit
pas été pénétrée de l'injuſtice de la guerre
qu'un mauvais miniſtre a conſeillée à mon
maître. Son projet n'étoit pas de combattre ,
mais d'envahir. Le miniſtre a amaſſé des tréſors , il a élevé & enrichi une famille nombreuſe ; & quelques protégés aux dépens du
ſang du peuple. Nos terres ne ſont fertiles qu'à
force de travail , l'excès des impôts a ſucceſſivement affoibli les bras des cultivateurs , &
en a en même-tems infiniment diminué le
nombre. La miſere s'eſt enfin fait ſentir de
toutes parts. Le miniſtre en a redouté les effets pour lui , pour ſa famille & pour un petit
nombre de protégés qui nagent dans l'opulence & dorment dans les bras de la molleſſe.
Il a craint qu'une révolution forcée par les
calamités dont il eſt l'auteur , ne diſſipât en
un moment une fortune ſi mal acquiſe. Il a cru
la prévenir en occupant la nation & ſon Souverain du projet d'acquérir des terres dans votre pays par une invaſion ſubite. J'ignore s'il

a compté y réuffir. Ses lumieres font affez
bornées pour qu'il ait ofé s'en flatter, & fon
cœur eft affez injufte pour donner à fon maître des confeils violens. Le corps politique d'un
Etat, a-t-il dit à fon maître, & le bonheur de
fes fujets ne peuvent fe foutenir que par une
étendue de territoire qui donne à l'Etat la
confiftance & le degré de forces néceffaires
pour balancer la puiffance de fes voifins. Ce
n'eft que fous la protection d'un puiffant
Prince que les arts, l'induftrie & le commerce
peuvent être floriffans. C'eft fur ce beau principe qu'il a engagé fon maître à fe porter
en un moment fur vos terres avec une armée
de douze mille hommes, ou pour mieux dire,
de douze mille malheureux à demi morts de
mifere, pour s'emparer d'une de vos provinces, fe flattant d'en trouver l'entrée fans
défenfe. Vous avez vu l'armée rétrograder
parce que l'intention du miniftre n'étoit pas
de rifquer un combat; & attendu que l'armée
n'a point de fubfiftance, il lui eft impoffible
de tenir la campagne. Le peuple eft malheureux, mais il n'eft ni injufte, ni ennemi des
Auftraliens; fon Souverain eft jeune, fans
expérience, & livré aux confeils d'un miniftre qui abufe de la foibleffe de fon âge.

Cet Officier n'eut pas fini de parler, que
nous vîmes arriver une petite troupe fans armes. C'étoit l'un des principaux Officiers du
Prince Nordalien qui venoit négocier la paix.
Il convint de l'injuftice de l'entreprife de fon
maître, dont il rejetta toute l'horreur fur fon
Miniftre. Il protefta que fon maître avoit enfin ouvert les yeux; qu'il ne pouvoit mieux
la réparer qu'en mettant bas les armes; qu'il

avoit fait arrêter son ministre ; qu'il offroit de le livrer aux Auftraliens pour lui faire subir la peine qu'il méritoit ; qu'il leur demandoit des grains pour faire subsister ses sujets pendant quelques mois , qu'il offroit de payer l'année suivante avec telle quantité de fer & de bois qu'ils voudroient fixer.

Le général fut touché des offres du Prince Nordalien. Il lui fit dire que l'usage des punitions étoit inconnu chez les Auftraliens ; qu'il lui conseilloit de chasser son ministre hors de ses Etats , ainsi que ceux qui lui avoient aidé à tromper son maître & à rendre ses sujets malheureux , & de faire distribuer leurs biens au peuple ; qu'à l'égard des grains qu'il demandoit , il étoit le maître d'en envoyer chercher tant qu'il en auroit besoin , d'y mettre lui-même le prix qu'il jugeroit à propos & de les payer quand il voudroit ; qu'enfin pour être assuré de l'amitié des Auftraliens & en obtenir tous les secours qui étoient en leur pouvoir , il ne falloit, ni armée , ni Ambassadeurs , ni offres de services , mais seulement être juste & humain.

Le Prince Nordalien renvoya sur le champ le même Officier pour remercier les Auftraliens. Il assura le général , que son maître avoit suivi son conseil , & qu'il avoit été si touché de sa sagesse & de sa générosité , qu'il lui demandoit la permission de voyager chez les Auftraliens pour y ap dre à gouverner son peuple. Le Seigneur Taumelli lui répondit que les Auftraliens le recevroient avec plaisir, & qu'il ne trouveroit parmi eux que des amis. Le signal de la retraite fut donné alors ; & nous prîmes sur le champ la route du château du Seigneur Taumelli.   H 4

Je ne veux point , me dit-il lorſque nous
fûmes en route , vous faire des reproches.
Vous ne deviez point combattre devant moi,
mais à côté de moi. J'ai vu cependant avec
plaiſir que vous vous êtes ſervi bien plus de
votre adreſſe que de vos armes , en faiſant
priſonnier un Officier ennemi. C'eſt-là ſe
conduire en véritable Auſtralien. La plus belle
de nos victoires , celle qui touche le plus les
Auſtraliens & qui remplit leurs cœurs d'allégreſſe , c'eſt celle qui coûte le moins de ſang
à l'ennemi.

En me plaçant , lui dis-je , devant vous ,
je comptois ſur un combat plus ſérieux , &
j'avois pris une place qu'un ſentiment plus fort
que moi m'avoit marquée. Je ſuis très-content de n'avoir pas eu l'occaſion de vous
montrer que la bravoure d'un Anglois eſt
digne de celle des Auſtraliens. Les Anglois
ſont intrépides devant l'ennemi ; ils ne demandent jamais quartier ; cependant aucune nation Européenne ne traite l'ennemi vaincu
avec plus de généroſité. La clémence & la
généroſité ſont des vertus à la portée de tous
les hommes. Les Européens s'en font honneur ; mais les Auſtraliens en pardonnant, ac-
cordent encore leur amitié. C'eſt ce qu'aucune nation Européenne ne ſçauroit faire. On
feroit encore bien étonné en Europe d'une
paix ſi promptement faite , & ſans un ſeul
article écrit.

La guerre & la paix , me dit le Seigneur
Taumelli, n'étoit pas traitée ainſi avant la Reſtauration. Nos Rois entretenoient à grands frais
un corps nombreux de troupes réglées , qui
étoient ſouvent commandées par un ignorant ,

favori d'un miniſtre ou d'une maîtreſſe , & ſouvent battues. En multipliant enſuite les promotions d'Officiers Généraux , dans leſquels le mérite ſe trouvoit quelquefois d'accord ou avec la faveur ou avec l'ordre du tableau, ceux des Officiers , principalement parmi les ſubalternes , qui s'étoient diſtingués pendant la campagne par leur intelligence & leur bravoure , ne l'étoient preſque jamais dans le cabinet du miniſtre , ſur-tout lorſque beaucoup de modeſtie accompagnoit un grand mérite. Les fautes des Officiers de marque étoient rarement relevées à la Cour , & jamais punies. Les ſubſiſtances militaires & les hôpitaux étoient en monopole. La faim ou la mauvaiſe nourriture & les maladies détruiſoient ordinairement plus d'hommes que les armes des ennemis. Les armées étoient encore affamées par le luxe , le faſte des Officiers, & l'excès de leurs équipages, qui rendoient d'ailleurs la marche lente & difficile , & embarraſſoient tous les mouvemens d'une armée. Cette conduite affoibliſſoit infiniment nos armées : auſſi étoient-elles ſouvent battues , & l'auroient été bien plus ſouvent , ſi les mêmes vices & d'autres encore peut-être plus grands , n'avoient pas régné dans les gouvernemens des nations ennemies.

Enfin la paix ſe faiſoit après des avantages ordinairement très-équivoques , que chaque parti s'attribuoit à ſon gré ; car c'étoit une vanité égale des deux côtés , que perſonne ne vouloit convenir d'avoir été vaincu. Nous pouvons être battus quelquefois par hazard, par ſurpriſe , ou par quelque mal entendu de nos Généraux , diſoit-on de part & d'autre, mais on ne fçauroit nous vaincre. En effet on ne reculoit jamais, on ne faifoit plus, au lieu de reculer, que des marches rétrogrades. Après une longue guerre, la nation la plus heureufe étoit celle qui avoit fait le moins de pertes d'hommes & d'argent ; & la guerre ne finiffoit jamais par le retour d'aucune des puiffances belligérantes fur la juftice de fes armes, fur l'équité naturelle, mais parce qu'elles fe trouvoient également épuifées. On affembloit alors de part & d'autre des Plénipotentiaires pour traiter de la paix ; on faifoit femblant d'écouter le vœu public & la voix gémiffante de l'humanité, pendant qu'on ne confultoit que la loi de la néceffité. La nation, ou plutôt le miniftere le plus habile, car les nations n'avoient rien à faire ici que comme victimes, étoit celui qui fçavoit le mieux cacher fa foibleffe pour éluder ou faire accepter des conditions onéreufes.

On fignoit quelquefois une fufpenfion d'armes, enfuite des préliminaires, fur lefquels on rédigeoit avec un art infini un traité de paix, prefque toujours compofé d'un grand nombre d'articles, qui paroiffoient être autant de loix que les puiffances s'impofoient refpectivement, pour affurer pour toujours à l'avenir leur bonne intelligence & leur bonne amitié ; & les peuples que la guerre avoit défolés, croyoient en effet que les miniftres refpectifs avoient pris de bonne foi toutes les précautions néceffaires pour rendre à jamais la paix durable. Mais l'équité naturelle ne mettoit point fur ces traités le fceau de fon autorité. La néceffité feule les

dictoit, & l'intérêt les détruisoit à la premiere occasion ; car il y avoit peu d'articles dans
lesquels on ne trouvât des raisons ou des
prétextes de nouvelles querelles. Ensorte que
ces traités de paix ne furent par succession
de tems dans la réalité que de simples sus-
pensions d'armes. Nous n'en avons conservé
aucun, & nous avons toujours refusé d'en
signer depuis la restauration. Nous avons toujours forcé nos ennemis de reconnoître la
justice de notre loi qui nous défend respec-
tivement tout acte d'hostilité, & qui ne leur
laisse aucun prétexte d'attaquer une nation
paisible. Nous ne refusons à aucune nation les
secours que les hommes doivent à leurs semblables, & nous ne voulons point reculer
nos limites. C'est-là tout notre droit public,
que nous ne voulons point corrompre par
les loix des traités. Nous avons toujours constamment refusé de nous prêter à des négociations, auxquelles nous n'entendons rien ;
parce que la loi qui nous gouverne est exactement la même qui décide souverainement
tous les droits & toute idée de prétention,
de nation à nation, & que cette loi parle à
toutes les nations avec trop de clarté pour
laisser du doute. Des négociations & des
traités ne peuvent que l'altérer.

Je crois, continua le Seigneur Taumelli,
que vous êtes maintenant bien instruit de la
maniere dont nous faisons la guerre & la
paix, & de notre droit public. Je vais vous
faire faire bientôt une connoissance qui ne
vous déplaira pas. Nous ne nous écarterons
que de peu de lieues de notre route. Je
dois instruire de notre expédition le Seigneur

Domay , qui commandoit l'armée dans la
derniere guerre. Nous arrivâmes le lendemain chez cet ancien Général. C'étoit un
vieillard de cent vingt ans, qui ne paroiſſoit
pas en avoir ſoixante. Sa femme étoit preſque auſſi âgée , & ne paroiſſoit pas l'être
plus que lui. La maiſon qu'il habitoit pouvoit être autrefois une maiſon de plaiſance
des Rois Auſtraliens. Nous fûmes reçus avec
les plus grandes démonſtrations de joie. Le
Seigneur Taumelli lui rendit compte des opérations de la campagne que nous venions de
faire, & de la maniere dont la guerre avoit
été heureuſement terminée. Son récit ne fut
pas long, car les Auſtraliens ſont ennemis
des ornemens du diſcours ; & ils ne ſçavent
d'ailleurs ni exagérer, ni ſe faire valoir. Il
lui dit enſuite qui j'étois, ce qui donna lieu
à une converſation un peu plus longue , pendant laquelle j'eus le tems de jetter un coup
d'œil ſur un grand nombre de tableaux qui
tenoient lieu de tapiſſerie à la ſalle où nous
étions. Le Seigneur Domay s'aperçut que
je les regardis avec une grande attention.
Si vous aimez la peinture, me dit-il, j'ai ici
de quoi ſatisfaire votre goût & votre curioſité. Tous les tableaux que vous voyez dans
cette ſalle , apartenoient aux Rois Auſtraliens ; ainſi vous pouvez croire qu'ils ſont
tous originaux & des plus grands Peintres
de ce tems-là. Ces tableaux nous préſentent
une partie de l'hiſtoire des mœurs de la nation ſous le régne de nos derniers Rois.
Voilà un Roi qui remet ſon épée à un Général, & ſa balance à un homme de loi,
les regards attachés ſur une belle femme à

demi nue , qui repréfente la volupté , accom-
pagnée d'enfans qui repréfentent les jeux &
les ris. Vous voyez avec quelle avidité ces
deux hommes acceptent chacun un dépôt
qu'ils n'auroient dû recevoir qu'avec des
mains tremblantes. Celui-ci, me dit-il en
me montrant un autre tableau , eft un Général à la tête d'une armée. Son air expri-
me bien fon impatience d'en venir aux mains.
Il ne confulte que la renommée repréfentée
par une femme qui eft à côté de lui, qui
tient une trompette à la main & lui parle
fans ceffe : c'eft le pendant du premier. Voici fon autre pendant. C'eft un finge à l'audience qui en dormant tient une balance qu'on
croit voir tomber à tous momens , pendant
qu'on plaide avec chaleur la conteftation qu'il
doit juger.

Un de nos meilleurs Rois avoit fait faire
ces trois tableaux pour fon fils , auquel il
vouloit donner ainfi une grande leçon fur
l'art de régner.

Voilà un tableau d'après nature. C'eft une
femme qui fort du bain. Tout ce qui eft autour d'elle annonce la licence & la volupté.
C'étoit le goût du fiécle. A côté c'eft une
femme en déshabillé qui a la peau noire, le
teint livide & les yeux éteints. Ses charmes
font à côté d'elle fur une toilette , c'eft-à-
dire, du rouge , du blanc, des mouches &
des pompons. Vous voyez tout auprès une
chenille dont elle paroît effrayée. Le pendant de ce tableau eft une autre femme qui
eft exactement le portrait de la même femme
lorfqu'elle a fait fa toilette ; ici au lieu d'une
chenille , le peintre a mis auprès d'elle un

papillon qu'elle voit avec plaiſir. L'idée du
peintre étoit vraiſemblablement d'aprendre
à la poſtérité que les femmes de ſon tems
étoient chenilles le matin, & papillons le ſoir.

Celui-ci eſt de Vaneli, l'un des plus grands
peintres Auſtraliens. Ce tableau repréſente
un miniſtre qui donne audience, qui ne paroît occupé que de ſa parure & de ſa dignité. Vous voyez-là le portrait de Vaneli lui-
même, qui s'aproche du miniſtre avec un
gr ınd reſpeĉt ; & vous voyez que le miniſtre jette ſur lui un regard fier ; il ſemble qu'il
lui parle avec hauteur. En effet ce peintre
ne fit ce tableau que pour éterniſer ſa vengeance. Ce miniſtre qui ne connoiſſoit point
le prix des talens & les égards qui leur ſont
dûs, maltraita ce peintre dans ſon audience.
Sçavez-vous, lui dit le peintre, la différence qu'il y a d'un homme comme vous à un
homme comme moi ? Le Roi peut faire cent
hommes par jour comme vous, & il faut un
ſiécle pour en faire un comme moi. Le peintre alla ſur le champ ſe plaindre au Roi qui
l'aimoit & qui aprouva la leçon donnée à
ſon miniſtre. Le peintre n'avoit cependant
pas dit une vérité bien exaĉte ; car il falloit
plus de cent ans chez les Auſtraliens pour
faire un bon miniſtre.

Celui-ci eſt le lever d'un Roi qui vous in-
téreſſe par ſa bonté & ſa douceur ; mais parmi tous ces Seigneurs qui ſont autour de
lui, vous n'apercevez pas une ſeule phyſio-
nomie dans ſon état naturel ; pas une ſeule
n'annonce la franchiſe, l'innocence & la candeur. Interrogez-les toutes, vous n'en trouverez pas une ſeule qui vous diſe (car elles

font toutes parlantes) mon cœur eft l'ami défintéreffé de mon Roi.

Tous ces autres tableaux ne repréfentent que des armées en campagne, des camps, des fiéges, des villes prifes, des combats & des batailles ; des villes faccagées, des campagnes défolées & les droits de l'humanité violés de toutes parts. La haine, la fureur, la cruauté & l'inhumanité, c'eft tout ce qui frape dans ces tableaux. Heureufement l'art du peintre ne trouve plus à s'exercer parmi nous fur des fujets fi affligeans pour le cœur humain.

Voici un tableau d'une grande beauté pour l'expreffion. C'eft un combat de taureaux & de bêtes féroces. C'étoit un genre de fpectacle imaginé par un de nos derniers Rois, pour relever le cœur & ranimer le courage des jeunes Seigneurs Auftraliens, dont la plupart fe trouvoient mal lorfqu'ils voyoient une goutte de fang, & fe bouchoient les oreilles quand ils entendoient du bruit. Ils craignoient prefque tous horriblement le tonnerre. Le peintre en a repréfenté ici un grand nombre. Obfervez, s'il vous plaît, comme il leur donne à tous un air efféminé, qui étoit aparemment l'air à la mode. On feroit tenté de les prendre pour des poupées, & il femble que les femmes fe piquent de montrer ici plus de force & d'intrépidité que les hommes.

Tous ces tableaux, dis-je au Seigneur Domay, annoncent l'art de la peinture portée à un très-haut degré de perfection. Tous ces peintres me paroiffent avoir excellé dans la force & la correction du deffein, dans l'ordonnance, les ombres, les lumieres, les draperies, le coloris & l'expreſſion.

L'art de la peinture, dit le Seigneur Domay, s'eſt conſervé dans un genre différent,
& qui nous plaît tellement que nous ſommes tentés de croire que l'art s'eſt perfectionné. Nos peintres modernes excellent également dans les mêmes parties de l'art ; mais
il ne s'occupent que de ſujets agréables par eux-
mêmes. Ils ne connoiſſent rien à la fureur,
aux ravages de la guerre, à l'ambition, ni à
aucune de ces grandes paſſions qui agitoient
autrefois de mille manieres les Auſtraliens.
Nous regardons les anciens peintres comme
les peintres des paſſions, & les modernes
comme les peintres de la nature. Vous en
trouverez la raiſon dans la différence de nos
mœurs. Leur imagination ne pouvant être
frapée des objets qui leur ſont inconnus, ils
ne peuvent ni ſurpaſſer les anciens, ni leur
reſſembler. Mais auſſi ils excellent dans un
genre inconnu aux anciens Auſtraliens. Vous
allez en juger par les tableaux de ce ſalon.

Vous ne verrez rien ici, me dit-il en y
entrant, qui offenſe la vérité de la nature,
ni qui bleſſe les yeux. Voilà un payſage qui
ne vous eſt pas inconnu. Ne vous ſemble-
t-il pas être à l'une des fenêtres du château
du Seigneur Taumelli ? Le jour y eſt clair
& ſerein, l'on y découvre un pays diver-
tiſſant & des objets agréables, & l'on n'y
voit point de figure qui n'y paroiſſe avec
la joie ſur le viſage. Le ſoleil n'étant pas encore fort élevé ſur l'horiſon, les arbres &
les collines paroiſſent encore chargés de cette
vapeur qui s'éleve le matin comme une légere fumée. D'un côté de ce tableau il y a

un côteau affez élevé, mais très-agréable par les maifons & les arbres dont il eft embelli. Sur le penchant de ce côteau, & fur les diverfes éminences, qui s'abaiffent à mefure qu'elles s'aprochent, on voit quantité de maifons & de châteaux ; dont la ftructure n'eft pas moins riche que leur fituation eft avantageufe. Des terraffes & des jardins en rendent l'afpect infiniment agréable. Ces bâtimens font environnés d'un courant d'eau qui defcend dans la plaine par différentes cafcades. La lumiere, la compofition, la proportion, l'expreffion, les couleurs & l'harmonie du tout-enfemble me frapoient également ; mais j'y admirois fur-tout le coloris de la nature.

Jettez les yeux fur ce tableau qui eft une fête de village : n'y trouvez-vous pas ces diverfes expreffions d'amour, de joie & d'agrément que vous avez vus dans ces fêtes, bien rendues ici ? Confidérez ces différens vifages, & vous y remarquerez tous ces mouvemens de l'ame parfaitement bien repréfentés. Obfervez comme le peintre à donné différens caracteres de joie à toutes ces figures, comme les mouvemens de la joie font felon l'action que le tableau repréfente, & conformes à l'âge & à la condition des perfonnes qui font peintes.

Voici un tableau qui eft unique parmi les modernes, qui eft d'un peintre qui vivoit peu de tems après la reftauration. Il repréfente un Général Auftralien vainqueur fur le champ de bataille, qui fait prendre foin d'un nombre prodigieux d'ennemis bleffés, & donne la liberté aux prifonniers. Il regar-

de avec un air trifte l'humanité, que vous
voyez là repréfentée fous la figure d'une femme en habits de deuil, à laquelle il femble
demander pardon des maux que la néceffité
d'une défenfe légitime l'a obligé de faire à fes
femblables. On eft frapé de la force de l'expreffion. Le peintre a bien rendu toute la
fenfibilité de l'ame des Auftraliens.

Vous voyez ici d'autres tableaux où les
peintres ont excellé à repréfenter des ani-
maux, des draperies, toutes fortes d'inftrumens, des vafes, des payfages, des bâtimens,
des fleurs & des fruits. Tous peignent avec
grace, mais comme ils n'ont que des mœurs
douces & des actions tranquilles fous les yeux,
leur génie ne fe porte point à l'expreffion
des paffions fortes ; ils ne font point propres à repréfenter les actions violentes ; parce
que la nation ne leur en donne point d'i-
dée. Ils paroiffent toujours doux & modérés
dans leurs tableaux ; mais leur expreffion eft
noble & touchante. Aucun de nos peintres
n'étudie les anciens : tous étudient la nature. C'eft là qu'ils prennent leurs vrais modeles. Autrefois les grands & les riches gui-
doient les peintres. Il falloit leur repréfenter les paffions fortes , les images de la licence & de la volupté , pour leur plaire ;
& quelquefois le beau de fantaifie fujet au caprice & à l'autorité , où la nature étoit toujours défigurée. Nos modernes n'ont d'autres
maîtres & d'autres guides que la nature ; &
comme c'eft la nature qui décide le goût
des jeunes peintres, qui ont fait , pour ainfi
dire , le choix qui les attache à la peinture ,
on lui laiffe le foin de conduire & de former fes éleves.

Le Seigeur Domay nous conduisit ensuite dans les jardins. Vous voyez, me dit-il en me montrant les dehors de cet ancien palais, combien cette architecture aussi solide que notre architecture moderne, en est différente par la recherche des ornemens que le luxe multiplioit à l'infini, & répandoit, pour ainsi dire, à pleines mains à l'extérieur comme dans l'intérieur. Vous avez vu dans la distribution intérieure, comme on y a multiplié les salles, les chambres, & les cabinets pour ne former qu'un apartement pour une seule personne, capable de loger une famille nombreuse. L'architecture moderne s'est autant attachée à la propreté & à la commodité que l'ancienne; mais plus simple, elle s'est bornée au nécessaire; elle est ennemie du superflu & des ornemens inutiles. Il ne reste dans les jardins des ouvrages de l'art, que ces magnifiques terrasses que vous voyez: tout le reste a été rendu aux soins de la nature. Les eaux que vous voyez serpenter de tous côtés, ne font qu'une petite riviere qui suit sa pente naturelle; & les cascades que vous entendez, font des chûtes d'eau auxquelles l'art n'a point de part.

Le palais, d'une grandeur immense, n'étoit pas trop grand pour le Seigneur Domay. Il étoit en même-tems occupé par ses trois fils & leurs familles, & par plusieurs familles nombreuses de domestiques. Ses trois fils étoient alors occupés dans différentes directions, où leurs femmes & leurs enfans les avoient accompagnés. Nous quittâmes le lendemain, le Seigneur Domay, qui auroit bien voulu nous retenir plus long-tems ; mais il étoit trop touché lui-même du fentiment qui nous faifoit hâter notre retour, pour nous importuner par d'inutiles follicitations. Nous nous féparâmes, comme des gens qui fe refpectent, s'eftiment & s'aiment tendrement.

Nous arrivâmes peu de jours après chez le Seigneur Taumelli. Il n'y a qu'un peintre qui a l'ame tendre & fenfible, il n'y a qu'un peintre Auftralien, dont le pinceau foit capable d'exprimer la joie répandue dans toute la famille. Je fuis parvenu au jour le plus heureux de ma vie. Léna, la plus aimable des Auftraliennes, me donne fa main, & aucun Auftralien n'eft plus Auftralien que moi. Le Seigneur Mindoni, fa femme & fon fils étoient témoins de notre joie & la partageoient, Mindoni le fils, & fans doute Lilie, avec un peu d'impatience. Ils ne dévoient fe marier que le lendemain. Ce fut dans des momens fi intéreffans, que nous fûmes furpris par la vifite la plus imprévue, mais qui bien loin de troubler la fête, y ajouta un nouveau degré d'intérêt.

Le Prince Nordalien, le Prince qui venoit de nous déclarer la guerre par un acte d'hoftilité, & de nous demander la paix prefque dans le même moment, arrive, entre, fe jette au col du Seigneur Taumelli, l'embraffe fans lui parler, les yeux mouillés de larmes de joie. Le Seigneur Taumelli lui préfente fa famille, lui fait part de la fête qui l'occupe. Le Prince craint que fa préfence ne l'importune ; il veut fe retirer & lui propofe de revenir le lendemain. Prince, votre préfence, lui dit le Seigneur Taumelli, ne

peut que rendre notre fête plus intéreſſante. Vous êtes le maître dans cette maiſon,
comme vous l'êtes dans votre palais, & ſi
votre cœur eſt ſenſible, comme je le crois,
aux charmes de l'amitié, vous ne devez pas
craindre d'importuner vos amis. Le Prince
n'étoit accompagné que de ſon Chancelier,
qui avoit été ſon ſecond gouverneur. Je n'a-
vois que ce ſeul ami, dit-il au Seigneur
Taumelli en le lui préſentant, dont j'aurois dû
écouter plutôt les ſages conſeils, que ſon zèle
éclairé ne ceſſoit de me donner. Vous avez
ouvert mon cœur à la lumiere, & ce ſage
ami a ſçu profiter de cet heureux moment
pour arrêter mes regards ſur tous les devoirs des Souverains, & ſur les malheureu-
ſes chaînes dans leſquelles m'avoit élevé mon
gouverneur, & dans leſquelles il m'entretenoit depuis long-tems en qualité de miniſtre. J'étois le Souverain eſclave d'un peuple
eſclave. Je vous dois ma liberté, Seigneur
Taumelli, & je viens aprendre auprès de
vous les moyens d'en faire uſage & de la
conſerver. Oubliez que je ſuis Nordalien,
je vais prendre part à votre fête & à votre
joie en véritable Auſtralien. Trouvez bon
que je remette à demain un plus grand détail ſur les intérêts de mon peuple, & ſur les
moyens de rendre les ſujets & le Souverain
reſpectivement heureux.

Il n'entendit point de replique de la part
du Seigneur Taumelli; il s'aprocha des Dames, rendit la converſation générale, & l'on
ſervit le dîner un moment après On vit pour
la premiere fois chez les Auſtraliens un Prince, un Souverain & un Seigneur Nordalien

qui ne parloit ni de chasse, ni de chiens, ni de chevaux, ni de maisons anciennes, ni d'illustration, & qui étoit aussi sobre qu'un Australien.

Le dîner ne fut pas plutôt fini que nous vîmes arriver les habitans des villages voisins, presque tous au son de quelques instrumens, pour célébrer notre mariage par leur joie, leurs danses & leurs concerts. Nous les reçûmes comme si nous avions tous été les enfans d'une même famille, & le Prince Nordalien prit si naturellement le même ton, qu'il sembloit avoir été élevé parmi nous. On l'eût pris d'autant plus sûrement pour un Australien, qu'il étoit vêtu depuis plusieurs jours à l'Australienne, & qu'avec un air très-noble, la douceur, la bonté peintes sur la physionomie, il avoit les manieres naturellement simples & honnêtes. Aussi familier que nous avec les Australiens, car on eût dit qu'il avoit passé sa vie avec eux, il parcourut toutes les chambres où la danse étoit établie, dansa successivement dans toutes, chanta & joua d'un instrument comme un Australien. Son Chancelier vêtu de même avoit sans cesse les yeux sur lui avec l'attention & la joie d'un Pere qui recueille les fruits de la bonne éducation qu'il a donnée à son fils. Le Prince & son Chancelier ne se lassoient pas d'admirer la douceur & la complaisance qui régnoient parmi ces habitans, & parmi même leurs enfans.

On sçut enfin parmi les habitans que l'étranger étoit ce même Prince Nordalien, qui avoit menacé depuis peu l'Empire d'une invasion, que l'activité & la diligence des

citoyens du premier Ordre avoient réduite
à une tentative inutile. Un Prince n'étoit
qu'un homme à leurs yeux qu'ils traitoient
en ami, mais un homme qui, comme le
Prince, leur paroiſſoit par ſa familiarité &
la douceur de ſes mœurs, digne d'être Auſtralien, obtenoit le plus tendre hommage
de leurs cœurs.

Nous nous rendîmes le lendemain matin,
le Seigneur Taumelli & moi, dans ſon apartement. Nous allions vous-chercher, nous
dit-il en venant au devant de nous, mon
ami & moi, j'ai plus vécu ici en un jour
qu'en dix ans dans mes Etats. Il embraſſa le
Seigneur Taumelli comme un bienfaiteur, &
nous montra bientôt toute la richeſſe de ſon
heureux naturel. Dès ſa tendre jeuneſſe ſon
ſous-gouverneur avoit ſçu faire germer en
ſecret toutes les vertus dans ſon cœur, malgré les ſoins que prenoit le miniſtre pour
le rendre, comme la plupart des autres Princes, eſclave des paſſions, & perpétuer par
ce moyen ſon autorité.

Je régnois, dit-il, ou plutôt un miniſtre
ſous mon nom, depuis dix ans, uniquement
occupé d'amuſemens, de plaiſirs, entouré
de flatteurs & de jeunes courtiſans qui ne
m'entretenoient que de choſes frivoles. Mon
miniſtre ne m'inſpiroit que de l'éloignement
pour les affaires, & pour toute occupation
ſérieuſe & honnête. J'étois ſi accoutumé à
ne donner aucune attention aux ordres qu'il
me faiſoit ſigner, que je me trouvai à l'armée
avec la même indifférence & avec auſſi peu
de réflexion, qu'à un rendez-vous de chaſſe.
J'avoue que je fus d'abord frapé du ſilence &

de la triftefle qui régnoient dans le camp.
Je fuis naturellement gai ; je ceffai de l'être
dans ce moment. Un air de mifere que j'a-
vois obfervé fur ma route parmi le peuple,
m'avoit déjà fait une forte impreffion, & fe
retraçoit de nouveau dans mon efprit. Je
devins inquiet ; mes fujets me parurent malheureux, & un fentiment intérieur que je
voulois en vain étouffer, me reprochoit la
triftefle que je voyois répandue par-tout.
J'obfervai le miniftre , fon air inquiet &
toujours plus empreffé à me flatter, me fit
naître la plus forte envie de m'inftruire. Le
détachement qu'il avoit envoyé pour s'affurer l'entrée dans vos terres fans rifquer de
combat, venoit d'être repouffé lorfque j'ouvris mon cœur à mon ami, qui depuis long-
tems attendoit le moment favorable de rompre le filence auquel la tyrannie de mon
miniftre l'avoit condamné.

Vous n'êtes, me dit-il, que le premier
des efclaves d'un tyran. La guerre qu'il a
entreprife eft une injuftice, dont les fuites
vont bientôt mettre le comble à la mifere
de vos fujets. Votre armée eft fans fubfiftances, & ils ne fçauroient lui en fournir
parce qu'ils en manquent eux-mêmes. Ce
n'eft que pour remédier à la mifere publique dont il eft l'auteur, & dont il a voulu
vous dérober la connoiffance, qu'il a entrepris de vous tranfporter à la tête d'une armée fur les terres d'une nation jufte & paifible. Il s'étoit flatté de la furprendre, & de
trouver dans fes richeffes de nouveaux
moyens de fatisfaire fon avidité & fon ambition. Retirez votre autorité de fes mains ,

&

& mille plaintes vous aprendront promptement quel abus il en a fait, par combien
d'injuſtices il a ſçu le rendre odieuſe, & faire
de vos ſujets les hommes les plus malheureux de tous les Nordaliens.

Je n'héſitai pas de faire arrêter mon miniſtre, & de vous offrir de le livrer à votre
diſcrétion. Cet acte de juſtice que je crus
devoir également aux Auſtraliens & à mes
ſujets, ouvrit auprès de moi un accès libre à la vérité. Je fus inſtruit en un moment. La générosité de votre réponſe, l'envie qui venoit de naître dans mon cœur de
rendre mes ſujets heureux & de réparer
les maux dont on les avoit accablés ſous
mon nom, m'inſpirerent le deſſein de m'inſtruire de la meilleure forme de gouvernement chez la nation la plus juſte & la plus
heureuſe. Je pris mon parti ſur le champ.
Je ſuivis vos conſeils. J'ordonnai à la tête
de l'armée l'exil de mon miniſtre, celui de
ſa famille & de ſes protégés, & la confiſ-
cation de leurs biens au profit du peuple. Je
licenciai l'armée, je nommai une Régence,
& je partis pour me rendre ici, laiſſant mes
ſujets livrés à la plus grande joie. Je goû-
tois moi-même les douceurs d'une ſatisfac-
tion que je n'avois pas encore ſentie.

Les premiers Auſtraliens, chez leſquels
j'arrivai, me reçurent comme un ami. Tous
s'empreſſoient à me ſervir comme ſi j'avois
été leur maître; je fus ſi ſenſible à leur bonté & à leur douceur, que je me fis donner
dès le lendemain de mon départ un habit
Auſtralien; j'en fis prendre un pareil à mon
Chancelier, & je renvoyai toute ma ſuite.

T

Je ne fuis qu'un homme, dis-je à mon
ami, & je vois qu'un homme ne peut
manquer de rien chez les Auftraliens : imi-
tons-les en tout ce que nous pourrons, &
nous aprendrons peut-être à être heureux
comme eux. Je n'ai vu par-tout fur notre
route jufques ici que des tableaux rians, que
des habitans doux, tranquilles, gais, fains
& robuftes ; on n'y connoît ni les maladies
du jeune âge, ni les infirmités de là vieilleffe. Si je n'aprens pas, difois-je à mon
ami, chez cette aimable nation à gouverner
un État, je dois y aprendre à vivre heureux. Mais comment pourrois-je vivre heureux chargé par état du foin de procurer le
bonheur de mes fujets ? & fi je trouve leur
félicité, quels font ceux que je dois employer encore pour la conferver ? Puis-je
efpérer d'y réuffir ? & fi je ne réuffis pas,
puis-je être heureux ? Voilà, Seigneur Taumelli, les fentimens qui m'occupent. Je fens
ce que je dois à mes fujets, & ce que je me
dois à moi-même ; mais je n'ai que des vues
incertaines, j'efpere trouver dans vos loix
& dans votre gouvernement un flambeau
qui me conduira dans le lieu où repofe le
bonheur d'un Souverain avec celui du peuple qu'il gouverne.

Il ne faut pas les chercher bien loin de
vous, lui répondit le Seigneur Taumelli ;
vous les trouverez l'un & l'autre dans le
fond de votre cœur qui heureufement n'eft
point amolli par les charmes féduifans des
faux plaifirs qui environnent le trône. Le
vrai bonheur du Souverain eft dans celui de
fes fujets. Le chercher ailleurs, ce feroit

pourſuivre une chimere. L'homme qui exer‑
ce la bienfaiſance eſt heureux ; & le plus
heureux de tous les hommes, eſt celui qui
a le plus d'occaſions de l'exercer, ou, ce
qui eſt la même choſe, de faire du bien à
ſes ſemblables. Il eſt inconteſtable que le
parfait bonheur réſide dans l'Etre ſuprême.
Or la bienfaiſance étant le vrai moyen de
raprocher autant qu'il eſt poſſible, la nature
humaine de celle du ſouverain Etre, c'eſt
néceſſairement la route du plus parfait bon‑
heur auquel l'homme puiſſe parvenir ſur la
terre ; donc l'état ou la ſituation de l'hom‑
me qui favoriſe le plus cette excellente pra‑
tique de la vertu, doit conduire plus ſûre‑
ment au bonheur que toute autre.

L'état de Souverain paroît être au premier
coup d'œil, celui qui préſente à l'homme le
plus d'occaſions d'exercer la bienfaiſance,
de faire du bien à ſes ſemblables. Mais une
légere attention diſſipe cette idée ſéduiſante.
Le Souverain doit toujours ſe conduire avec
les autres hommes comme Souverain. Com‑
me homme, il ne peut rien faire : il n'eſt
point à lui, il apartient tout entier à la Sou‑
veraineté, qui lui fait un devoir auſtere de
toutes ſes actions, dont chacune doit tendre
& ſe raporter à l'objet général de la Souve‑
raineté. Le Souverain ne peut preſque en‑
viſager aucun homme en particulier que re‑
lativement à tous. S'il eſt bon, s'il eſt bien‑
faiſant, il doit être ſans ceſſe en garde con‑
tre ſa propre bonté. S'il perd de vue l'ob‑
jet général de la Souveraineté, s'il eſt ſen‑
ſible aux objets particuliers, s'il eſt touché
de mille occaſions de faire du bien, il exer‑

cera souvent une bienfaisance meurtriere ; il fera mille maux réels pour un bien aparent. Si oubliant qu'il est homme, il n'agit que comme Souverain, c'est-à-dire, pour l'objet de la Souveraineté, chaque moment qu'il respire, lui en présente une fonction à remplir ; alors il trouve sans cesse le mal à côté du bien dans tout ce qu'il fait. Il peut quelquefois écarter le mal, il lui est très-souvent impossible de ne faire que du bien.

Si l'on peut considérer la Souveraineté comme l'état qui présente à l'homme le plus d'occasions de faire du bien à ses semblables, il est incontestablement celui qui lui en donne le plus de leur faire du mal, & souvent un mal qu'il est très-difficile & quelquefois impossible d'éviter. C'est l'effet nécessaire des loix arbitraires, ou humaines, de politique, de finance & de justice, qui sont la base de tous les gouvernemens établis par les hommes. Les loix ont fait naître autant d'intérêts particuliers qu'il y a d'individus dans l'Etat, qui sont souvent en contradiction entre eux, & plus souvent encore avec l'intérêt général. Ne faites de mal à aucun de vos semblables, & faites du bien à tous autant qu'il est en votre pouvoir. Voilà la loi que l'Etre suprême a gravée dans le cœur de l'homme. Il a voulu que son ouvrage fût heureux ; c'est par cette loi qu'il établit son bonheur. Cette loi détruite, oubliée ou contredite par des institutions humaines, il n'est point de bonheur pour l'homme en général sur la surface de la terre. L'homme seul qui l'observe parmi ses semblables qui la méconnoissent, approche du bonheur. Il jouit

de la paix intérieure que donne la vertu, &
que la seule vertu peut donner ; mais son ame
est encore affligée par les objets qui l'entourent. Le bonheur de ses semblables avec lesquels il vit, manque toujours au sien. Mais
si tous les hommes qui composent une Société
sont également sensibles à la voix de cette loi
sainte & l'observent, ils jouissent tous également du prix de la vertu : aucun objet extérieur n'afflige leur ame ; leur bonheur est sans
trouble, & tel que le créateur a voulu qu'il fût.

L'amour de soi-même qu'il ne faut point
confondre avec l'amour-propre, puisque bien
loin d'être exclusif comme lui, il le modifie ou
l'éteint souvent, est la regle & la mesure de
l'amour du prochain. La force de l'ame identifie l'homme avec son semblable, il se sent,
il existe, pour ainsi dire, en lui, c'est pour ne
pas souffrir qu'il ne veut pas qu'il souffre ; il
s'intéresse à lui pour l'amour de soi, parce
que la loi, la nature elle-même lui inspire le
desir de son bien-être en quelque lieu qu'il se
sente exister. C'est en consultant cette voix
intérieure de la nature que vous trouvez l'a-
mour de tous les hommes dans l'amour de
vous-même, & par conséquent le principe de
la justice humaine.

Le Souverain peut faire d'heureux efforts
pour régler son administration sur ce principe.
Il aimera la justice, & malgré de grandes
connoissances, une grande supériorité de lumieres que je lui suppose, & beaucoup de
travail, il sera souvent injuste, parce qu'il
sera trompé par l'autorité des loix arbitraires,
ou par la force du préjugé de quelque insti-
tution humaine. Il aimera ses semblables, il

voudra leur faire du bien, & il leur fera fouvent du mal ; parce que l'idée du bien général, vraie ou fauffe, lui en impofera la loi, ou il fera un bien particulier d'où réfultera un mal général. L'état de Souverain ne permet donc point à l'homme qui l'occupe, d'obferver exactement & rigoureufement la loi qui lui prefcrit de ne faire de mal à perfonne & de faire du bien à tous. Il ne fçauroit fe procurer le bonheur, tout imparfait qu'il eft, dont jouit l'homme qui obferve cette loi dans une fociété d'hommes qui la méconnoiffent. D'où je conclus que l'homme ne fçauroit être placé dans un état plus malheureux que l'état de Souverain. Il eft réduit à faire le plus de bien général qu'il peut, fans pouvoir prefque jamais faire de bien particulier, & à faire le moins de mal qu'il eft poffible. S'il cherche fon bonheur dans celui de fes fujets, il peut parvenir à rendre fon état moins malheureux que les autres, & à fe rendre ainfi lui-même moins malheureux que les autres Souverains ; mais il ne fçauroit former de fon Etat une fociété d'hommes auffi heureux qu'ils peuvent l'être, qu'en leur faifant reconnoître, accepter & obferver la loi écrite dans leurs cœurs par l'Etre fuprême, & qu'en fupprimant toutes les loix & toutes les infhitutions humaines qui la contredifent.

Dans ce cas la volonté générale s'identifie avec la volonté particuliere. Les particuliers & le public n'ont point de fupérieurs pour juger leurs différens, parce que la loi en prévient la naiffance. Aucun particulier ne peut être léfé, ni offenfé, l'égalité & la récipro-

cité de la loi, l'amour de foi-même éloignent
toute idée d'offenfe & de léfion. La loi acquiert par une acceptation générale une in-
flexibilité que la force ne peut vaincre, à
moins que ce ne foit une force étrangere.
C'eft par l'empire de cette loi que chaque
Auftralien fe gouverne, gouverne fa famille
& fa nation, qu'il voit fon bonheur dans celui
de fes femblables, & qu'il eft auffi heureux
qu'un homme le peut être, parce qu'il jouit
du bonheur de fes femblables & de celui de
toute la nation en général, que chaque Auftralien regarde comme étant fon ouvrage.

Je fuis convaincu, dit le Prince, qu'aucun
Souverain n'eft auffi heureux qu'un Auftralien ; que tous les devoirs refpectifs des Souverains & de leurs fujets font également pref-
crits par la loi naturelle ; que les inftitutions
humaines ne méritent véritablement le nom
de loix, qu'autant qu'elles ordonnent l'exécution de la loi naturelle dans les cas particuliers
auxquels elles étendent leurs difpofitions.
Mais je voudrois utilement réduire mon gouvernement à l'exécution fimple de cette loi.
Les droits des Seigneurs qui font prefque Souverains dans leurs terres, me préfentent un
obftacle invincible ; je ne puis donner atteinte
à leurs droits, ni efpérer de les engager à
s'en démettre. Je renonce donc à des fonctions fi difficiles à remplir, & dans l'exercice
defquelles je ne fçaurois trouver le bonheur
que je cherche. Je renonce à la fouveraineté. Je la remets à mon frere, & je préfere
la vie d'un Auftralien à toutes les couronnes
du monde.

Dans le moment même il écrivit & figna

fon abdication. Mon ami, dit-il à fon Chancelier en la lui remettant, portez mon abdication à mon frere. Dites-lui que je lui recommande de s'occuper effentiellement de la profpérité de fes fujets ; que c'eft-là la feule route du bonheur des Souverains, dont mon miniftre m'avoit détourné, & dans laquelle j'ai craint enfuite, après l'avoir aperçue, de m'égarer en y marchant fans d'autre guide que mes propres lumieres, ou conduit par un guide infidèle. J'efpere qu'il fera plus heureux que je ne l'aurois été, mais il ne fera jamais auffi heureux qu'un Auftralien.

Le Chancelier reçut avec des larmes de joie ce refpectable dépôt. J'aurois voulu, dit-il, vous donner un fi bel exemple de vertu ! jugez fi je fuis capable de l'imiter. Je pars, & ma commiffion exécutée, je reviens jouir dans cette heureufe contrée, de votre bonheur, de celui de tous fes habitans, & m'occuper du plaifir de me rendre digne d'être Auftralien.

Le Chancelier fe difpofa pour partir. Sortons, dit le Prince, allons refpirer plus à notre aife dans les jardins l'air de la liberté, & que je prenne poffeffion de ma patrie. Nous rencontrâmes nos Dames, qui reçûrent avec de grandes démonftrations de joie, la nouvelle de la démarche que le Prince venoit de faire. Il la leur aprit lui-même. Félicitez-moi, leur dit-il, je viens de faire la découverte d'un tréfor qui n'a point de prix, dont je me mets actuellement en poffeffion. Je fuis plus heureux que tous les Souverains de la terre, puifque je fuis libre, & que je vais partager la vie innocen-

te & paifible des Auftraliens. Il en parut
mille fois plus aimable à nos Dames. Je ne
fut pas long-tems à m'apercevoir que fur-tout,
Mélinda, la fille du Seigneur Mindoni, le
regardoit avec plus d'attention que les autres.
Elle excita ma curiofité, parce que je l'avois
toujours vue jufques à ce moment regarder
tout le monde avec une égale indifférence.
Soit que le Prince s'en aperçût, foit qu'il
eût befoin de s'en apercevoir, j'obfervai
bientôt à quelques attentions qu'il eut pour
elle, qu'il ne la voyoit pas fans intérêt ; &
elle étoit bien faite pour l'intéreffer. Mélinda d'une taille élégante, avoit le teint d'un
blanc à éblouir, les plus belles couleurs, de
grands yeux noirs où régnoient la décence
& l'amour, avoit les dents, la bouche & le
fourire admirables, l'air noble, la phyfionomie tendre & touchante, le fon de voix
intéreffant, des graces dans tous fes mouvemens, dans tous fes geftes, & de très-
belles mains qui annonçoient la beauté des
bras & de la gorge que la parure Auftralienne ne laiffe point voir. Le Prince devient
un peu timide auprès d'elle, & Mélinda plus
réfervée quand il lui parle. Son cœur eft
touché & décideroit bientôt fon choix, fi
elle étoit affurée de régner dans le cœur de
fon amant. La timidité du Prince le trahit à
nos yeux. Nous fçavons fon fecret, & Mélinda s'en doute bien ; mais ce n'eft pas affez pour Mélinda que le Prince foit touché
de fes charmes. Elle veut le connoître davantage. Ce n'eft pas le Prince qu'elle aime ;
il faut être Auftralien pour être digne d'elle.
Elle lui cache autant qu'elle le peut fa fen-

fibilité. Nous paffons plufieurs jours enfemble fans que le Prince ofe fe déclarer. Il eft
toujours tendre refpectueux & timide. Il me
fait enfin la confidence d'un fecret que je
fçavois auffi-bien que lui ; car les Auftraliens ignorent l'art de fe cacher, & ne connoiffent d'autre voile que celui de la pudeur.
Que n'ai-je, me dit-il, encore une couronne à offrir à cette aimable perfonne! Mais
non, la plus belle couronne ne feroit pas
digne d'elle ; fi je poffédois encore celle que
j'ai abdiquée, elle la dédaigneroit. Je ne ferois pas digne d'elle, fi j'ofois lui parler de
fafte & de grandeurs. Les Auftraliennes les
méprifent. Il n'y a qu'un cœur Auftralien
qui foit digne d'intéreffer le fien. Et il n'y a,
lui dis-je, parmi les Auftraliens que le vôtre qui l'intéreffe en effet. Je vous ai obfer-
vés l'un & l'autre. J'ai vu naître fon goût
pour vous, je l'ai vu s'accroître, & je ne
doute point qu'elle n'accepte votre main,
lorfque vous la lui offrirez.

Le Prince fuivit mon confeil ; il fut écouté comme je l'avois prévu ; & pour être
encore plus Auftralien & plus digne de Mélinda, il voulut être adopté par le Seigneur
Mindoni, quoique fa qualité de Prince Souverain le mît feul au rang des citoyens du
premier ordre ; ce qui différa le mariage
pour quelque tems. Nous célébrâmes celui
de Lélie avec le fils du Seigneur Mindoni. Le Prince parut à cette fête, ainfi qu'à
quelques fêtes des villages voifins, le plus
aimable des Auftraliens. Il ne ceffoit de juf-
tifier le choix de Mélinda. Le Chancelier du
Prince revint, & fe rendit auprès de nous

avec la joie d'un homme qui après un long
voyage arrive dans sa patrie, dans le sein de
sa famille & de ses amis. De toutes parts
l'amitié lui tendoit des bras. Il fut bientôt
instruit que le mariage du Prince avec Mélinda étoit arrêté. On voyoit que sa joie étoit
à son comble, lorsque le Prince le présenta à sa maîtresse comme son bon & plus ancien ami, & Mélinda lui fit mille caresses
que le Prince pouvoit prendre toutes pour
lui.

Ce Chancelier nous raconta l'effet qu'a-
voit fait l'abdication du Prince sur le cœur
de son frere, sur la cour & sur le peuple.
Son frere avoit d'abord refusé de l'accepter. Il vouloit devenir Australien ; il vouloit partir sur le champ, & quelques jeunes Seigneurs prenoient la même résolution
& proposoient de l'accompagner. Le récit
du Chancelier, des mœurs douces, de la
vie simple, paisible & heureuse des Australiens, excitoit la plus forte envie dans les
jeunes gens dont le cœur étoit encore sensible aux plaisirs innocens de la vie champêtre. Il ne fallut pas moins qu'une oposition
formelle de la Régence pour modérer leurs
premiers transports, qui étoient encore animés par l'abondance que les magasins des
Australiens avoient répandue par-tout. Car
chaque Nordalien avoit été y prendre des
grains comme dans son propre grenier. On
ne vint à bout d'arrêter ce premier mouvement des jeunes Seigneurs, & d'engager le
Prince à régner, que par la loi qui fut faite, & que chaque Seigneur jura de faire
observer, que la loi naturelle seroit suivie

dans tous les tribunaux de justice, en attendant que trois commissaires nommés sur le champ eussent réduit, autant que les intérêts particuliers pouvoient le permettre, toutes les loix arbitraires à cette loi primitive, qui seroit désormais regardée comme la vraie patronne de l'innocence, & la vraie protectrice des droits de l'humanité. La Régence osa prendre sur elle une entreprise qu'on doit pardonner à un corps qui n'a de motif & d'objet que le bien public. Elle osa s'arroger le droit de représenter la nation, & faire encore une loi à laquelle le Souverain lui-même devoit être soumis. Il fut arrêté que le Prince régnant pourroit voyager chez les Australiens, mais après avoir fait serment ainsi que ceux des Seigneurs qu'il jugeroit à propos de choisir pour l'accompagner, de revenir gouverner ses sujets, pour ne point les laisser exposés à l'anarchie ou au despotisme d'un ambitieux. La Régence ne porta pas plus loin le pouvoir qu'elle s'étoit donnée, parce que la vertu seule en étoit le principe, & le Prince ratifia ces loix & en ordonna la publication. Ainsi le trouble qu'avoit excité l'abdication du Prince devenu Australien, fut bientôt apaisé, parce que l'ambition n'y eut point de part, & qu'il n'étoit animé que par la vertu. Bientôt on ne parla plus chez ce peuple Nordalien, que de la loi naturelle. C'étoit la seule que tout le monde comprenoit, que tout le monde entendoit également; avec un peu de réflexion, chacun se trouvoit juge de sa propre cause, la jugeoit, & la jugeoit bien. Les gens de loi perdirent presque tous en un moment leurs procès; ils n'eurent plus rien à faire. Les Seigneurs remirent les corvées à leurs colons, & ceux-ci vouloient les doubler. Les plaifirs de la chaffe refpecterent la récolte, & devinrent modérés & innocens. L'impref-fion de l'exemple étoit fi forte que cette na-tion devint en un moment auffi Auftralien-ne que la forme de fon gouvernement pou-voit le permettre.

Je fuis trop heureux, dit le Prince, enchan-té de ce récit, puifque je puis ajouter au bonheur dont je jouis, le plaifir de jouir en-core du bonheur de mon frere & de celui de mes anciens fujets; car je prévois qu'il les rendra auffi heureux qu'ils peuvent l'ê-tre. Son mariage fut célébré peu de tems après, à la grande fatisfaction des Auftra-liens qui fçavoient fi bien jouir du bonheur d'autrui, du Prince, de fon Chancelier, & de l'aimable Mélinda qui comme toutes les Auftraliennes, mettoit tout fon plaifir à rendre un Auftralien heureux.

Nous partagions le tems entre la prome-nade, la lecture d'un petit nombre de livres excellens que les Reftaurateurs avoient con-fervés, les fêtes de naiffance ou de mariage, les concerts ou des jeux innocens, & des converfations délicieufes, tantôt fur le fpectacle de la nature, tantôt fur l'hiftoire & fur les mœurs des anciens Auftraliens. Les connoiffances que j'avois données des mœurs Européennes fourniffoient fouvent à la con-verfation. On aimoit à s'en entretenir, comme on fe plaît à voir du rivage de la mer, des vaiffeaux agités par la tempête : On plaint les gens qu'on croit fur le point

,de faire naufrage, avec un fecret plaifir de n'être point parmi eux. Je menois depuis un grand nombre d'années une vie déli- cieufe, lorfque le Seigneur Taumelli fut obligé de fe rendre à Nambaki. C'étoit fon tour d'être du nombre des deux mille ci- toyens qui s'y rendoient tous les ans pour la garde de la ville pendant la faifon du commerce avec les Pilenois, les Fonfaniens & les Pompanois. Il étoit Général de droit comme ayant déjà commandé une armée. Toute fa famille devoit l'accompagner ; mais comme fes deux filles étoient enceintes & fur le point d'accoucher, il ne voulut être accompagné que de fes deux gendres.

Nous arrivâmes à Nambaki, quelques jours avant les vaiffeaux de ces trois nations. Nous en trouvâmes quelques-uns à l'ancre, mais ce n'étoient que de petits bâtimens qui apartenoient à des Taucaliens. Je fis con- noiffance avec un capitaine d'un de ces vaif- feaux. Je le trouvai tel que le Seigneur Tau- melli m'avoit dépeint les Taucaliens ; un homme doux, d'une humeur gaie, égale & d'une grande franchife. Je liai en peu de jours une grande amitié avec lui. Il me con- firma ce que m'avoit dit le Seigneur Tau- melli, que les Taucaliens ne connoiffent d'autre loi que celle qui eft gravée dans le cœur de tous les hommes, & qu'ils n'a- voient point d'idée d'aucun de leurs Rois, qui n'eût été le pere de fes fujets. Il m'infpi- ra l'envie de faire un voyage à Taucala, & m'en préfenta de fi grandes facilités, que je ne pus y réfifter. J'aurois dû la rejetter cette envie qui me précipita dans le plus grand malheur qui pût m'arriver, malheur que je pouvois prévoir, ou que je devois craindre. Je cédai sans réflexion à la curiosité de voir toute une nation qui me paroissoit aussi heureuse que les Australiens, sous le gouvernement monarchique. Ce capitaine mettoit à la voile dans huit jours, & devoit être de retour à Nambaki dans trois mois, ce qui me donnoit un mois de séjour à Taucala, & le tems nécessaire pour rejoindre encore le Seigneur Taumelli un mois avant son départ de Nambaki. J'obtins aisément la permission du Seigneur Taumelli de faire ce voyage; & j'ai à me plaindre pour la premiere fois, hélas! peut-être pour la derniere, de la complaisance Australienne; car la moindre difficulté, la moindre représentation de sa part, m'auroit heureusement fait renoncer à ma résolution. Je m'embarquai pour Taucala. Toujours favorisé par un bon vent, nous y arrivâmes en moins d'un mois, sans avoir jamais perdu les côtes de vue dans des mers toujours paisibles.

Dès que nous fûmes à l'entrée du port, mon capitaine envoya sa chaloupe à terre, & fit dire, sans m'en avoir prévenu, à un Seigneur Taucalien de ses amis, qu'il avoit à son bord un Seigneur Australien que la curiosité amenoit à Taucala; ce qui fit qu'en débarquant je fus reçu par un Seigneur Taucalien avec tant d'empressement qu'il me laissa à peine le tems d'embrasser mon capitaine. Ce Seigneur me conduisit chez lui où je fus traité avec la même douceur & la même bonté que je l'avois été chez tous les Australiens. Je trouvai les mêmes mœurs, la même propreté dans les vêtémens, dans les meubles & les maifons, avec la même modeſtie également dans les deux fexes. Les habits des femmes & des hommes étoient preſque femblables aux nôtres, & par-tout je voyois comme chez les Auſtraliens un air de gaieté, de jeuneſſe, de fraîcheur & de fanté. La même propreté & la même frugalité régnoient fur leurs tables. Je ne me laſſois point d'admirer une reſſemblance ſi parfaite entre deux nations ſi éloignées l'une de l'autre, qui n'avoient de communication entr'elles que par les vaiſſeaux qui venoient tous les ans à Nambaki. Le Seigneur Modemo, c'étoit le nom de mon hôte, voyoit avec plaiſir que j'obſervois tout, & que tout ce que j'obſervois m'inſpiroit de l'eſtime & de l'affection pour ſa patrie. Nous connoiſſons mieux, me dit-il, les Auſtraliens qu'ils ne nous connoiſſent, parce que nous allons chez eux, & vous êtes le premier Auſtralien que nous voyons dans ce pays. Cependant nous ne ſommes point vos imitateurs ; nous eſtimons & nous aimons les Auſtraliens, parce que nous avons les mêmes mœurs, & je crois que nous ne leur reſſemblons que parce que nous obſervons tous la même loi. Comme les Auſtraliens, les Taucaliens ne font de mal à perſonne, & font du bien à leurs femblables le plus qu'il leur eſt poſſible, nous trouvons comme eux notre bonheur dans celui d'autrui ; nous jouiſſons du bonheur de toute la nation.

Je conçois, lui dis-je, que les Taucaliens attachés à l'obſervation de cette loi, font heureux; mais je ne conçois pas comment il est possible qu'étant gouvernés par un Roi, leur bonheur n'ait pas été altéré par des loix faites par quelqu'un de ces Rois, & par l'opposition des intérêts personnels qui me paroissent devoir naître nécessairement du gouvernement d'un seul homme; même, & peut-être encore davantage, du gouvernement de plusieurs. Je ne veux pas, repliqua le Seigneur Modemo, vous donner une idée de notre gouvernement, avant que vous ayez vu notre Roi. C'est à présent l'heure où la plupart des Seigneurs se rendent chez lui; allons voir le premier, le meilleur & & le plus respectable de nos amis. Nous arrivâmes dans un fort beau palais, où nous trouvâmes dans une grande salle le Roi entouré de Seigneurs avec lesquels il s'entretenoit comme on s'entretient avec ses amis. Sa physionomie riante annonçoit la douceur, la bonté & la candeur de son ame. Le Seigneur Modemo me présenta. Il parut ravi de voir un Australien. Il me fit l'accueil le plus obligeant. Nous sommes tous Australiens, me dit-il, par le cœur & par notre façon de vivre ensemble. Il recommanda au Seigneur Modemo de bien prendre soin de moi & de m'engager à le venir voir souvent. Il sortit sur le champ à pied pour aller à une magnifique promenade sur le port qui n'étoit pas loin de son palais. Il fut suivi par quelques Seigneurs, nous l'accompagnâmes aussi, & c'étoit-là tout son cortege. Car il n'avoit ni gardes, ni grands-Officiers. Sa marche étoit fort lente, parce qu'il parloit presque à tous ceux qu'il rencontroit sur ses

pas ; il careſſoit les enfans ; il s'arrêtoit quelquefois un moment à la porte d'une bou-
tique, perſonne ne crioit *place* devant lui ;
s'il voyoit une voiture ou quelqu'un chargé
d'un fardeau, il ſe rangeoit pour laiſſer le
paſſage libre ; ſa bonté ſeule l'annonçoit au
peuple. Ce n'étoit pas le maître impérieux
des ſujets qu'on voyoit en lui ; c'étoit le
pere d'une nombreuſe famille, qui ſe plai-
ſoit à ſe montrer au milieu de ſes enfans.

Après nous être occupés quelque tems de
la beauté de cette promenade, nous rentrâ-
mes par un autre chemin, ce qui me fit connoître la majeure partie de la ville. Il ne
me fut pas difficile d'obſerver par les boutiques de marchands & d'artiſans qui étoient
en grand nombre dans de certaines rues, que
tous les arts étoient cultivés à Taucala. Je
croyois voir une ville d'Europe du ſecond
ou du troiſieme rang. Le détail du commerce, & l'exercice de tous les arts, font une
matiere qui donne néceſſairement la naiſſance
à une grande diverſité d'intérêts, diſois-je au
Seigneur Modemo, à une grande concurrence, à la jalouſie, & conſéquemment à des
conteſtations continuelles, qui demandent
beaucoup de citoyens pour les juger. Vous
devez avoir beaucoup de Juges & un grand
nombre de perſonnes occupées de l'art de les
inſtruire.

Ce qui ſemble en effet devoir être la fource d'une infinité de querelles & de conteſtations, me répondoit le Seigneur Modemo,
n'en produit preſque jamais ici. La loi naturelle étant notre ſeule loi, ſon équité eſt toujours préſente & parle ſans ceſſe au cœur

de chaque particulier ; aucun objet , aucun prétexte , aucune autre loi n'en détourne son attention , & cette attention naturelle ne laisse naître aucune contestation du moins il en arrive rarement : une bonne foi naturelle préside à toutes les démarches de chaque particulier dans la société. C'est cette même attention sur l'équité naturelle , c'est cette même bonne foi qui assure la propriété de tous les biens , & en écarte toute idée de difficulté. L'intérêt général dans lequel chacun voit le sien , éloigne d'ailleurs l'idée de l'intérêt personnel , ou en empêche l'impression. L'intérêt personnel est encore bien affoibli , s'il n'est pas entierement détruit par l'usage aussi fondé sur la loi naturelle , de ne jamais prêter à celui qui a besoin , mais de lui donner tous les secours qui lui sont nécessaires, ce qui fait que personne ne redoute les malheurs de l'indigence inconnus parmi les Taucaliens , & n'est tenté de devenir méchant pour les éviter. Lorsqu'un Taucalien a besoin de secours , celui qui en est instruit le premier s'estime plus heureux que les autres , parce qu'il a le plaisir de le secourir , & il remercie le Taucalien qui reçoit, de l'honneur qu'il lui fait , & de la préférence qu'il lui donne.

Nous avons des Juges, qui sont fort peu occupés , auxquels les particuliers exposent eux-mêmes avec sincérité & sans emportement , les contestations qu'ils ont ensemble. C'est quelquefois un particulier qui se plaint qu'un marchand lui a livré plus de marchandises qu'il ne lui en avoit demandé , & qu'il refuse de reprendre cet excédent, ou d'en recevoir la valeur ; pendant que l'autre s'obsti-

ne à foutenir qu'il ne s'eft point trompé , qu'il
ne doit rien recevoir de plus pour fa marchan-
dife & qu'il en eft payé. Calculez , lui dit-il ,
avec plus d'exactitude & vous verrez que vous
ne devez rien.

C'eft une autre fois deux freres dont l'un
prétend que la portion d'héritage qui lui eft
échue dans leur partage , excede la valeur de
celle de fon frere , qu'il veut qu'il foit obligé
de recevoir de lui cet excédent de valeur pour
rétablir entr'eux une jufte égalité. Il dit en
vain à fon frere , vous avez été léfé , recevez
cette fomme que je vous dois d'indemnité.
Celui-ci prétend au contraire qu'il n'eft point
léfé , & perfifte à refufer la fomme qu'il foutient ne lui être pas due.

Nous voyons auffi fouvent des Taucaliens
qui veulent en obliger d'autres de recevoir les
fecours qu'ils leur ont donnés , dont ils n'ont
plus befoin , & qui fe trouvent avoir tort ,
parce que ceux qui ont donné le fecours ayant
trouvé les moyens de fe cacher, ils s'adreffent
à des gens qui font bien fondés à leur dire , je
ne vous ai jamais rien donné. Nous n'avons
point d'exemples d'autres conteftations que
de cette nature , & vous fentez bien qu'elles
fe traitent toujours affez paifiblement devant
les Juges. Quand on n'eft pas content d'un jugement , on s'adreffe au Roi , ce qui arrive quelquefois. En voici un exemple bien
récent.

Un Seigneur de Taucala avoit vendu il y
a quelques années à un Seigneur de la Ville de
Maupolo, qui eft à vingt lieues d'ici , une
terre de cinq cens royales de rente pour dix
mille royales , fur le pied de cinq pour cent.

L'acquéreur demandoit qu'il fût condamné à recevoir encore mille royales, parce qu'il prouvoit que cette terre, au lieu de cinq cens royales, qui étoit le taux du marché, lui raportoit cinq cens cinquante royales, ce qui faiſoit cinquante royales de plus. Pourquoi voulez-vous que je jouiſſe, diſoit-il au vendeur, de cinquante royales de rente de votre bien, & que je paſſe ma vie dans l'inquiétude que je me donne en penſant qu'un jour vous ou quelqu'un de vos enfans ſerez dans le beſoin pendant que j'aurai cinquante royales de rente de votre terre au delà de ce que j'en ai payé ? Otez-moi le poids de ce reproche qui trouble tous les jours mon repos.

J'ai bien reçu, diſoit le vendeur, le prix entier de ma terre, qui ne me rendoit pas plus de cinq cens royales, attendu que ſon éloignement de ma demeure me faiſoit dépenſer tous les ans les cinquante royales.

Ce n'eſt point à moi à examiner ce que vous dépenſiez, repliquoit l'acheteur. Il n'en eſt pas moins certain que je n'ai acheté & payé que cinq cens royales de rente, & que je m'en trouve cinq cens cinquante, ces cinquante ne m'apartiennent pas. Rendez-moi donc ma tranquillité ou en recevant mille royales, ou en reprenant votre terre. Le Roi jugea hier cette conteſtation qui étoit aſſez délicate. Le vendeur de la terre fut condamné à recevoir les mille royales.

Vous voyez ajouta le Seigneur Modemo, que les intérêts perſonnels ne produiſent pas des querelles & des diſſenſions capables de troubler le repos des Taucaliens. Leur Roi

ne fait point de loix. Nous n'avons pas d'i-
dée qu'aucun de nos Rois ait été tenté d'en
faire. Pourroit-on rendre par des loix humaines les Taucaliens meilleurs qu'ils ne font,
étant conduits par la feule loi naturelle ? Que
pourroit-on leur ordonner de bien que la loi
naturelle ne leur ait prefcrit ? Quelle forte
de mal pourroit-on leur défendre, qui ne leur
foit pas défendu par la loi naturelle ? L'intérêt de nos Rois eft bien évidemment de
conferver leurs fujets tels qu'ils font : ils font
Rois d'un peuple heureux, & toute leur
attention fe borne à conferver dans les cœurs
de leurs fujets la pureté de la loi naturelle,
qui perpétue leur bonté & leur profpérité.

Vous avez, lui dis-je, à pourvoir aux dépenfes de l'Etat, à celles de l'entretien de
la maifon royale. Il faut que vous ayez des
loix qui conftituent par des impôts le revenu public, & qui en affurent la perception.

Rien n'eft plus fimple, dit le Seigneur
Modemo, que cette loi : elle n'eft que l'exécution d'une partie de la loi naturelle qui
dicte à chacun en particulier l'obligation de
contribuer de bonne foi à l'entretien des
commodités & des avantages auxquels il participe au prorata de fes facultés. Voilà la loi
de l'impôt. Le montant eft arrêté tous les ans
par le Roi fur l'état de dépenfe de fa maifon, & fur celui que les ingénieurs de chaque province lui préfentent des dépenfes à
faire pour l'entretien des grands chemins &
de tous les ouvrages publics. Si l'on pré-
voyoit la guerre, le Roi y ajouteroit encore
l'état de dépenfe de la guerre. L'impofition
ne fe fait point autrement que par la pu-

blication dans tout le royaume de cet état. La perception de l'impôt est également simple. Il y a une caisse dans la maison publique de chaque ville & de chaque village où chaque particulier porte la somme à laquelle il se taxe lui-même selon ses facultés qu'il remet lui-même dans la caisse sans que personne sçache ni s'informe du montant de la somme qu'il y a aportée. Il n'est jamais arrivé que la totalité de ces différentes caisses n'ait monté au delà de la somme qui étoit demandée. Le Roi dispose à son gré de l'excédent de la dépense à la fin de chaque année en faveur de ceux de ses sujets , dont les besoins peuvent être connus ; mais comme il arrive très-rarement qu'il ne soit pas prévenu sur les besoins particuliers de quelqu'un de ses sujets par ceux qui sont en état de les secourir, l'excédent de l'impôt est employé en recette dans l'état de l'année suivante, & la somme à fournir par le peuple diminuée en proportion de cet excédent.

Vous m'avez parlé , lui dis-je , d'ingénieurs & de la guerre, ce qui me fait croire que vous cultivez les sciences , & que vous êtes exposés à avoir quelquefois la guerre.

Sans doute , nous cultivons les sciences & les arts , me dit-il. Presque tous les Seigneurs s'en occupent , & quelques-uns nous donnent quelquefois des fruits heureux de leur travail. Nous avons un petit nombre de livres , mais tous extrêmement utiles sur les Mathématiques , sur les arts , sur l'histoire naturelle & sur les mœurs. Il y a long-tems que nous n'avons eu la guerre. C'est un fléau qui n'est pas même fort à redouter pour nous. Nous sommes

entourés de nations très-peu nombreuses &
très-paisibles. Plusieurs de ces nations réunies
seroient encore foibles vis-à-vis de la nôtre.
D'ailleurs ces nations sont justes & ne se nour-
rissent presque que de la chasse, ce qui les
met souvent en guerre entr'elles, parce qu'elles
ont besoin pour vivre d'une grande étendue
de pays. Nous n'avons eu de guerre avec
quelques-unes de ces nations, que lorsqu'elles
ont voulu étendre leurs chasses sur le royaume ; mais depuis qu'on a réglé avec elles des
limites, elles ont gardé avec une extrême fidélité la parole qu'elles ont donnée de les
respecter.

Le séjour de Taucala me plaisoit infiniment,
& je trouvois toujours de plus en plus que le
Seigneur Taumelli avoit eu raison de me dire,
que s'il n'étoit pas Australien il voudroit être
Taucalien. J'avois déjà passé plus de quinze
jours chez le Seigneur Modemo, lorsque mon
capitaine vint me proposer de retourner à
Nambaki, & de m'embarquer dans deux jours.
J'avois vu le royaume de Taucala , le Roi &
ses sujets avec un grand plaisir ; le les quittai
avec regret , & je partis avec encore plus
de plaisir pour revoir mes chers Australiens.
Je ne prévoyois pas que j'allois m'en éloigner
peut-être pour toujours.

Après quelques jours de route un ouragan
assez violent nous fit perdre les côtes de vue.
C'étoit perdre notre boussole , car les navigateurs de ce Monde Austral n'ont point d'autre
guide : & la perte de la vue des côtes est par
cette raison le plus grand risque de leur navigation. Nous perdîmes notre route , & nous
nous trouvâmes dans une mer inconnue , ne

sçachant

fçachant de quel côté tourner. La vue dequel-
ques vaiffeaux qui venoient du côté du Sud,
nous determina à porter de ce côté dans l'efpérance d'y trouver une terre. Nous découvrîmes bientôt une grande contrée, & nous
mouillâmes dans une riviere, d'où nous étions
à portée de reconnoître à notre aife le pays,
qui étoit également inconnu à mon capitaine &
à fon équipage. Cette découverte leur releva
le courage. Ils en avoient befoin ; car ils
n'avoient prefque plus d'efpérance de retrouver leur route, dont nous devions être par
eftimation au moins à cinq cens lieues. Je dis
au capitaine qu'il falloit féjourner en cet endroit, tant pour y prendre langue & nous
reconnoître s'il étoit poffible, que pour nous
pourvoir de vivres & de tout ce qui étoit néceffaire pour une navigation dont nous ne
pouvions prévoir la fin. Notre cargaifon étoit
compofée prefque en entier d'inftrumens de
fer, de toutes fortes d'armes, & de quincaillerie, ce qui nous donnoit des moyens fa-
ciles d'obtenir des habitans de cette contrée, tous les fecours que nous voudrions.
Le capitaine s'abandonna à ma conduite &
me pria de donner les ordres que je jugerois
à propos, à lui & à fon équipage qui étoit
de douze hommes. J'en pris quatre avec moi
dans la chaloupe avec des cifeaux, des couteaux & quelques inftrumens de fer, & je
defcendis à terre. Je rencontrai bientôt fix
hommes occupés de la pêche. Je les appro-
chai fans méfiance, je fis refter mes quatre
hommes vingt pas derriere moi, ce qui leur
infpira tant de confiance qu'ils vinrent tous
au devant de moi avec des marques de joie.

K

Je leur préfentai des couteaux & des ciſeaux qu'ils examinerent avec plaiſir , mais ils me faiſoient entendre en même - tems qu'ils ne vouloient pas les recevoir pour rien. J'inſiſtai & je parvins à les leur faire accepter. Ils firent ſigne à mes quatre hommes d'apro-cher , & après leur avoir donné des ſignes d'amitié en leur ſerrant la main , l'un d'eux ſe détacha de la troupe & revint un moment après avec une poule que l'un des trois au-tres qui me paroiſſoit être leur maître , prit & me préſenta , me faiſant entendre que c'é-toit le ſigne de la bonne amitié & de la bonne intelligence entre nous. Je lui montrai de la main le vaiſſeau en lui marquant que je deſi-rois faire venir mes camarades qui y étoient. Tous me marquerent une grande envie de les voir , en me faiſant ſigne d'y envoyer la poule , ce que je fis ſur le champ.

Notre ſéjour fut d'environ un mois que nous employâmes à mettre notre navire en bon état , à le pourvoir de vivres , & à con-noître le pays. Le terroir me parut fort fer-tile , quoique ſans culture. Les habitans vi-voient de la pêche , de la chaſſe & de racines dont ils faiſoient une eſpece de pain très-bon & très-nourriſſant , & de légumes qu'ils cul-tivoient avec ſoin. Ils étoient ennemis du tra-vail & livrés à la joie. Leur habillement étoit ſimple , comme leurs mœurs. Les principaux ſont vêtus d'une eſpece de manteaux courts , de nattes fines , de peaux ou de plumes , avec des tabliers de même étoffe qui ne paſſent pas le genou aux hommes , & que les femmes font deſcendre juſqu'à moitié de la jambe. Elles ont la tête nue , des colliers de coquilla-

ges , & les cheveux liés de petits cordons
d'herbes de différentes couleurs très-vives.
Les hommes les laiffent pendre dans toute
leur longueur , & au lieu d'ornemens , ils ont
l'arc & les fleches & un épieu très-dur d'un
bois à demi brûlé. Ils portent à la tête un
tour de plumes de différentes couleurs très-
brillantes & bien arrangées. Les jeunes gens
& le commun peuple font prefque nuds.

Leurs villages font compofés de trente
jufqu'à quatre-vingt maifons, dont les portes ne ferment qu'avec des loquets de bois.
Leurs lits font des nattes fines remplies de
plumes ou de feuilles , & tous leurs uftenciles font de bois ; ceux qu'on met fur le feu
font revêtus d'argile. Le pays eft médiocre-
ment peuplé , divifé en petits diftricts , qui
font gouvernés par autant de Rois , qu'on ne
diftingue de leurs fujets que par le refpect
infini que ceux-ci leur portent, & par les
plumes vertes dont ils ornent leur tête. Le
verd eft la couleur du Roi. Ce Prince fe
nommoit *Arofca* , & fon royaume avoit environ une journée d'étendue , & contenoit
dix ou douze bourgs ou villages, dont chacun avoit fon chef particulier , qui tous lui
étoient foumis.

Ces peuples ne connoiffoient d'autre loi
que la loi naturelle, que leur Roi faifoit
obferver avec une extrême rigueur. Nous
fûmes témoins d'un acte de fa févérité, car
lui feul rendoit la juftice. Il condamna un
jeune homme de dix-huit à vingt ans à être
précipité dans la riviere une pierre au cou,
pour avoir frapé fa mere , quoique au lieu
d'en faire des plaintes , elle eût même im-

ploré fa grace à fes genoux. Le coupable
fubit fon arrêt en préfence de toute la jeuneffe des villages voifins, que le Roi avoit
fait apeller à cri public, pour leur donner
cet exemple. Il nous dit que c'étoit-là la
feule peine qu'il avoit été obligé d'ordonner
contre aucun de fes fujets, & qu'il avoit été
févere pour n'être pas obligé, difoit-il, de
fe mettre une feconde fois en colère; parce
que aucun de fes fujets ne pouvoit ignorer
qu'il ne devoit faire de mal à perfonne &
qu'il devoit faire du bien, autant qu'il le
pouvoit; & que s'il lui étoit fouvent impoffible de les obliger à faire du bien, il lui
étoit facile de les empêcher de faire du mal,
ce qui étoit fon devoir. Ce Roi paroiffoit
âgé d'environ foixante ans. Son maintien étoit
grave, fon regard plein de bonté, fa taille
médiocre & un peu groffe. Il venoit fouvent voir le navire avec cinq ou fix autres
Rois fes alliés, qui faifoient enfemble la guerre à des nations plus éloignées dans les terres.

Rien ne les étonnoit plus que de voir qu'u-
ne Lettre envoyée du vaiffeau à ceux de
nos gens qui fe trouvoient à terre, fût capable de les inftruire de l'intention de leur
chef, ne comprenant pas comment ce papier pouvoit parler aux yeux, ce qui augmentoit infiniment leur refpect pour nous.
Ils étoient fi doux & fi juftes, qu'il nous
fut impoffible de les engager à rien recevoir, qu'en acceptant en même-tems tout
ce qu'ils nous offroient. Ils ne nous laifferent
jamais manquer de vivres, & notre vaiffeau en fut aprovifionné autant qu'il pouvoit

l'être. Arofca fit tout ce qu'il put pour nous engager à refter dans fon pays : & pour nous débarraffer des inftances qu'il nous faifoit, nous fûmes obligés de lui promettre que nous reviendrions dans douze lunes (a). Nous mîmes à la voile avec quelque efpérance de retrouver les côtes que nous avions perdu de vue, dans l'idée que celle où nous étions, étoit du même continent. Il eft certain que cette contrée étoit une partie des Terres Auftrales.

Nous voulûmes fuivre cette côte ; mais le vent nous en éloigna, & en peu de jours nous la perdîmes de vue & nous nous trouvâmes de nouveau en pleine mer. Nous fûmes bientôt contraints de nous abandonner à un vent frais qui ne nous permit plus de changer de route : c'étoit une efpece de mouffon, qui au bout de trois femaines nous conduifit à la vue de nouvelles côtes. Je les

(a) Dampier, voyageur d'une grande réputation, parle d'une nation chez laquelle il avoit féjourné pendant quelque tems, qui habite cinq ifles fituées entre l'ifle Formoife & les Philippines, qui n'a point d'autre loi que la loi naturelle. Les habitans de ces ifles font honnêtes entr'eux, obligeans & généreux pour les étrangers, & fi défintéreffés qu'ils ne demandent jamais rien. Les femmes à la vérité me montroient quelquefois leurs enfans, pour faire connoître qu'ils avoient befoin de quelques morceaux de toile pour les enveloper ; mais les hommes offroient au contraire tout ce qu'ils poffédoient. Ils ne reconnoiffoient point de chef, ni de degré d'autorité que celle du pere fur fes enfans jufques à ce qu'ils foient mariés. Il y a un très-grand nombre de nations fur les bords de l'Amazone, que nous apellons Sauvages, douces, paifibles, qui n'ont point d'autre loi que la loi naturelle.

reconnus bientôt pour les côtes d'Afrique où j'avois fait deux voyages dans ma jeunesse. Je dis à mon capitaine que je reconnoissois les côtes dont nous avions la vue, que nous pouvions espérer de retourner dans notre patrie, mais que pour le présent il s'agissoit de ne point périr ; que je lui répondois que notre salut étoit assuré ; que nous allions arriver chez une nation douce & humaine que je connoissois, qui ne nous laisseroit manquer de rien, & nous aideroit à prendre toutes les mesures nécessaires pour pouvoir retourner chez nous. Nous étions au Sud-Est de l'Afrique, & la vue des côtes me servit de boussole pour arriver au Cap de Bonne-Espérance le 10 Janvier 1644.

Le chagrin & les inquiétudes avoient extrêmement affoibli mes Taucaliens. Je les présentai au Gouverneur du Cap qui me donna un logement chez lui, ainsi qu'au capitaine, & des logemens commodes à son équipage, auquel il fit fournir tout ce dont il pouvoit avoir besoin. Je n'avois pas oublié la langue Allemande dont la langue Hollandoise n'est qu'un idiome. J'avois la facilité de me faire entendre, ce qui étonna infiniment mon capitaine, qui me croyoit Australien ; ce dont le Gouverneur Hollandois ne se doutoit nullement : car il me reçut comme Anglois. Il ne pouvoit concevoir comment j'avois pu me trouver dans un vaisseau Australien, pourquoi j'étois seul de ma nation, ni comment j'avois pu aprendre la langue de ce capitaine, avec qui je paroissois m'entretenir avec autant de facilité qu'avec lui-même. Son étonnement n'étoit pas moindre que celui du capitaine Taucalien. Sa curiosité étoit bien plus grande encore.

Vous devez, me dit Vanbetman, c'étoit le nom du Gouverneur du Cap, avoir acquis bien des connoissances intéressantes pendant votre séjour aux Terres Australes. J'étois déjà bien convaincu de l'existence de ce nouveau monde. Mais nous n'avons encore que des idées très-superficielles de quelques isles : nous ne connoissons rien du continent. Je vous avoue que je suis bien empressé d'acquérir quelques lumieres sur un sujet si important. Lorsque Magellan ouvrit un passage par le détroit auquel il donna son nom, dans la mer du Sud, aux côtes du Pérou & du Chili, & ainsi une route assurée pour faire le tour du monde, il laissa au midi, c'est-à-dire, à la gauche du détroit, des terres qu'on a regardées d'abord comme un Continent nouveau, peut-être aussi grand que l'Amérique entiere. On est ensuite demeuré généralement d'accord que tout ce qu'on nomme Terres Australes, est renfermé entre la mer d'Ethiopie, la mer du Sud, & l'Océan des Indes. Magellan découvrit en 1520, la Terre ou l'Isle de Feu. La nouvelle Guinée fut découverte en 1527, par Alvare de Savédra, Espagnol qui lui donna ce nom, parce qu'elle est presque diamétralement opposée à la Guinée d'Afrique. Les Isles de Salomon en 1567, furent aperçues par Alvare de Mendoza, aussi Espagnol. La Terre Australe proprement dite, au midi de l'ancien continent, fut découverte en 1503, par Gonneville, François ; toutes ces découvertes nous assurent bien l'existence des Terres

K 4

Auſtrales , c'eſt-à-dire , d'un monde inconnu , peut-être auſſi grand & plus riche que celui que nous connoiſſons ; mais aucune ne nous a donné l'idée de ſes productions & de ſes habitans, ni fixé préciſément la vraie route qu'il faudroit ſuivre pour y arriver ſûrement. Mes compatriotes ont déjà fait quelques tentatives ſans ſuccès. Ils doivent en faire encore de nouvelles ; car après nous être emparés des plus précieuſes marchandiſes des Indes , & de ce qu'il y a de plus avantageux pour le commerce en Afrique , il ne nous manque qu'une terre qui produiſe abondamment , comme le Mexique & le Pérou , de l'or & de l'argent , pour être une nation riche.

Mon intérêt & celui de mes amis les Taucaliens que j'avois mis ſous la protection du Gouverneur , exigeoient beaucoup de complaiſance de ma part. Mon intention étoit bien de ſatisfaire ſa curioſité , mais non pas au point de lui indiquer la route qu'il falloit ſuivre pour atteindre aux mines d'or & d'argent de mes chers Auſtraliens. Je reconnus dans la converſation du Gouverneur , que l'ardeur pour les découvertes s'étoit infiniment accrue chez les grandes nations d'Europe ; que les Eſpagnols poſſeſſeurs en Amérique d'un pays infiniment plus vaſte que l'Europe entiere , maîtres des mines d'or & d'argent du Mexique & du Pérou , les plus riches dont on eût jamais entendu parler , n'étoient pas contens , & avoient encore cherché de nouvelles richeſſes aux Terres Auſtrales ; & que les Hollandois voudroient ajouter aux plus grandes richeſſes des Indes Orientales , celles d'un Nouveau

Monde. Ce que me difoit le Gouverneur
Vanbetman ne me donnoit pas une meilleure
opinion des Anglois & des François. Je ne
pouvois indiquer la route aux Terres Auftrales par la mer d'Ethiopie, qui étoit celle que
je venois de faire qui m'avoit conduit au Cap
de Bonne-Efpérance, parce que j'avois fait
cette route fans bouffole & fans aucune forte
d'obfervation nautique. Il n'en étoit pas de
même de la route par la mer du Sud jufques
à la côte du Chili , de là à la côte où
j'avois quitté le Chevalier Drake, & de cette
derniere à la riviere d'Auftralie où j'avois
pris terre : j'avois fait d'affez bonnes obfervations pour être affuré d'une navigation
tranquille & prefque directe ; mais j'étois bien
réfolu de n'indiquer cette route à aucun Européen. J'étois trop frapé des excès d'inhumanité que les Efpagnols avoient exercés fur
les Mexicains & les Péruviens pour leur enlever leur or & leur argent ; des guerres
que les Hollandois, les Anglois & les Por-
tugais avoient faites dans les Indes aux Naturels du pays , & des querelles cruelles qu'ils
avoient entr'eux, pour ne pas frémir fur le
fort de mes chers Auftraliens, à la feule idée
de la découverte de la route qui pourroit
conduire chez eux des vaiffeaux d'Europe.
Pourrois-je dénoncer mes chers Auftraliens
à l'avidité Européenne ? Je me donnerois
plutôt mille fois la mort, fi j'avois mille vies.
On fçaura que j'ai été aux Terres Auftrales, que j'y ai paffé un grand nombre d'années, même que je fuis devenu Auftralien ;
mais on ne fçaura jamais par moi la route
qu'il faut tenir pour y arriver.

K 5

Ma réfolution fut prife dès l'inftant que je
me vis au Cap, de me rendre à Londres,
d'équiper un vaiffeau pour m'en retourner
avec mes Taucaliens, de ne recevoir fur mon
vaiffeau qu'un petit nombre choifi de mes
compatriotes dignes de devenir Auftraliens,
& de brûler mon vaiffeau à mon arrivée.
J'efpérois de trouver en arrivant à Londres
ma fortune en affez bon état pour pouvoir
faire les frais de cet armement. Si le vaiffeau
Taucalien avoit été propre pour une fi longue route, je ferois parti du Cap pour la
Mer Pacifique par les Philippines; mais il y
avoit de trop grands rifques; il ne pouvoit
pas même nous fervir pour nous rendre en
Europe.

Ce fut dans cette réfolution que je n'inf-
truifis Vanbetman qu'autant qu'il étoit néceffaire pour intéreffer fon zèle & fon humanité à mon égard & à l'égard de mes Taucaliens. Je fuis, lui dis-je, un enfant perdu,
qu'un hazard a jetté aux Terres Auftrales,
& qu'un autre hazard a ramené au Cap. Je
m'embarquai à Londres le dix Juillet 1585
fur un vaiffeau deftiné à faire des découvertes dans la Mer du Sud. Après une affez
longue navigation dans cette mer, le vaiffeau
ayant jetté l'ancre à la vue d'une côte inconn-
nue, le capitaine envoya la chaloupe à la
découverte, & m'en donna le commandement. Au bout de quelques jours j'entrai
dans une anfe où je defcendis feul à terre.
Je m'y trouvai engagé de façon que je fus
contraint d'y paffer la nuit, & le lendemain
je me vis abandonné; ma barque avoit difparu & ne reparut plus. J'ignore fon fort,

mais j'en ai toujours eu de l'inquiétude, parce qu'on avoit négligé de lui donner une ancre & une bouſſole. La néceſſité me fit rechercher l'amitié des habitants du pays. J'eus la conſolation de trouver une nation douce & humaine. Je fus reçu par les premiers habitans que je rencontrai avec une bonté que je n'aurois pu eſpérer de trouver chez aucune nation d'Europe.

C'eſt-à-dire, interrompit le Gouverneur, que vous étiez tombé chez une nation ſauvage, qu'heureuſement ſe trouva une nation douce. Car parmi les nations ſauvages qui peuploient l'Amérique lorſqu'on en fit la découverte, il s'en eſt trouvé de douces, d'autres craintives, d'autres farouches, cruelles, & même d'antropophages. Il en ſera ſans doute de même de celles qui habitent les Terres Auſtrales.

Vous avez, lui dis-je, le préjugé de tous les Européens au ſujet des nations qu'ils trouvent dans les terres dont ils font la découverte. Si les Européens n'avoient cherché dans leurs découvertes que des hommes pour s'allier avec eux, ils n'auroient peut-être jamais rencontré de nation farouche, encore moins d'antropophages. Mais ils ne ſe font préſentés chez aucune nation que pour s'emparer de leurs terres & de leurs richeſſes. Ils ont trop laiſſé voir aux Indiens leur deſſein & leur avidité, ils leur ont donné l'exemple de la méfiance, & ſouvent de l'injuſtice & de la cruauté. La plupart ont eux-mêmes regardé l'Européen comme un brigand qui quittoit ſon pays pour venir ravager le leur, ou comme un ſauvage très-

difficile à aprivoifer. Prefque toutes ces nations n'ont point d'autre loi que la loi naturelle ; elles ont des mœurs & des ufages plus
fimples que les Européens ; mais elles font
plus exactes & plus fidelles dans leurs enga-
gemens. Telles étoient plufieurs nations de
l'Amérique dont j'ai entendu parler, comme
les Indiens des ifles de Saint Domingue &
de Cuba ; ceux du Mexique, du Pérou & du
Chili ; & telles font les nations des Terres
Auftrales que j'ai connues pendant le féjour
que j'y ai fait.

Laiffons-là, me dit le Gouverneur, les
mœurs des Américains & des Auftraliens.
Ce n'eft pas-là ce qui nous intéreffe dans
les découvertes. Le commerce eft notre
capital. Nous n'avons à confidérer les mœurs
des habitans que comme un obftacle à vaincre, ou comme une fource des moyens à
employer pour nous procurer des richeffes.
Les peuples que vous avez connus ont-ils
des mines d'or & d'argent ? Quelles font
les productions de leurs terres ? Sont-ils cultivateurs ? Sont-ils induftrieux, ou tout-à-fait
fauvages ?

La nation nombreufe, lui répondis-je,
chez laquelle j'ai paffé un grand nombre
d'années, a des mines d'or & d'argent fi
abondantes, que ces métaux y font beaucoup plus communs que le fer ne l'eft en
Europe. Les mines font à fleur de terre &
ne font embarraffées d'aucune matiere étrangere. Le peuple cultive fes terres avec des
inftrumens d'or ou d'argent ; & leurs productions font du riz, du coton, de la foie,
du poivre, du girofle, de la mufcade & de la

canelle. Tous les habitans font vêtus d'étoffes de foie & de coton, de diverfes couleurs. On y trouve auffi des mines de diamans & de rubis plus beaux que ceux des
Indes, & très-abondantes.

Sur cette réponfe le Gouverneur me marqua la joie la plus vive. Le capitaine qui
eft avec vous, me dit-il, & fes gens, font-
ils du même pays ?

Non, lui dis-je, ils font d'une nation fort
éloignée & plus proche du pôle, qui fait
un commerce de toiles, de fer, & de
quincaillerie, avec celle dont je viens de
vous parler. Il y a trois autres nations qui
viennent encore de plus loin du même côté,
qui y aportent de toutes fortes de toiles,
d'étoffes de foie & de coton, & des vins.
Ces nations échangent leurs marchandifes
pour de la foie, du coton & des épiceries,
dont les habitans de ce pays ne font nul
ufage ; & ils foldent leur balance avec une
monnoie d'or. Je lui montrai plufieurs pieces de cette monnoie ; car j'en avois deux
mille. La piece eft à peu près du poids
d'une guinée. A cette vue il eut bien de la
peine de contenir fes tranfports. Il garda un
moment le filence, car la joie lui ôtoit la
refpiration.

Il ne tient qu'à vous, me dit-il, de faire
la plus grande fortune fi vous voulez faire
une fociété avec moi. La Compagnie vient
de s'emparer des ifles qui produifent dans
l'Inde la noix mufcade, le girofle & la canelle, & le privilége qu'elle s'eft donné de
vendre feule ces trois articles, vaut prefque
une mine d'or. D'ailleurs l'abondance des

mines d'or & d'argent fourniroit, à ce que je vois, de quoi acheter en peu de tems des royaumes en Europe. Il n'eſt queſtion que d'employer les moyens néceſſaires pour ſe les aproprier. Ecoutez ce que je vais vous propoſer. J'ai en ma diſpoſition depuis environ un mois un vaiſſeau de la Compagnie qui a été condamné ici. Après le départ des autres vaiſſeaux je le fis examiner avec plus de ſoin, & n'y ayant trouvé qu'une voie d'eau d'aucune conſéquence, je l'ai fait radouber ſi bien qu'il eſt preſque auſſi bon qu'un vaiſſeau qui ſortoit de deſſus le chantier. Il eſt à moi, car les vaiſſaux condamnés ici pendant la relâche, apartiennent au Gouverneur. Nous pouvons l'armer. J'obtiendrai un congé d'un an pour faire le commerce dans la Mer du Sud où j'ai déjà navigé pendant plus de ſix mois, & en joignant mes connoiſſances aux vôtres, nous parviendrons aiſément à ce riche pays. Nous reviendrons, après y avoir établi un comptoir, avec de grandes richeſſes. Nous formerons enſuite, ſi cela nous convient, une Compagnie Auſtrale plus riche que notre Compagnie des Indes, & avec les forces de quelques navires, nous nous rendrons les Souverains du pays & de ſes mines. En moins de cinq ans aucun particulier de l'Europe ne pourra comparer ſa fortune à la nôtre.

Je n'aurois pas, lui dis-je, de grandes difficultés pour retrouver ce pays par la Mer du Sud. Je ſuis bien réſolu d'y retourner, pour y reprendre la vie heureuſe que j'y ai menée pendant pluſieurs années ; mais je ne conçois pas qu'il ſoit poſſible d'exécuter vo-

tre projet. Il faut le calculer avec les forces
de la nation Auſtralienne, avec ſes uſages,
ſes mœurs, & encore plus avec la juſtice &
l'humanité. Cette nation n'a beſoin de rien.
Elle reçoit depuis des milliers d'années des
nations du même continent avec leſquelles
elle fait ſon commerce, & qui viennent tous
les ans avec des vaiſſeaux bien chargés dans
ſon port nommé Nambaki, toutes les marchandiſes qu'on pourroit lui aporter d'Europe ; & je ne vois abſolument aucun prétexte
qui puiſſe l'engager à vous livrer ſes productions. Car elle eſt inſenſible aux prix. Vous
ne pourriez eſpérer d'y être reçu que comme
un ami qui voudroit s'y établir & y demeu-
rer. Si vous montriez le deſſein d'y établir
un comptoir pour y faire le commerce,
vous auriez bientôt une armée d'ennemis à
combattre.

Les Auſtraliens connoiſſent-ils, me dit le
Gouverneur, les armes à feu ? S'ils ne les
connoiſſent pas, comme je le penſe, on
peut s'y établir avec un ſeul vaiſſeau, ſe
donner le tems de revenir en force avec un
plus grand nombre, & faire la conquête
d'une aſſez grande étendue de pays pour y
établir une ſouveraineté, comme nous avons
fait à Java & dans d'autres contrées des Indes ; & nous rendre ainſi les maîtres des mines & des épiceries.

Ils ne connoiſſent pas, lui dis-je, l'uſage des
armes à feu ; mais ils en ont le ſecret que je leur
ai donné. Ils l'ont en horreur. Ils n'ont point
voulu par humanité en faire uſage contre des
ennemis, qui ne s'en ſervent pas ; Mais ils
ont mis le ſecret en dépôt pour y avoir re-

cours, s'il arrivoit jamais qu'un Auſtralien
fût aſſez malheureux pour inventer la poudre, afin de pouvoir ſe battre alors à armes
égales. Ainſi ils vous opoſeroient une nombreuſe artillerie, qui n'en ſeroit pas moins
ſupérieure à la vôtre pour être d'or & d'argent, car ces métaux leur tiennent lieu du
fer. Mais pourquoi nous préſenter avec une
ambition ſi injuſte, chez une nation ſi douce, chez des hommes qui vous recevront
comme leurs freres, qui partageront avec
vous tout ce qu'ils poſſedent, dès que vous
ferez arrivé chez eux? Vous voulez leur
enlever une partie de leurs richeſſes, à main
armée; & pour ſatisfaire cette avidité vous
voulez porter le trouble, le carnage, & la
deſtruction, chez une nation juſte & paiſible: Subſtituons à votre projet un deſſein
plus ſimple & plus humain que nous pouvons
exécuter ſans être injuſtes & ſans aucun riſ-
que, & qui nous livrera toutes les richeſſes
des Auſtraliens ſans exception. Nous en diſ-
poſerons à notre gré, & nous jouirons en
même-tems de tous les agrémens qu'il eſt
poſſible de ſe procurer dans la vie.

Ma réponſe avoit d'abord affligé le Gouverneur; mais mes dernieres paroles ranimerent toutes ſes eſpérances. Il ſe croyoit déjà
en poſſeſſion de l'or des Auſtraliens. Vous
voulez dire, interrompit le Gouverneur avec
vivacité, que par la voie de la douceur &
de l'amitié & par la ſupériorité naturelle du
génie des Européens ſur celui de toutes les
autres nations du monde, nous obtiendrons
de cette nation tout ce que nous voudrons.

Oui ſans doute, lui dis-je, par la voie de l'a-

mitié. C'eſt la ſeule qui en arrivant mettra infailliblement dans nos mains tous les tréſors qui
peuvent rendre l'homme heureux. Ne parlons pas de la ſupériorité du génie Européen.
Le génie Auſtralien l'égale tout au moins,
& il a cet avantage chez les Auſtraliens, qu'il
y eſt toujours guidé par l'équité naturelle
qui eſt chez eux inflexible. Les montagnes
d'or ne ſont qu'une richeſſe idéale, ou ſi
vous voulez une richeſſe de convention. C'eſt
ſe rendre une malheureuſe victime de cette
convention, que d'employer mille ſoins, mille peines, des inquiétudes infinies pour ac-
cumuler des richeſſes, qui ne ſervent preſque jamais à ceux qui s'en occupent, à ſe
procurer aucun des agrémens de la vie, ce
qui devroit être cependant le principal objet de leur avidité, Mais enfin quel eſt le
but de l'homme le plus raiſonnable qui paſſe
ſa vie à acquérir des richeſſes? C'eſt ſans
difficulté de ſe procurer toutes les commodités de la vie, & tous les agrémens de la
ſociété, pour en jouir ſans craindre de les
perdre, ſans ſoins & ſans embarras. Nous
jouirons de tout cela avec les Auſtraliens.
Allons habiter parmi eux, devenons Auſtraliens; nous ſerons auſſi riches qu'eux, & plus
riches qu'aucun Européen quel qu'il ſoit, je
n'en excepte pas même les Souverains, qui
ſont à mon ſens les moins heureux des Européens; & à ce bonheur, nous ajouterons celui de vivre dans le plus beau, le plus heureux climat du monde, & enfin de jouir
de la plus belle ſanté & de ne point vieillir.

· Le Gouverneur reprit un air triſte & rê-
veur. Je ne calcule point le bonheur, me

dit-il, je ne m'en embarraſſe pas même, il
vient avec les richeſſes. Pour en acquérir j'ai
déjà fait un voyage dans les Indes, & un
dans la Mer du Sud, & j'irois encore au bout
du monde ; mais je veux aller en jouir enſuite
dans ma patrie, où je vieillirai & je mourrai
comme tout le monde. Je ne crois pas qu'on
ſoit plus immortel aux Terres Auſtrales qu'ailleurs.

Non, lui dis-je, on n'eſt pas immortel
aux Terres Auſtrales ; mais un Auſtralien vit
plus en un jour, qu'un Européen en vingt
ans, parce qu'il ſçait jouir de la vie ; & il
ne vieillit point parce qu'il mene une vie ſo-
bre, égale & tranquille. Il ceſſe de vivre à
cent cinquante ans & plus, ſans avoir connu aucune des infirmités de la vieilleſſe. J'ai
actuellement quatre-vingt-quatre ans, & je
ſuis ſûr que vous ne m'en donné pas plus de
quarante. Je jouis de toute la force & de toute
la ſanté qu'on a à cet âge, parce que j'ai
toujours vécu en Auſtralien ; & comme je
continuerai de vivre de même je né me crois
pas encore à moitié de ma carriere.

Il eſt vrai, me dit le Gouverneur, que
vous paroiſſez plus jeune que moi. Les Auſtraliens, ajouta-t-il avec un air triſte & rail-
leur, ont donc d'habiles médecins ? J'aime-
rois aſſez à vivre plus de cent cinquante ans
ſans infirmité.

Oui, lui dis-je, ils ont d'habiles médecins,
& infiniment plus habiles que ceux d'Europe. Leurs médecins ſont la nature, la tempé-
rance, la ſobriété, l'exercice & le calme de
leur ame, qu'aucune paſſion violente n'al-
tere jamais.

Le Gouverneur après avoir rêvé très-fé-
rieufement pendant quelques momens au point
que je croyois qu'il alloit me répondre, allons
aux Terres Auftrales, allons chercher le
bonheur où il eft, allons en prendre poffeffion & en jouir le refte de nos jours, reprit ainfi d'un ton prefque piqué : mon ami,
vous me contez-là des chofes trop merveil-
leufes, elles paffent ma portée & ne font point
faites pour moi. Occupons-nous de chofes
plus folides. Vous m'avez dit que vos Auftraliens font le commerce avec d'autres nations du même continent, qui leur aportent par mer des marchandifes femblables aux
nôtres pour échanger contre leurs foies, leur
coton, leurs épiceries, leur or & leur argent. Cela ne peut être qu'un commerce extrêmement riche, qui entre nos mains rendroit peut-être plus de cinq cens pour cent
de bénéfice. Il me vient une idée bien fimple, qu'il me paroît facile d'exécuter. Nous
pouvons nous aproprier ce commerce, &
faire le commerce le plus riche qu'aucune nation Européenne ait encore fait. Nous pouvons nous rendre au port de Nambaki. Ces
nations n'ont fans doute qu'une foible ma-
rine, puifqu'elles ne connoiffent pas l'ufage
des armes à feu. Notre artillerie aura bientôt diffipé leurs vaiffeaux ; nous les chaffe-
rons pour toujours de ce port, & nous nous
donnerons ce commerce exclufif.

Il ne falloit pas rêver beaucoup pour trouver un pareil expédient ; mais quoiqu'il ne
fût pas plus aifé de mettre à exécution ce
projet, qui n'étoit pas plus jufte que le premier, je ne voulus pas le combattre ; parce

que je fus bien convaincu que je ne parvien-
drois point à engager le Gouverneur à fe
faire Auftralien. Je pris le parti de lui laiffer le plaifir de s'occuper de la richeffe de
fon idée, pour affurer fa protection à mes
Taucaliens, jufqu'à ce que je puffe venir
les reprendre. Je dis feulement au Gouverneur, qu'un feul vaiffeau n'étoit pas fuffifant
pour exécuter fon dernier projet ; qu'il feroit trop embarraffé par le nombre de fes ennemis ; qu'étant arrivé à Londres, j'en ar-
merois un d'égale force au fien ; que je re-
viendrois le joindre, & que nous irions de
conferve. Il me parut très-content de ma propofition ; il me promit de continuer les mêmes attentions aux Taucaliens, de qui je pris
congé après les avoir affurés que j'allois revenir pour les prendre avec un vaiffeau bien
armé & plus propre que le leur, pour affurer notre navigation ; & je m'embarquai dans
un vaiffeau du comptoir de Rotterdam, ou
j'arrivai heureufement un mois après, & d'où
je paffai à Londres.

J'avois befoin de quelques compagnons de
voyage. Je vais chercher à Londres, non
des Auftraliens, mais quelques hommes dignes de le devenir. C'eft chez la premiere
nation de l'Europe, c'eft chez des hommes,
qui connoiffent tous les droits de l'humanité, auxquels fes droits font chers, chez des
hommes libres, que je dois en trouver. Mais
dans quelles circonftances je revois mon ancienne patrie ! L'ambition, les intérêts domeftiques & perfonnels y ont étouffé tout
fentiment d'honneur, le zèle patriotique &
l'amour du bien public. La moitié de ma na-

tion eſt à la veille d'égorger l'autre ſur le
prétexte du bien public. Charles étoit ſur le
trône ou plutôt ſur le point d'en tomber.
C'eſt parmi les troubles funeſtes qui agitent
toute l'Angleterre que je dois pourſuivre
l'exécution de mon projet ; que je dois armer un vaiſſeau pour retourner au plutôt aux
Terres Auſtrales. Ma fortune devoit être
plus que ſuffiſante pour en faire les frais. Je
donne mes premiers ſoins à en faire la recherche. Je n'avois de parens que des col-
latéraux. Je trouvai mon patrimoine entre
leurs mains. Ils ne refuſerent point de me
le rendre ; mais je ne pouvois l'accepter ſans
les réduire à l'aumône. Je fus ſenſible à la
peine que devoit naturellement leur faire la
reſtitution d'un bien dont ils jouiſſoient depuis un grand nombre d'années de bonne foi.
Ils ne devoient pas attendre que je viendrois
des Terres Auſtrales au bout de ſoixante ans,
le leur demander comme un dépôt. L'agriculture étoit découragée , l'activité de l'induſtrie étoit ralentie , le nombre des pauvres
exceſſivement accru ; les banqueroutes ſe
multiplioient tous les jours à l'infini , & mes
parens avoient plus de part que beaucoup
d'autres citoyens à la miſere publique. Je
reçus ce qu'ils voulurent , ou plutôt ce qu'ils
purent me donner ſans ſe mettre à l'aumône , ce qui étoit fort peu de choſe & fort
éloigné de la ſomme qui m'étoit néceſſaire
pour acheter un vaiſſeau & l'armer conve-
nablement pour les Terres Auſtrales. La prudence vouloit que je donnaſſe à mon vaiſſeau
au moins une demi-cargaiſon de marchandiſes aſſorties propres pour la Mer du Sud ,

afin de rendre mon entreprise utile à mes
compagnons de voyage , si j'avois le malheur de manquer la route des Terres Australes. Je pouvois disposer d'environ cinq mille
livres sterling. Il m'en falloit encore autant ,
tant pour l'achat du vaisseau , que pour l'armement & la moitié d'une cargaison qu'il falloit lui donner. Je n'avois d'autre parti à prendre que celui de me donner un associé. Il étoit
tout trouvé dans le Gouverneur du Cap de
Bonne-Espérance. Le hazard ne pouvoit m'en
procurer un qui se livrât à ce voyage avec
plus d'ardeur , mais aussi avec plus de cu-
pidité ; & j'avois besoin d'un compagnon de
ma fortune, qui eût au moins dans le cœur
les semences de la vertu , qui fût sensible à
l'idée du vrai bonheur qu'il est possible à
l'homme de se procurer, un homme digne
des Australiens. Je m'occupois d'une recherche bien difficile. Je me trouvois à Londres
dans les tems orageux du malheureux régne
de Charles I. La guerre civile étoit déclarée.
Les trois royaumes étoient partagés en factions violentes. Les Royalistes avoient conçu
le dessein d'établir le pouvoir despotique ,
les autres vouloient changer la constitution
de l'Etat, la fureur de la liberté agitoit en
général toute la nation ; la chambre des
Communes vouloit s'emparer de l'autorité ;
les Evêques s'efforçoient d'écraser le parti
Calviniste *Puritain* : les Puritains vouloient
humilier les Evêques ; & enfin le parti qu'on
apelloit les *Indépendans*, se servoient des
fautes de tous les autres pour devenir leurs
maîtres. La chambre des Communes gouvernoit. Le Parlement avoit une armée qui ayant

déjà remporté divers avantages fur celle du
Roi, devenoit redoutable à fes maîtres. Il
s'étoit formé encore une autre faction compofée d'Officiers & de Soldats nommés Agi-
tateurs, qui d'abord firent des remontran-
ces, & bientôt donnerent des loix. Le Parlement factieux étoit tombé dans le mépris,
l'armée étoit entre les mains des *Indépendans*.
Parut encore une autre faction dans le fein
même de l'armée, compofée de plufieurs Soldats qui fe nommerent *Aplaniffeurs*, ce qui fi-
gnifioit qu'ils vouloient tout mettre au ni-
veau, & ne reconnoître aucun Supérieur, ni
dans l'armée, ni dans l'Etat, ni dans l'Eglife.
C'étoit le fiftême des *Indépendans*. » Com-
» pagnons, difoient les Soldats, nous fer-
» vons des tyrans; nous fommes tous égaux;
» les loix formées par des hommes, n'ont
» aucun pouvoir fur d'autres hommes qui
» les abjurent. Détruifons les idoles aux-
» quelles nous facrifions; bouleverfons cet
» Etat & reprenons l'empire ufurpé fur nous.
Ces hommes coupables ne furent régardés &
punis comme tels que parce qu'ils vouloient
faire une faction indépendante même des Indépendans. Cromwell les détruifit.

Il n'y avoit dans aucune de ces factions,
prefque point de ces génies adroits, dégagés des préjugés de leur parti, qui fçavent
fe fervir des erreurs & du fanatifme des autres pour les gouverner. Prefque tout le monde étoit de bonne foi dans le parti qu'il avoit
embraffé. Les *Indépendans* étoient les feuls
qui cachoient leurs deffeins. Ils profitoient
des idées fanatiques qu'ils avoient répandues
fur l'égalité primitive des hommes, pour s'en

rendre les maîtres & les gouverner.

Parmi tant de troubles qui bouleverfoient ma patrie, & rendoient les Anglois méconnoiffables, je n'ofois efpérer de trouver quelqu'un qui eût eu affez de courage pour conferver fa liberté. J'aurois pu chercher un Auftralien à Londres, prefque comme Diogene cherchoit un homme dans la Grece.

J'avois fait connoiffance prefque en arrivant à Londres avec un jeune homme, qui avoit toutes les bonnes qualités que je defirois. Il m'avoit fait le premier le tableau des troubles qui agitoient l'Angleterre, & de tout ce qui s'étoit paffé depuis la mort de la Reine Élifabeth ; & il m'avoit inftruit en homme plein de fens, jufte, impartial & extrêmement fenfible. Il ne tenoit à aucune faction, & fon efprit étoit au deffus de tout fanatifme. Je me livrai à lui. Il n'attendoit que le jugement d'un procès dans lequel toute fa fortune étoit engagée, pour s'affocier avec moi. J'avois, me dit-il un jour avec une grande tranquillité, entrepris une affaire qui devoit m'affurer une fortune honnête. Je me fuis trouvé entouré de gens de mauvaife foi, qui ont abufé de ma confiance pour me voler tout mon bien, & ils s'y font fait autorifer par des Juges de paix. Je me fuis foumis à la loi du plus fort, qui fe trouve rarement celle de la juftice.

Je ne lui laiffai pas le tems de m'en dire davantage. La tranquillité que je vois, lui dis-je, m'annonce des vertus qui valent mieux que les biens qu'on vous a pris, & qui vous élevent au deffus de la fortune & de l'injuftice. Je ne fuis pas affez riche pour

faire

faire feul l'armement que j'ai projetté ; mais
je le fuis affez pour vivre ici avec vous jufques à ce que nous puiffions nous embarquer.
Un homme vertueux comme vous, & un
Auftralien, vivront très-commodément avec
ce que j'ai. Demeurons enfemble & cherchons un tiers dont nous puiffions faire un
ami, & avec lequel nous puiffions exécuter inceffamment notre armement. Litleton
me connoiffoit trop bien pour me repliquer.
Il accepta ma propofition. Je vais donner,
me dit-il, tous mes foins pour trouver un
homme qui foit digne de s'unir à vous. Je
connois beaucoup de jeunes gens avec qui
j'ai été élevé à Oxford, qui font vraiment
vertueux ; mais il eft bien difficile d'en trouver un qui ne foit dans les chaînes d'aucune
faction, ni dans celles du fanatifme. La plupart
font de la fecte des *Presbitériens*, de celle des
Puritains, ou de celle des Indépendans.

· Litleton me fit faire connoiffance quelque
tems après avec Valler qui étoit fincérement
fon ami. Il fembloit être l'homme que nous
cherchions. Sobre & modefte il menoit une
vie affez retirée. Je le trouvai extrêmement
fenfible aux calamités publiques ; il blâmoit
prefque également toutes les factions, à l'exception de celle des *Indépendans*, dont il parloit avec tant de circonfpection qu'il laiffoit
entrevoir un penchant fecret pour cette fecte.
Le principe d'égalité entre tous les hommes
que les Indépendans vouloient établir, me
faifoit efpérer que Valler pourroit aimer les
Auftraliens. Mais avant que de les lui faire
connoître, je voulus fçavoir tout ce qu'il

L

penſoit ſur le gouvernement. Je crois, luï dis-je, un jour, que vous aimeriez à mener une vie douce & tranquille, à jouir paiſiblement & ſans aucune gêne des agrémens d'une félicité aimable, en un mot à vivre en homme libre.

C'eſt-là, me répondit-il, l'objet des vœux de tout homme raiſonnable. Mais peut-on ſe flatter de jouir de cette liberté ſous le régne d'un Roi deſpote ou qui veut le devenir? Et ſi l'on parvient, comme on le prétend, à ſe débarraſſer de la royauté, n'avons-nous pas à craindre qu'on ne ſubſtitue au deſpotiſme, un gouvernement tyrannique, qui n'eſt pas moins à redouter? La nature n'a mis aucune différence entre le Roi & nous; parce qu'elle n'en a mis aucune entre un homme & un autre homme. J'aime la liberté, c'eſt la nature qui la donne aux hommes, & je ne reconnois dans aucun homme le droit d'en priver ſes ſemblables. L'égalité entre tous les hommes eſt le droit naturel. Qu'on dépoſe le deſpote : je ſuis ennemi du deſpotiſme. Le Parlement peut dépoſer le Roi; mais peut-il changer la forme du gouvernement? Je penſe qu'il eſt au deſſus de ſon pouvoir de le faire; s'il le fait, il eſt fort à craindre qu'il ne nous donne un tyran, au lieu d'un Roi. Ni le Roi, ni le Parlement, ne ſont point le Souverain; ils ne ſont que les Officiers de la nation; c'eſt la nation qui eſt le Souverain, & le Parlement & le Roi lui doivent rendre compte de leur adminiſtration. Ainſi le Roi étant dépoſé, le Parlement ne ſubſiſte plus, parce que son élection ne lui donne pas le pouvoir d'élire un Roi, ni celui de gouverner seul la nation. Il faut donc nécessairement que la nation élise elle-même un autre Roi ou un autre Parlement avec le pouvoir d'en élire un, ou de gouverner seul ; mais à condition de ne jamais donner d'atteinte à l'égalité que la nature a mise entre tous les hommes, qui est le fondement de la liberté, que la nation n'a jamais aliénée. D'où je conclus que de tous les partis qui divisent actuellement la nation, celui des *Indépendans*, qui veut rétablir l'égalité naturelle, est le seul qui soutient les droits de la liberté, les vrais droits de la nation. Ce ne sera qu'après qu'on aura établi cette égalité naturelle, & remis ainsi la nation dans tous ses droits, que nous pouvons être assurés de vivre dans le repos, & de jouir des agrémens de la société. C'est-là la condition du pacte de société de la nation Britannique.

Si vous attendez, lui dis-je, cet événement pour jouir de la vie, vous pourrez mourir de vieillesse sans avoir vécu. Je crains fort que les *Indépendans*, qui me paroissent être la faction dominante, n'établissent la tyrannie sur le prétexte de rétablir l'égalité naturelle. Cette idée flatte le peuple & l'attire dans leur parti. Or celle des factions qui parvient à attirer le peuple à elle, se rend incontestablement la plus forte ; avec son secours, elle écrasera toutes les autres, & il arrivera qu'un ou plusieurs des Indépendans profiteront de cette supériorité pour se rendre les maîtres, & gouverner la nation à leur gré sous un autre nom que celui de Roi & de

Parlement qu'ils ont foin de lui rendre odieux.
Et qu'importe le nom du defpote ? L'idée de
l'égalité naturelle n'aura fervi qu'à établir le
defpotifme. N'attendez donc de vos *Indépendans*, que l'efclavage de la nation ; & cependant cet efclavage lui aura coûté des flots
de fang.

Pouvez-vous croire que les chefs de cette
faction qui font des hommes éclairés, pen-
fent de bonne foi qu'il eft poffible de ramener la nation à cette égalité naturelle, dont
ils la flattent pour l'attirer à leur parti ? Il
faudroit détruire toutes les loix & faire un
partage égal de toutes les fortunes. L'établiffement de cette égalité telle qu'on la propofe au peuple, eft impraticable. Qu'ils nous
parlent de l'exacte obfervation de la loi naturelle ; alors je les entendrai, je compren-
drai l'égalité entre tous les hommes fondée
fur cette loi, ainfi que la liberté & tous les
droits de l'humanité qu'on veut protéger foit
contre la tyrannie d'un Roi, foit contre celle
d'un Parlement.

J'entends fouvent citer tantôt la loi fondamentale de l'Etat, tantôt le pacte de fociété,
ailleurs c'eft un contract entre le peuple &
le Souverain. Je n'ai encore trouvé perfonne qui m'ait expliqué ce qu'on entend par
la loi fondamentale de l'Etat, ni qui ait pu
me faire voir autre chofe dans l'idée de pacte
de fociété ou de contract, qu'une fupofition ;
à moins qu'on ne vuille donner ces noms à
des actes qu'ont produit des revolutions chez
quelques nations qui ont changé en un moment
la forme de leurs gouvernemens en fecouant
le joug d'un ou de plufieurs Souverains. On

abuſe tous les jours de ces titres reſpectables
pour apuyer des prétentions ſéditieuſes, pour
juſtifier l'eſprit de parti, & faire valoir des
intérêts perſonnels qu'on a ſoin de cacher ſous
l'idée & le prétexte de l'intérêt général. Le *ſalus populi*, loi mieux entendue, ne fournit
guere moins de prétextes à la cabale & à l'ambition.

On prétend quelquefois trouver la loi fondamentale de l'État dans le pacte ou contract
ſupoſé. On donne auſſi ce nom à des loix
arbitraires ; telle eſt en France la loi ſali-
que qui ne ſe trouve écrite nulle part, &
qui n'a de fondement qu'une coutume très-
ancienne ; en Angleterre la loi qui n'admet
de monnoie légale que l'argent blanc & une
infinité de loix pareilles. Si on vouloit y faire
attention, on n'auroit pas beſoin d'aller chercher la loi fondamentale de l'État dans un
contract, dans un pacte de ſociété, que chacun ſupoſe à ſon gré, ni dans des loix arbitraires ; puiſqu'on trouve avec tant d'évi-
dence cette loi fondamentale dans la loi naturelle. L'on ſupoſe un pacte par lequel des
hommes conviennent de s'unir en corps ;
qu'enſuite de ce pacte ils font un décret, par
lequel ils réglent la forme du gouvernement,
c'eſt-à-dire, la maniere dont le corps politique devra vivre & ſe mouvoir ; & qu'après
ce décret ils font un autre pacte par lequel
d'un côté on promet de ſatisfaire aux devoirs de Souverain, & de l'autre aux devoirs des ſujets. On dit que c'eſt-là la forme la plus raiſonnable, & ſans doute la plus
vraiſemblable, de ce prétendu contract. Je
demande à tout homme de bonne foi s'il

peut fe repréfenter une famille ifolée fur la
terre qui en compofe un grand nombre d'autres dans un affez court efpace de tems, &
par conféquent un grand nombre d'hommes ,
qui fe foient réunis par un pareil contract :
L'hiftoire ne nous en fournit pas un feul
exemple. Si ce prétendu pacte a jamais dû
être le lien des fociétés , toutes ou du moins
le plus grand nombre auroient dû fe former
en Républiques , & cependant nous ne connoiffons aucune République qui n'ait été fub-
ftituée au gouvernement monarchique. Les
hommes ont tous été gouvernés par des Rois
avant que de l'être par des Magiftrats élus.
Rien n'eft plus frapant que l'exemple de la
plupart de ces nations Américaines que nous
nommons fauvages, peut-être très-injufte-
ment, fuivant l'idée que nous attachons à cette
expreffion. Ces nations ne connoiffent d'autre loi que la loi naturelle , & vivent dans
l'innocence & la juftice , fur-tout celles dont
la paix n'a point été troublée par des nations
voifines ou par l'avidité des Européens , & il
y en a un grand nombre. Elles n'ont point de
Rois ni de Magiftrats pour les gouverner ; elles
exercent l'hofpitalité, & refpectent également
tous les droits de l'humanité. Un grand nombre de celles qui font expofées à avoir des
guerres , élifent un chef pour la guerre , hors
de laquelle il n'exerce point d'empire. Ces nations fe contentent de peu pour leur nourriture , leur vêtement & leur logement , & ne
connoiffent ni les richeffes , ni l'indigence.
Leurs intérêts font fimples , comme leurs
mœurs ; & leur loi unique, la loi naturelle ,
les rend toujours juftes. Ces fociétés fe for-

ment par ſes beſoins mutuels, & ces beſoins
mutuels les entretiennent.

Sur quel fondement veut-on ſubſtituer une
origine factice & ſuppoſée, à une origine ſi
ſimple & ſi naturelle à l'égard des ſociétés de l'ancien monde, & pourquoi chercher dans un pacte idéal le fondement des
loix qui les gouvernent, & en général dans
ce contrat ſupoſé, la légitimité des loix, pendant qu'on la trouve ſi bien dans la loi naturelle?
L'homme naît dans une dépendance, dans
des relations & dans des rapports avec d'autres hommes, qui ſe modifient ſuivant l'âge
& les circonſtances. Cela eſt ſans difficulté.
Son exiſtence & ſa conſervation ſont liées à
l'exiſtence & à la conſervation de ſes ſemblables; delà naît l'obligation de ne leur faire
aucun mal & de leur faire tout le bien qu'il
peut. Voilà la loi fondamentale de l'Etat &
le pacte ſocial. Voilà le lien national qu'on
ne ſçauroit anéantir. L'élection d'un ou de pluſieurs chefs n'eſt qu'un accident ſurvenu à la
ſociété, occaſionné par la néceſſité de ſe
défendre. Que ce chef ſoit reſté électif par
le corps de la nation ou par ſes deputés, ou
que la place ſoit devenue par l'uſage ou la
coutume héréditaire; que cela ſoit arrivé par
un acte ou ſans acte, ce qui eſt le cas le
plus général, ou par conquête, dans tous ces
cas la loi naturelle eſt également le pacte ſocial, le contrat entre le peuple & le Souverain, la loi fondamentale de l'Etat, & le
fondement légitime de cette loi: *ſalus populi ſuprema lex eſto.* C'eſt cette loi qui dicte
rigoureuſement aux ſujets tous leurs devoirs

envers le Souverain, & ils les rempliſſent exactement en ne faiſant de mal à perſonne,
& en faiſant autant de bien qu'il leur eſt poſſible ; & c'eſt dans la même loi que le Souverain apprend à ne s'occuper que du bonheur du
peuple, & généralement de tous ſes devoirs
de Souverain. Il y lit la néceſſité d'abolir
tout uſage, toute coutume, toute loi arbitraire qui la contredit, & à ne point faire
de loi ni porter de jugement qui ne ſoit juſte. La loi du *ſalus populi*, qui eſt le principe des loix qui puniſſent tous les crimes
qui troublent le repos de la ſociété ou qui
alterent la confiance & la ſûreté publique,
a elle-même ſon principe dans la loi naturelle qui défend de faire du mal.

La liberté, qu'on aime ici juſques au fanatiſme, ne peut s'étendre au-delà des limites que la loi naturelle lui preſcrit. Le droit
d'eſclavage n'eſt point un droit, c'eſt une
uſurpation, c'eſt un abus des richeſſes, ou
un abus de puiſſance & d'autorité. La loi
naturelle condamne le vainqueur qui tue
ſon ſemblable de ſang froid, ou qui le
met dans les fers, comme faiſoient les Ro-
mains. Nous avons peu de nations en Europe, ou plutôt très-peu de gouvernemens,
où tous les hommes ne ſoient pas auſſi
libres que nous le ſommes. Car à l'égard
de la liberté conſidérée dans les limites que
la loi naturelle nous preſcrit & il ne nous
eſt pas permis de l'enviſager autrement,
toutes les formes de gouvernement ſont égales. Dans tous les gouvernemens les hommes ſont ſujets à des loix qui leur défendent

le mal, & qui les obligent à contribuer aux frais communs & néceſſaires pour l'entretien de la ſociété.

Croyez-vous que parce que nous éliſons les membres du Parlement, nous ſommes plus libres qu'aucune autre nation d'Europe ? Nous nous vantons de notre liberté, & nous nous vantons d'une chimere. Qu'eſt-ce que c'eſt que le tems que dure l'élection, qui eſt le tems de la jouiſſance de notre liberté ? Ces momens tumultueux remplis de brigues & de factions, & heureuſement ſi courts, méritent-ils d'être regardés comme la preuve de notre liberté ? Et lorſque le Parlement eſt élu, qui ſommes-nous ? Cette élection nous éblouit ; nous en concluons que le pouvoir Souverain réſide originairement dans le peuple, & que ſes repréſentans ont l'autorité légitime. Cela peut être vrai dans le droit ; mais dans le fait cette prétention n'eſt point conforme à la conſtitution actuelle. La nation eſt à la vérité repréſentée légalement par la Chambre des Communes, la ſeule partie du Parlement élue par le peuple, mais elle eſt auſſi repréſentée par un Roi & par les Pairs. Qu'importe que nous ſoyons gouvernés par le concours de ce corps & du Roi, que ce corps ait le pouvoir légiſlatif, ou le Roi ſeul ? Nous ſommes ſujets à des loix, qui ne ſont pas plus l'ouvrage de la nation, que celles auxquelles ſont ſoumis les Hollandois & les François ; & les loix des trois nations ſe reſſemblent preſque toutes à l'égard de la liberté. Les principes de l'équité naturelle que les légiſlateurs de ces trois nations ont ſuivis dans leurs loix, n'ajoutent pas plus d'obligations à celles de la loi naturelle, chez une nation que chez l'autre ; & fi l'on examine toutes les autres nations policées, on les trouvera toutes foumifes à des loix à peu près femblables.

Chez toutes ces nations l'homme jouit également de la liberté que lui donne la loi naturelle, fi l'on en excepte des cas particuliers d'injuftice, qui ne font que des accidens momentanés qui ne détruifent point l'ordre général qui fe foutient par-tout, & qui conferve le genre humain.

Si l'on confidere l'origine des fociétés, il eft impoffible de fe diffimuler que le pouvoir Souverain réfide originairement dans le peuple. Peut-il l'aliéner ? Le peuple peut-il fe donner un Souverain ? Il peut perdre l'ufage du pouvoir Souverain de mille manieres, il peut aliéner cet ufage ; mais il ne peut ni perdre, ni aliéner le droit, car il eft impoffible de concevoir un principe d'équité qui autorife une nation à difpofer de la liberté de fa poftérité. Vingt mille hommes qui fe donnent aujourd'hui un Souverain, contractent pour eux, mais fur quel principe peuvent-ils contracter pour vingt, trente mille hommes, plus ou moins, leurs defcendans, qui vivront un fiecle après eux ? Nous ne connoiffons qu'une forte d'engagement qui affecte les perfonnes à perpétuité, qui eft celui qui réfulte de la ceffion des terres, qui lie les defcendans tant qu'ils les poffedent. S'il étoit poffible de fupofer un Souverain qui auroit acquis la Souveraineté au même titre que le propriétaire d'une grande étendue de terres acquiert des

cens, des rentes, des corvées & autres devoirs par les ceffions qu'il en fait, cette Souveraineté ne fçauroit fortir de fes mains ;
elle pourroit même être aliénée fans l'inter-
vention du peuple. Mais il n'exifte que des
fiefs, que de fimples Seigneuries dans ce
cas-là.

Si donc on avoit bien réfléchi fur le droit
de Souveraineté, tel qu'il eft dans fon origine, on n'auroit point dit à un homme refpectable, qui examinoit il y a quelque tems
cette matiere, *vous vous trompez tant fur
l'autorité militaire que fur la civile ;* parce
que cet homme difoit que quand il arrive
que le peuple inftitue un gouvernement héréditaire, foit monarchique dans une famille, foit ariftocratique dans un ordre de citoyens, ce n'eft point un engagement qu'il
prend ; que c'eft une forme provifionnelle
qu'il donne à l'adminiftration, jufqu'à ce qu'il
lui plaife d'en ordonner autrement.

Cet homme ajoutoit cette fage réflexion,
que ces changemens font toujours dangereux, & qu'il ne faut jamais toucher au gouvernement établi que lorfqu'il devient incompatible avec le bien public ; mais cette
circonfpection, ajoutoit-il encore, eft une
maxime de politique & non pas une régle
de droit, & l'Etat n'eft pas plus tenu de laiffer l'autorité civile à fes chefs, que l'autorité militaire à fes généraux.

L'engagement des Provinces-Unies, lui
difoit-on, avec la maifon d'Orange eft tel
qu'on ne peut plus ôter de droit à cette maifon l'autorité civile & militaire qui réfulte
des dignités qui lui ont été conférées. Rejet-

ter, ajoutoit-on, la néceſſité de ténir ſes engagemens, enſeigner qu'on n'en peut faire contre une liberté pleine & abſolue, ou qu'on peut s'en départir quand on le juge à pro-pos, c'eſt expoſer les hommes à tout ce que la légéreté de.l'eſprit humain peut pro-duire de plus fâcheux, & ſûrement c'eſt une doctrine qu'on ne trouve ni dans Platon, ni dans Ariſtote, ni dans aucun des Ecrivains politiques.

Je demande à celui des Hollandois qui a le plus de lumieres ſur les droits de l'hu-manité, en vertu de quel droit & à quel ti-tre les ſept Provinces ſe ſont unies pour ſe-couer le joug de la ſouveraineté de Philip-pe II, & quelle eſt la loi qui les a autori-ſées à ſe donner une nouvelle forme de gouvernement. J'entends ſa réponſe; il ne la prend ni dans Ariſtote, ni dans Platon, par-ce qu'il ne conſulte que le droit naturel, qui n'admet ni interprétation ni commentai-res, qui eſt inflexible. Sa réponſe ſera la mienne ſur la conſtitution actuelle de ſon gouvernement. Or ſi les Provinces-Unies ont eu le droit de s'en donner une nouvel-le ſous le régne de Philippe II, l'ont-elles perdu ce droit pour en avoir uſé? il ſeroit abſurde de le dire, & il ne le ſeroit pas moins de dire qu'elles ne peuvent pas en uſer encore, quand elles le jugeront à propos.

Le droit des Provinces-Unies étoit le droit naturel. Elles n'étoient plus gouvernées, el-les étoient vexées. Si le poids de la tyran-nie n'étoit tombé que ſur un ſeul ſujet, il auroit pû fuir, il auroit dû s'en aller, par-ce qu'il ne faut qu'un lit à un homme, &

qu'il le trouve par-tout ; mais il n'en eſt pas
de même à l'égard d'une nation entiere. Elle
ne peut changer de lit. La loi naturelle la
retient à ſa place. La nation vexée retira à
elle la ſouveraineté & ſe donna une autre
forme de gouvernement. La loi naturelle l'y
autoriſa : la loi du *ſalus populi* parloit pour
elle & contre ſon Roi. Car on doit regarder
comme une opinion monſtrueuſe, celle des
gens qui ont oſé avancer qu'il y a des pou-
voirs établis en faveur de ceux qui gouvernent, non en faveur de ceux qui ſont gouvernés.

Il faut convenir qu'on a eu raiſon de dire
que ces changemens ſont toujours dangereux,
& qu'il ne faut jamais toucher au gouvernement établi que lorſqu'il devient incompatible avec le bien public. Mais on a peut-
être eu tort de dire que cette circonſpection
eſt une maxime de politique & non pas une
regle de droit. La queſtion la plus difficile
à décider, & qui eſt peut-être la ſeule ſur
cette matiere qui mérite véritablement le nom
de queſtion, queſtion qu'on ne trouve diſ-
cutée dans aucun écrivain, c'eſt de ſçavoir
à qui il apartient de décider ſi le gouvernement établi eſt devenu incompatible avec
le bien public. Il ſemble qu'elle ne pourroit
être légitimement décidée que par la nation
aſſemblée ; & où eſt la nation qui s'aſſem-
ble pour compoſer un tribunal aſſez tranquille, & tel qu'il doit être pour juger une queſtion de cette importance ? Et quels ſeront ſes
députés capables de ne point détacher leur
intérêt perſonnel de l'intérêt commun ? Je
vois la ſûreté reſpective de celui qui gouver-

ne & de celui qui eft gouverné dans l'obfervation réciproque de la loi naturelle ; je ne
vois que des calamités de part & d'autre dès que
l'un des deux la méprife, & je ne puis rien
apercevoir qui autorife aucun homme en particulier à fe plaindre du gouvernement. La
loi naturelle ne lui permet aucune démarche,
parce qu'il n'en peut faire aucune fans le
plus grand rifque de fe nuire, & de faire un
mal infini à fes femblables fur le prétexte d'un
bien au moins très-incertain & dont il n'eft
pas le juge.

Brutus fubftitua le gouvernement républicain au pouvoir monarchique. Il n'eût été
qu'un rebelle qui auroit accru les calamités
publiques, s'il n'eût pas été heureux en armant
fon bras contre la royauté établie. Le fecond
Brutus ne fit que des malheureux en armant
le fien contre la royauté qui s'établiffoit par
la force.

J'aurois voulu que le Parlement, s'il a le
pouvoir, comme il le prétend, de dépofer
le Roi, lui eût préfenté le code fi fimple des
devoirs des Souverains & de ceux des fujets, qu'il l'eût fuplié de vouloir bien régner conformément à cette loi fi fainte, &
qu'après avoir rendu fa réfolution publique,
il eût procédé d'un maniere paifible & dans
une forme réguliere à l'exercice d'un pouvoir légitime. Au lieu de mettre les armes à
la main à toute la nation, une conduite fi
défintéreffée auroit infailliblement défarmé les
partifans de la royauté & le Roi lui-même, ou
au pis aller auroit juftifié à la face de l'Europe
& chez la poftérité une démarche fi hardie.

Valler m'avoit écouté avec une extrême

attention. Je redoute infiniment, me dit-il, l'efprit d'intérêt & l'ambition des *Indépendans*. Comme je n'en connois aucun qui ait affez de fupériorité de génie pour fe rendre le maître, & en même-tems affez de vertu pour facrifier fon ambition au bonheur de la nation ; je n'ofe prévenir les événemens des troubles qui nous agitent.

Je fis part alors à Valler de mon projet, je lui préfentai le tableau de la vie heureufe des Auftraliens & de tout ce qui m'étoit arrivé. Je lui propofai de l'affocier à mon armement & à ma fortune. Il me parut extrêmement fenfible à ma propofition ; mais quoiqu'il l'eût reçue avec joie, il me demanda quelques jours pour y penfer. Il étoit jufte de lui laiffer du tems pour fe réfoudre ; mais comme plufieurs mois s'étoient déjà écoulés fans qu'il eût pu encore fe déterminer, je craignois que les fuccès des *Indépendans* ne fiffent germer dans fon jeune cœur quelque femence d'ambition. Le Roi étoit depuis peu prifonnier entre leurs mains, & le Général Valler avoit acquis un grand crédit.

Litleton qui au bout de quelque tems comptóit peu fur Valler, crut qu'il pourroit être avantageufement remplacé par le jeune Guillaume Pen, qui étoit auffi l'un de fes bons amis. Pen déteftoit tous les troubles & tout efprit de parti. Je le fréquentai pendant plufieurs mois. Je lui donnai enfin mon amitié, mon eftime & ma confiance. Il avoit l'ame tendre, une douceur infinie dans le caractere. Ami févere de la vérité & de l'équité naturelle, fimple dans fes manieres, dans

tout son maintien, comme dans ses mœurs, il
pensoit comme les *Indépendans*, & pensoit
de bonne foi, que tous les hommes sont égaux,
mais il ne le pensoit que relativement à la
loi naturelle, dont il étoit rigoureux obser-
vateur. J'estime, disoit-il, tous les hommes
comme mes freres; & je respecte les loix. Il
avoit l'éloquence de la figure & celle du sentiment. Il parloit bien, & parloit plus au cœur
qu'à l'esprit. Il sembloit né pour ces grandes
& nobles fonctions de sagesse & de raison
qui distinguent & honorent l'homme par de
belles actions & par des vertus. Je lui fis le
portrait des Australiens & celui des Taucaliens. Il me montroit le desir le plus vif de
connoître par lui-même ces deux nations, &
de vivre chez l'une des deux; car il les esti-
moit également. Nous passions des journées
entieres à nous en entretenir. Il fut sur-tout enchanté de l'histoire du Prince Nordalien. Il
n'eût pas hésité de s'unir avec moi, de faire
la moitié des frais de mon armement pour
aller vivre avec les Australiens, s'il eût été
son maître. Son pere qui étoit Vice-Amiral
étoit fort âgé & fort infirme, je ne doutai
point de l'exécution de mon projet avec lui
après la mort de son pere qui devoit lui laisser de grands biens; car il étoit fils unique.
Il m'en donna sa parole. Son pere mort peu
de tems après, je crus n'avoir plus que quelques mois à attendre le plaisir de rejoindre
mes Taucaliens que j'avois laissés au Cap de
Bonne-Espérance, & de revoir mes chers
Australiens.

Pen revint me voir après avoir donné à ses

affaires le tems & les foins qu'elles deman-
doient. Il m'aborda avec fon chapeau fur la
tête & fans me faluer, comme il faifoit auparavant, cependant avec l'air doux & ouvert
que je lui avois toujours vu. Il avoit un grand
chapeau à bords rabattus, un habit fans plis
dans les côtés, & fans boutons fur les poches
ni fur les manches. Il étoit mis comme tous
ceux qui étoient de la fecte que George
Fox venoit d'établir, qui faifoit de grands progrès, fur-tout depuis que Cromwel n'avoit
pu attirer les *Amis*, (c'étoit le nom que Fox
donnoit à fes fectateurs) à fon parti en leur
offrant de l'argent. Je compris d'abord à cet
extérieur que Pen étoit devenu Quaker. Ami,
me dit-il en m'abordant, félicite-moi, j'ai
trouvé un nouveau moyen de faire du bien
aux hommes. Il feroit très-fatisfaifant pour
moi de connoître des hommes bienfaifans,
des nations entieres qui honorent & prati-
quent la vertu. J'aime tes Auftraliens & tes
Taucaliens. Je ne crois pas que des hommes
puiffent devenir meilleurs, & par conféquent
plus heureux; il me feroit donc impoffible de
faire aucun bien à l'humanité en me transpor-
tant chez eux. Si je fuivois la réfolution que
j'avois prife de t'accompagner, je ne travail-
lerois que pour moi, je ne m'occuperois que
de mon intérêt perfonnel. Je conçois très-bien
que je vivrois heureux avec toi parmi les
Auftraliens; mais je ne vivrois que pour moi;
je ne ferois & je ne pourrois jamais faire aucune forte de bien à mes freres, puifque tes
Auftraliens n'ont befoin, ni de bon exemple,
ni de loix pour rectifier leurs mœurs, pour
leur faire aimer & pratiquer la vertu. Rends-

moi, je te prie, la promeſſe que je t'ai faite
de t'accompagner. Tu ſouhaites mon bonheur,
je le ſçai ; mais tu ne ſçais pas que je ne puis
le trouver chez une nation au bonheur de
laquelle je ne ſçaurois contribuer, puiſqu'elle
eſt auſſi heureuſe qu'elle peut l'être.

Vous êtes, lui repliquai-je, d'autant plus
digne de paſſer votre vie parmi les Auſtraliens. C'eſt travailler au bien de ſes ſemblables, que d'aimer & de pratiquer la vertu.
C'eſt parce que chaque Auſtralien en particulier a des mœurs douces, que toute la nation
eſt généralement vertueuſe & heureuſe. J'ignore quel eſt le nouveau moyen que vous avez
trouvé de faire du bien aux hommes ; ſi c'eſt
par l'exemple de la vertu que vous leur don-
nerez, vous ne devez pas vous diſſimuler que
ce moyen a peu de priſe chez une nation agi-
tée par des fonctions, par l'eſprit de parti,
par l'ambition, par l'intérêt, les querelles &
le fanatiſme.

L'ami, me repliqua Pen, tu ne ſçais pas ma
penſée & ce que Dieu m'inſpire. Retourne
chez tes Auſtraliens, puiſque tu t'es fait Auſtralien. Pour moi, je ſuis premierement Anglois, & enſuite citoyen du monde ; car tous
les hommes ſont mes freres. Dieu m'inſpire
des vérités que je ſens, je dois par conſéquent
les leur annoncer. Dis-moi ſi je puis t'être de
quelque utilité ; tu n'as qu'à parler. As-tu beſoin d'argent pour faire ton voyage ? Grace
au ciel j'en ai aſſez pour moi & pour aider
mes amis ; mais ne me parle plus de m'emme-
ner avec toi chez les Auſtraliens ſi tu peux me
diſpenſer de ce voyage, comme je t'en prie.
Je ne me flatte pas d'inſpirer aux Anglois

l'amour de la vertu, ni d'en faire une nation douce & paifible. Je fens que ce feroit une entreprife au deffus de mes forces ; mais c'eft beaucoup que de faire aimer la vérité à un grand nombre. Je l'ai déjà annoncée dans la Cité avec un fuccès qui me donne de grandes efpérances. George Fox vient d'arriver du fond de l'Angleterre pour m'engager à aller en Hollande & dans d'autres pays étrangers y travailler à accroître le nombre des amis. Je l'ai prié de me laiffer fuivre une infpiration différente. Je lui ai dit, comme à toi, que j'ai trouvé un nouveau moyen de faire du bien aux hommes ; & il n'a pas cru devoir s'y oppofer, ni même me contredire. Je fuis perfuadé que tu approuveras auffi mon projet. Je vais te l'expliquer. Je te fuis redevable, car c'eft à l'occafion des récits que tu m'as faits des loix & des mœurs des Auftraliens & des Taucaliens que j'ai été infpiré. Les autres *amis* jufqu'à préfent n'ont été infpirés que pour parler, & je le fuis en même-tems pour agir. Je dois annoncer des vérités, & faire des loix : je dois former une nation à laquelle je dois infpirer l'amour de la vertu, & l'engager pour toujours à la pratiquer.

Parmi les grands biens que mon pere m'a laiffés, j'ai trouvé qu'il lui étoit dû une fomme très-confidérable pour des avances qu'il avoit faites dans des expéditions maritimes. Au lieu d'en demander le paiement, j'ai demandé au gouvernement la propriété & la fouveraineté d'une contrée dans le continent de l'Amérique-Septentrionale qui eft bornée à l'Eft par la Baie de Delawre, au Nord-Oueft par le Canada, & au Sud par le Maryland. Elle

est située par les 39 & 12 degrés de latitude
du Nord. Toute cette contrée a 330 mille de
longueur & 200 de largeur , & n'est encore
occupée par aucun Européen. Je trouverai
par conséquent des mœurs innocentes parmi
les Naturels du pays. J'ai employé un tems
infini à solliciter cette concession pour me tenir lieu des sommes qui me s . . dues. J'ai
enfin obtenu la charte qui me l'accorde sous
le nom de *Pensilvania*. Je dois m'y rendre
incessamment avec deux vaisseaux chargés *d'a-
mis*, & j'en ai acquis un assez grand nombre pour remplir mes deux vaisseaux & fon-
der une ville sur un très-beau port de mer
Ceci se trouve dans ma concession. J'augmen-
terai encore l'année prochaine du double ou
du triple le nombre des habitans. Je suis assuré que la terre y est très-fertile en toute
sorte de grains , très-propre à la culture du
froment, du lin, du chanvre , & du tabac.
Il y a des pâturages très-bons & très-abon-
dans, des mines de fer & toute sorte de bois
de construction. J'y éleverai facilement des
manufactures de toile & d'étoffes de laine;
& l'on y construira bientôt des vaisseaux.

J'espere que la ville que je fonderai &
que je nommerai *Philadelphie*, sera bientôt
florissante. Je commencerai par faire un traité d'alliance avec les Américains, & ce traité sera peut-être le seul entre des Européens
& des Américains qui n'aura point juré & qui
ne sera point rompu ; car les amis ne jurent
jamais & ne manquent jamais à leurs enga-
gemens : & les Européens n'ont point encore
pu aprendre aux Naturels du pays, ni à ju-
rer, ni à être perfides. Je ferai aussi des loix,

& je crois que je les ferai affez fimples &
affez fages pour qu'on ne foit jamais tenté
de les changer. J'ordonnerai par une premiere loi l'exacte obfervation de la loi naturelle,
& je défendrai par une feconde loi de mal-
traiter jamais perfonne au fujet de la religion.
Je fuis perfuadé que je n'aurai pas plutôt
fondé ma ville, que beaucoup d'Européens
viendront me demander des établiffemens,
& que les Naturels du pays, au lieu de fuir
dans les forêts, s'accoutumeront infenfiblement avec mes pacifiques habitans. Autant
ils déteftent les autres Européens conquérans
& deftructeurs de l'Amérique, autant ils ai-
meront ceux-ci. Je ne doute point qu'en peu
de tems ces prétendus Sauvages, charmés de
la douceur de leurs nouveaux voifins, ne
viennent en foule me prier de les recevoir
au nombre de mes vaffaux. Je n'établirai que
peu de juges, & feulement pour la déco-
ration du gouvernement. Car les *amis* n'ont
jamais de procès; & les Américains ne fçavent ce que c'eft qu'un procès. Je donnerai
le fpectacle nouveau d'un Souverain que tout
le monde tutoyera, & à qui on parlera le
chapeau fur la tête; d'un gouvernement fans
prêtres, d'un peuple fans armes, de citoyens
tous égaux, à la magiftrature près, & des voifins fans jaloufie. Je n'ai point la ridicule &
vaine ambition d'élever une nation puiffante, & je n'écoute pas les gens infenfés qui
me difent que les principes pacifiques de mes
habitans les rendront inutiles pour la défenfe de la patrie, & pour repouffer les inju-
res de l'ennemi. Quand on aime tous les
hommes, la juftice & la paix, on n'a point

d'ennemis. Moi & les *amis*, nous n'allons point à la guerre : Ce n'eſt pas que nous craignions la mort ; nous béniſſons au contraire le moment qui nous unit à l'Etre des êtres ; mais c'eſt parce que nous ne ſommes pas des bêtes féroces, & que Dieu, qui nous a ordonné d'aimer nos ennemis, ne veut pas ſans doute que nous paſſions la mer pour aller égorger nos freres. Ces illuſtres meurtriers, Alexandre, Scipion, Céſar, tous ces héros ne ſont point les miens ; & Plutarque avoit bien raiſon de dire que la pluralité des Céſars n'eſt pas bonne. Nous gemiſſons en ſilence ſur ces meurtres qui cauſent l'allégreſſe publique.

J'établirai des écoles, même des imprimeries : mais une ſeule gazette qui ſera la gazette du bien public. Dis-moi, l'ami, quelle utilité une nation douce, juſte & paiſible peut-elle recevoir de ces gazettes dont l'Europe eſt inondée, qui ne ſont remplies, les nôtres ſur-tout, même lorſque les gazetiers mentent, & ils mentent bien ſouvent, que de faits qui affligent l'humanité ? La liſte des banqueroutiers, des perſonnes qui ſe ſont tuées, le récit du genre de mort qu'elles ont préféré, & des motifs de folie, de chagrins ou d'ennuis qu'on leur prête : les récits des vols commis ſur les grands chemins, & des ravages de la guerre qui leur reſſemblent trop, ne ſont propres qu'à endurcir le cœur ou à l'attriſter. Doit-on faire plus de cas de ces négociations paiſibles, vraies ou ſuppoſées, dans leſquelles l'homme le plus habile eſt celui qui ſçait mieux faire uſage de l'art de ſéduire ou de tromper ſes freres, pour faire valoir des prétentions souvent très-injustes ?

La gazette du bien public ne contiendra rien de tout cela. Si elle fait mention de la guerre, ce ne sera pas pour faire l'éloge de cet art meurtrier & destructeur, que les hommes devroient ignorer ; dans lequel ils cherchent l'honneur & la gloire, au lieu de rougir d'en avoir fait une science : mais à l'occasion de la guerre qui déshonore l'humanité, la gazette instruira le public dans le plus grand détail des actions qui l'honorent auxquelles la guerre donne lieu. Par exemple le gazetier ne rendra point compte d'une bataille. Il dira simplement qu'après la victoire, en présenta au vainqueur les bijoux du Général ennemi qui avoit été tué; que le vainqueur les regardant avec dédain, dit: *Il ne convient qu'à des comédiens de tirer vanité des riches habits qu'ils portent : le véritable ornement d'un Général est le courage & la présence d'esprit dans une bataille, & la clémence après la victoire.*

Le gazetier ne rapportera pas les circonstances d'un siege où à la honte de l'humanité un grand nombre ont été détruits, mais seulement la générosité d'un homme qui a proposé au Roi de sauver la ville en la ravitaillant, & qui voyant que personne ne vouloit faire les avances de l'argent nécessaire, dit: *ce sera donc moi qui ferai la dépense. Garde son argent quiconque l'estimera plus que son honneur. Tandis que j'aurai une goutte de sang & un arpent de terre, je l'emploierai pour la défense de l'Etat où Dieu m'a fait naître.* Je veux qu'en parlant de la victoire que Charles I. a remportée à Edgehille sur l'armée de ſes ſujets, il me repréſente le Monarque affligé, diſant à ſes Officiers, *je ne puis me réjouir de voir mes ſujets étendus morts ſur la place ; je perds lors même que je gagne :* au lieu du récit de ce duel qui a fait tant de bruit, dans lequel les combattans n'ont acquis qu'une fauſſe gloire, j'aime à lire dans la gazette qu'un Prince a non-ſeulement pardonné à un grand, une offenſe qu'on diſoit impardonnable, mais qu'il lui a encore accordé ſon amitié.

J'aime à lire encore dans la gazette du bien public, que dans un royaume, des hommes qui ont le ſacré dépôt de la juſtice du Roi pour l'adminiſtrer à ſes ſujets, ayant condamné au dernier ſupplice par paſſion, par intérêt ou par fanatiſme un bon citoyen, un homme innocent, le Roi a rétabli la mémoire de cette victime de l'iniquité, l'honneur & la fortune de ſa malheureuſe famille, qu'il a en même-tems ordonné la punition de ces juges indignes de porter un titre ſi reſpectable. On ne ſçauroit trop publier pour le bien des hommes, les actions d'un Roi qui honorent l'humanité. Je veux que le gazetier faſſe également connoître au public les bonnes actions, ou la bonne conduite du cultivateur, de l'artiſan, du pere, de la mere de famille, du citoyen, du magiſtrat, & le détail circonſtancié d'une action qui lui paroît honnête & intéreſſante ; qu'il n'annonce la mort que des hommes qui ont honoré la patrie par la pratique de la vertu ; qu'il s'applique à indiquer les perſonnes laborieuſes qu'il ſeroit à propos d'encourager, des ſujets intéreſſans qu'il ſeroit avantageux d'inſtruire;

truire, les particuliers honnêtes & indigens qu'il feroit néceffaire de fecourir; je fuis affuré que les habitans de ma colonie iront au-devant de tous les befoins de l'humanité : Et qu'il publie enfin tous les projets qui auront pour but quelques avantages pour le public.

Tu as eu le bonheur de vivre chez les Auftraliens, tu auras fans doute encore celui de mourir chez eux. Tu conviendras cependant que je ferai plus heureux que toi en réuniffant un grand nombre d'hommes en fociété dans un beau pays, & en formant une nation qui fçaura honorer & pratiquer les mêmes vertus.

Je ne pus m'empêcher d'approuver fon projet, qu'il étoit en état de bien exécuter. J'aurois feulement defiré en détacher une idée de fanatifme qui l'accompagnoit, mais peut-être étoit-elle néceffaire pour animer le courage qu'exigeoit une entreprife fi élevée, que je concevois à peine qu'un fimple particulier eût ofé la former.

Pen s'apperçut de mon inquiétude. T'aurois-je fait de la peine, me dit-il, en t'abordant le chapeau fur la tête, & en te tutoyant ? Je ne puis fouffrir ces titres de grandeur, d'excellence, d'alteffe, que des hommes exigent de leurs femblables, ni tous ces complimens, ces refpects, ces révérences, dont on eft fi prodigue. C'eft un commerce de menfonges, de fauffetés & de flatteries, qu'on a mis à la place de la bonté, de la bienfaifance & de l'amitié que tous les hommes fe doivent réciproquement. La différence que tu vois dans mon habit, ne feroit qu'une affectation puérile, fi

M

j'y attachois une idée de mérité ou de vertu. Je ne le porte différent de ceux des autres hommes, que comme un avertissement continuel de ce que je suis, & que l'homme ne se peut donner aucun mérite par son extérieur. Comme j'aprouve qu'un homme porte les marques de sa dignité pour être sans cesse averti d'en remplir tous les devoirs ; j'aime qu'à cela près, la simplicité de ses habits lui rapelle aussi continuellement qu'il n'est qu'un homme. Ainsi un Roi Indien prisonnier qu'on avoit vêtu magnifiquement à l'Européenne fit une très-bonne réponse au Général Espagnol qui lui demandoit qui il étoit. *Ote-moi ces vêtemens, lui dit-il, afin que je me reconnoisse.* Quand j'aurai réuni & formé ma nation, si mes habitans veulent vivre comme les Australiens, je ne les gênerai pas à l'égard de leurs habits ; mais tant qu'ils vivront parmi des hommes corrompus je suis bien aise que cet habit les avertisse de se tenir sur leurs gardes, & de ne pas leur ressembler.

Je lui aurois repliqué pour le détourner d'allier de si petites idées avec des idées si grandes ; mais il ne m'en donna pas le tems. Il s'en alla travailler à l'exécution de son armement. Il revint peu de jours après. Je pars incessamment, me dit-il, je n'ai été que trop long-tems témoin des calamités que la fureur de l'ambition & un amour aveugle de la liberté répandent ici. Je me hâte de quitter cette terre dévastée, pour ne pas voir peut-être encore de plus grands maux auxquels je ne puis aporter de remede. Si tu n'étois pas Australien, je t'aurois proposé de te faire Pensilvain. Je te quitte avec un regret infini ; je ſouhaite que tu puiſſes bientôt rejoindre tes amis. Il me remit, en prenant congé, un papier cacheté qu'il me fit promettre de n'ouvrir qu'après qu'il ſeroit parti.

J'apris peu de jours après que Pen étoit parti avec deux vaiſſeaux chargés d'*Amis*. J'ouvris alors le papier qu'il m'avoit remis en me quittant. Il renfermoit un ordre à ſon banquier de me conter dix mille livres ſterlings pour s'acquiter de pareille ſomme qu'il reconnoiſſoit me devoir. Il avoit regardé ſans doute comme une dette contractée avec moi la promeſſe qu'il m'avoit faite de faire les frais de la moitié de mon armement, dont il ne ſe croyoit pas libéré. Ce n'étoit pas aſſez pour lui que je lui euſſe rendu ſa parole : Il ſe crut diſpenſé en conſéquence de m'accompagner, mais non de fournir les fonds qu'il m'avoit promis. Il avoit, contre mon idée, diviſé ſon engagement en deux obligations, dont il avoit laiſſé ſubſiſter celle-ci. Il augmenta bien le regret que j'avois de ne pouvoir faire connoître aux Auſtraliens un Anglois d'un caractere ſi doux, ſi humain, & d'une probité ſi délicate & ſi rigoureuſe. Je ne ceſſois de rendre hommage au vertueux zèle pour le bien de l'humanité qui animoit le jeune Pen : je le voyois avec une joie infinie ſe placer au rang du petit nombre des bienfaiteurs du genre humain. Je ne pouvois rejetter le ſecours qu'il me donnoit ſans bleſſer la délicateſſe de ſes ſentimens ; car indépendamment de l'obligation qu'il croyoit en avoir contractée avec moi, il s'en étoit impoſé lui-même une autre, dont il s'acquitoit en même-tems, qui étoit de faire du bien aux hommes le plus qu'il

lui étoit poſſible, & je l'avois vu fort ſouvent affligé par le reſus qu'on faiſoit de recevoir ſes bienfaits.

Le bruit ſe répandit enfin dans le public
qu'un Anglois qui avoit été du voyage que
fit le Chevalier Drake aux Terres Auſtrales
ſous le regne de la Reine Eliſabeth, étoit depuis peu de retour à Londres. On m'avoit
repréſenté comme un homme très-intéreſſant
à voir & à entendre. Quelques-uns diſoient
même que j'étois Auſtralien, d'autres calcu-
loient mon âge ſur le pied du tems qui s'étoit
écoulé depuis le voyage du Chevalier Drake,
& quoique je n'euſſe que quatre-vingt cinq ans,
on m'en donnoit plus de cent : & comme
on ajoutoit que je paroiſſois en avoir tout
au plus quarante, on concluoit delà qu'infailliblement j'étois adepte. J'avois excité ſans
m'en douter la curioſité du petit nombre de
perſonnes qui n'étoient occupées par aucune
faction. Milord Saunderſon étoit de ce nombre. Il étoit également mécontent de tous les
partis & de lui-même. Il étoit redevable à ſon
humeur & à ſa complexion mélancolique qui
lui faiſoient mener une vie rangée, de la réputation d'homme vertueux. L'idée du bonheur des Auſtraliens dont il avoit entendu
parler, me procura ſa viſite. Litleton qui
croyoit que je pourrois le mettre au rang des
Anglois dignes des Auſtraliens, me l'amena.
Je cherche le bonheur, me dit Milord Saunderſon en m'abordant ; je ſçais que vous le
connoiſſez, & ſi je n'aprends pas de vous
où je puis le trouver, je dois y renoncer.

Je ne connois dans le monde, lui dis-je,
que les Auſtraliens & les Taucaliens qui en

jouïffent. Il ne feroit cependant pas néceffaire
d'aller le chercher aux Terres Auftrales , fi
on vouloit de bonne foi fe le procurer. La plupart des hommes pourroient le trouver dans
leur patrie , même dans la nôtre malgré
les divifions qui l'agitent. Les Auftraliens ne
connoiffent prefque point les devoirs de l'amitié , qui font heureufement remplacés chez eux
par ceux de l'humanité. Ils n'entendent rien à
nos maximes ; *que nous devons avoir beaucoup de*
perfonnes qui nous fouhaitent du bien , mais peu
d'amis. Que la douceur multiplie les amis , & que
le difcours affable attire des faluts obligeans.
Qu'il faut vivre en paix avec tout le monde , mais
n'avoir pour fon confeiller qu'un feul entre mille.
Que fi on veut acquérir un ami , il faut le met-
tre à l'épreuve , & ne pas fe hâter trop de fe
fier à lui. Qu'il y a tel homme qui eft ami
pendant qu'il y trouve fon avantage , mais qui
fe retire au jour de l'adverfité. Qu'il faut fe
féparer de fes ennemis , & être en garde avec
fes amis. Que l'ami fidele eft une puiffante pro-
tection , & que celui qui l'a trouvé a découvert
un tréfor, &c. & autres maximes pareilles.
Les Auftraliens ne connoiffent qu'une loi , qui
régle tous leurs fentimens & toute leur conduite. Cette loi en leur faifant regarder &
traiter tous leurs femblables comme d'autres
eux-mêmes , ne laiffe dans leur fociété aucune place , aucun tems , aucune occafion à
l'aplication d'aucune de ces maximes fur l'a-
mitié. Ils fe fouhaitent naturellement tous du
bien les uns aux autres , ils font pleins de
douceur , affables , obligeans ; ils n'ont point
de choix à faire en amitié : ils font tous également amis. Ils n'ont jamais de motif de fe

méfier de perfonne : leur confiance mutuelle
eft fans réferve ; parce que parmi eux jamais
perfonne n'eft trompé. Le plaifir de rendre
fervice eft l'unique intérêt qui anime celui
qui le rend , & celui-ci s'eftime plus heureux que celui qui le reçoit. C'eft ainfi que
penfe & agit naturellement tout Auftralien
envers tout autre Auftralien qu'il n'a jamais
vu , même envers un étranger tout-à-fait inconnu ; parce que chaque Auftralien trouve
fon bonheur dans celui de fon femblable ,
parce que chaque Auftralien fçait jouir du
bonheur d'autrui.

Tous les Auftraliens jouiffent , comme
vous le voyez , du bonheur de leur nation.
Il feroit bien impoffible à un Européen de
les imiter en cela ; car il n'y a pas une nation en Europe , qui foit ou qui fe croie
heureufe. Mais il n'y a point d'homme qui
ne puiffe les imiter en tout le refte : parce
qu'il y a peu d'hommes parmi nous qui aient
le cœur Auftralien , nous avons recours au
fecours de l'amitié. Je l'aprouve à l'égard de
la confiance, que nous ne devons accorder qu'à
un ami : à cela près nous devons traiter
tous nos femblables comme des amis , &
nous jouirons de tout le bonheur dont on
peut jouir parmi les Européens.

Affurément, je fouhaite , me dit-il , du
bien à tout le monde , mais je ne puis en
faire à perfonne. Mon pere m'a laiffé beaucoup de terres & beaucoup de dettes ; mon
grand-pere en avoit ufé de même à fon égard,
& mon pere les avoit payées par un mariage.
C'eft ainfi qu'en ufent tous les Gentilshom-
mes. Je devrois donc me marier pour payer

les dettes de mon pere, & alors j'aurois de
quoi faire du bien à mes femblables. Mais
je frémis, lorfque je penfe à l'efprit de divifion qui déchire notre patrie. Cet efprit
de parti & de factions fe perpétue tellement
parmi nous, que nous ne pouvons manquer
de le tranfmettre à la poftérité. Je plains nos
defcendans pour lefquels je ne vois que mifere & calamités. Je ne veux pas augmenter le nombre des malheureux : je fuis donc
obligé de renoncer au mariage par amour
pour l'humanité. Je refte donc ainfi endet-
té, & je ne puis avoir dans mes terres la
quantité de chiens & de chevaux que je devrois entretenir en véritable gentilhomme
Anglois, & faire vivre ainfi un grand nombre de perfonnes à ma fuite.

Je fais grand cas de l'amitié, & je me
plais beaucoup à entendre fur cela de belles
maximes. Mais fi vous fréquentiez comme
moi le grand monde, vous feriez bientôt
convaincu qu'on n'y trouve jamais l'occafion d'en faire l'aplication. Je n'y vois perfonne qui s'occupe de l'amitié ; chacun y
parle de ce qui l'intéreffe, & l'amitié n'intéreffe perfonne. Je vivrois agréablement avec
un ami vertueux & difcret ; mais je l'ai cherché en vain, je ne l'ai pas encore trouvé,
& je défefpere de le trouver.

J'ai fréquenté plufieurs fociétés d'hommes
qui s'affemblent, difent-ils, pour jouir d'une
converfation honnête. J'ai fouvent trouvé
d'honnêtes gens, d'un naturel paifible, qui
demeuroient affis les uns avec les autres à
boire du pounch ou à fumer une pipe pendant plufieurs heures fans dire un mot. Je

vais dans un caffé, j'y fume une pipe fans goût; j'y lis des nouvelles fans plaifir; je m'y propofe un entretien agréable avec ceux qui y font; mais je n'y trouve aucun intérêt: je me déplais au milieu d'une troupe de gens avec lefquels je n'ai rien à faire.

Si je vais au théâtre, je n'y vois que menfonge & artifice fouvent groffier. Je demande fi ce n'eft pas infulter des hommes raifonnables que de vouloir les amufer en mettant fur le théâtre la mer, une tempête, le tonnerre, deux armées rangées en bataille, & mille autres abfurdités pareilles. Je ne fais pas plus d'attention aux décorations & à l'art d'en impofer aux fpectateurs que les Italiens apellent *la furberia della fcena*, qui ne peut fraper que des fots ou des enfans. Mon goût pour le théâtre me fait fouffrir infiniment, parce que le théâtre eft mal ordonné.

Je me trouve obligé d'aller à l'audience d'un miniftre pour lui parler de mes affaires; car les créanciers de mon pere m'en donnent de tems en tems. Je trouve un homme réfervé, qui joint la fierté à la gravité que fa place exige. Je le vois recevoir les hommages d'une foule d'adorateurs, qui tous croient ou font femblant de croire qu'il eft un homme habile & bienfaifant. Je perce la foule, je lui parle de mon affaire, qu'il écoute avec un air fi diftrait, qu'il ne me permet pas de la lui faire entendre. Sa réponfe en quatre mots m'affure qu'il ne l'a point comprife. Je me retire indigné d'un monde de flatteurs, & très-mécontent du miniftre.

C'eft un malheur pour moi d'avoir du goût

pour la musique, la peinture & l'architecture. Je ne trouve ni musiciens, ni peintres, ni architectes ; mais des gens qui écorchent mes oreilles, & d'autres qui choquent mes regards. J'aime la lecture, mais quels sont nos livres qu'un homme raisonnable puisse lire ? Je cherche dans la lecture l'utile & l'agréable, & ne cherchant que cela, je réduis nos livres les plus estimés à autant de feuilles volantes, & des milliers de volumes à rien. Ma vie se trouve donc misérablement réduite à m'habiller le matin & me déshabiller le soir, à me lasser, à me fatiguer & à m'ennuyer pendant le jour ; en un mot à satisfaire éternellement sans goût & sans plaisir des besoins que je vois renaître sans cesse : ensorte que la vie triste que je mene n'est qu'un fardeau insuportable, dont il faut que je me débarrasse si je n'y puis rien changer.

Milord Saunderson n'attendit pas ma replique, & s'en alla encore plus triste qu'il n'étoit venu.

A cette visite succéda celle d'un François, homme aussi gai que Milord Saunderson étoit triste. Je viens voir, me dit-il, en entrant avec un air libre & fort content de lui-même, un homme rare, un homme unique, un homme qui est encore jeune à l'âge où les autres meurent de vieillesse : cela est prodigieux ! j'ai vu bien du monde dans mes voyages ; & je n'ai rien vu qui pût me faire autant de plaisir qu'un entretien avec vous.

Vous avez donc beaucoup voyagé, lui dis-je ; cela me surprend, car les François ne voyagent guere. D'ailleurs vous me paroissez fort jeune.

Sans doute, j'ai voyagé beaucoup, me répondit le gentilhomme François ; j'ai déjà vu une partie de la France depuis Paris jusques à Calais, & l'Angleterre depuis Douvres jusques à Londres, & je compte voyager encore beaucoup en m'en retournant par la Hollande, les Pays-Bas & la Flandre. Mais à propos de voyages, c'est à vous qu'il appartient de parler de voyages. On dit que vous avez été aux Terres Australes. Je voudrois bien y avoir été aussi, mais je ne voudrois pas être obligé d'y aller ; j'en ai bien assez de la mer ; car depuis Calais jusques à Londres j'ai été tourmenté à mourir pendant deux mortelles heures. Je suis assez fâché de ne pouvoir m'en retourner par terre. Je ne voudrois pas vous importuner, ni être indiscret ; mais je suis extrêmement avide de connoissances nouvelles, c'est pour en acquérir que je voyage depuis un grand mois ; & c'en est une pour moi bien intéressante que celle des Terres Australes, dont la découverte me paroît un prodige. Dites-moi, je vous prie, avez-vous connu beaucoup de nations différentes dans ce nouveau monde ? Celles que vous avez connues ont-elles quelque ressemblance avec nous ? quels sont leurs vêtemens, leur façon de vivre, de faire la guerre, leurs jeux, leurs amusemens ? Comment les femmes vivent-elles avec les hommes ? Sont-elles belles ? Ces gens-là connoissent-ils la galanterie, le spectacle, la danse, la musique, le jeu, la promenade ? Ont-ils des arts, des sciences, & sçavent-ils jouir des plaisirs de la société ? J'observe avec soin toutes ces choses-là dans mes voyages, & si vous avez la bonté de me raconter tout ce que vous avez vu , je ferai auſſi avancé à mon retour de Paris, que ſi j'a-vois été moi-même aux Terres Auſtrales.

Je ſuis bien fâché, dis-je à ce gentilhomme François , ſi avide de connoiſſances , que les préparatifs de mon prochain départ ne me laiſſent pas le tems de répondre à un ſi grand nombre de queſtions. Je dois m'embarquer ſous peu de jours dans un vaiſſeau que j'ai fait armer pour retourner aux Terres Auſtra-les, où eſt aujourd'hui ma patrie , où je ſuis attendu avec impatience par ma famille & mes amis. Vous jugez bien que j'ai à préſent ici fort peu de tems à moi.

Je m'apperçus qu'il étoit piqué de mon re-fus de répondre à ſes queſtions. Il voulut m'en marquer ſon reſſentiment par un reproche qu'il crut très-ſenſible pour un Anglois. Je ſuis pénétré d'eſtime pour vous, me repliqua-t-il , mais , dites-moi, avez-vous le droit de renoncer à votre patrie ? Un fils peut-il ſe ſouſtraire à l'obéiſſance paternelle ? Eſt-il en votre pouvoir de rompre les liens formés par votre naiſſance qui vous uniſſent à votre na-tion ? Je ne reconnois pas en vous cet amour ſi naturel de la patrie par lequel les Anglois ſe diſtinguent de toutes les autres nations.

Oui ſans doute , lui dis-je , j'ai le droit de renoncer à ma patrie ; lorſque la né-ceſſité m'y oblige , ſoit parce qu'elle ma trai-té avec injuſtice , ſoit parce que je me ſuis trouvé expatrié malgré moi ; & c'eſt ce qui m'eſt arrivé. Je me dois à préſent à des enga-gemens plus ſacrés qui ſont ceux de père & d'époux. L'obéiſſance paternelle qui ne peut ſe comparer avec ce qu'on doit à la patrie , a auffi fes limites. Un pere injufte, un pere tyran, éloigne fon fils de fa maifon ; mais il ne l'éloigne pas de fes devoirs. Son fils vertueux fe retire dans le filence & dans le refpect ; fi fes plaintes font ameres, elles font tendres ; & au moindre figne, au moindre foupçon de befoin, il vole auprès de l'auteur de fa vie : il eft toujours prêt à aller arrofer les mains paternelles de fes larmes.

Je n'aime point à difputer, interrompit le François ; puifque vous êtes poffédé de l'amour des Terres Auftrales, je vous fouhaite un bon voyage : j'aime mieux que vous y alliez que moi.

Mon gentilhomme François fe retira dans le moment, fort mécontent fans doute de ma converfation, & moi très-content d'en être quitte à fi bon marché. J'aime bien qu'un François veuille donner des leçons en Angleterre fur l'amour patriotique ! aucun Européen n'a des mœurs plus douces, n'eft plus fociable, & même n'a plus d'efprit que le François ; c'eft bien dommage qu'il foit jeune pendant fi long-tems ; car le jugement eft un fruit qui mûrit lentement en France. Je réfolus de ne plus me prêter ainfi à la curiofité du premier venu. Je fis fermer ma porte à toute perfonne inconnue contre l'ufage que j'avois contracté chez les Auftraliens qui la laiffent toujours ouverte ; & je ne m'occupois que des foins que demandoit mon armement pour accélérer l'expédition, lorfque Valler revint me voir.

Valler étoit devenu membre de la Chambre des Communes ; il étoit refté vertueux ; il n'avoit confenti à faire le premier pas dans

la route de la fortune, que pour conjurer l'o-
rage qui menaçoit la liberté de la nation, mais
il s'étoit flatté en vain de ranimer le zele patriotique de quelques citoyens livrés aux vues
ambitieuses de Cromwel. On avoit nommé
des Commissaires, non pour juger, car des
Commissaires ne jugent point, mais pour con-
damner le Roi. Valler n'avoit pu engager la
Chambre à suivre des voies plus régulieres :
les nouveaux principes du gouvernement politique des Chefs la rendoit insensible à l'horreur d'un événement qu'il n'étoit que trop
facile de prévoir. Valler vint me voir le jour
même que la Chambre nomma des Commissaires au Roi. Je ne veux pas, me dit-il en
m'abordant, servir des tyrans. Je ne m'étois
éloigné de vous que pour me livrer tout entier à mon premier devoir, que pour donner
tout mon tems & toute mon attention au service de la patrie. Je n'ai fait que de vains efforts. Voici les principes de gouvernement
& de politique que Cromwel a présentés à la
Chambre, qui ont acquis tous les suffrages,
excepté le mien. « On voit souvent », a-t-il
dit, « des démarches qui paroissent basses &
» qui ne le sont pas ; il suffit que la nécessité
» exige ce que l'on fait, pour être à l'abri de
» tous reproches ; ce qui est humiliation dans
» un temps est gloire dans un autre ; tout dé-
» pend des circonstances & de la position où
» l'on se trouve. Que l'on nous définisse ce
» que l'on appelle honneur & réputation dans
» un gouvernement politique ; car il y a des
» choses parmi nous dont on entend toujours
» prononcer le nom sans qu'on soit jamais

» d'accord fur la vraie fignification. Toutes
» les fociétés politiques font dans un état for-
» cé, elles font cenfées n'avoir point de vo-
» lonté libre ; auffi toutes leurs démarches font
» juftifiées par la néceffité où elles font de les
» faire. Une nation ne fçauroit perdre fon
» honneur, parce que, abfolument parlant,
» elle n'en a point. Le préjugé que l'on ap-
» pelle de ce nom ne regarde que les parti-
» culiers. Le peuple que nous repréfentons
» ici ne connoît d'autre honneur que celui
» de fes intérêts. Procurons-lui une agricul-
» ture floriffante, un grand commerce & une
» induftrie qui l'enrichiffe, & je vous ré-
» ponds de fon approbation. La réputation
» eft encore une chofe idéale ; elle n'a point
» de détermination fixe. Une nation la perd
» dans une occafion, & la recouvre dans une
» autre. On fçait trop en Europe ce que vaut
» la nation Britannique, pour qu'on ceffe de
» l'eftimer ».

Ces principes, comme vous voyez, auto-
rifent, continua Valler, & juftifient toute forte d'entreprifes & ne nous permettent pas
d'attendre des actes de paix & de juftice. Allons chercher dans une contrée plus heureufe
la paix, la juftice & la liberté. Puifqu'il ne
nous eft plus permis d'être Anglois, partons,
allons vivre chez une nation qui honore &
pratique la vertu, qui connoît le prix de la liberté, & qui en jouit, & chez laquelle tous
les droits de l'humanité font chers & ref-
pectés.

Nous voilà occupés, Valler, Litleton &
moi, des foins d'armer un vaiffeau convena-

ble pour la Mer du Sud ; car le public ignoroit mon deffein de retourner aux Terres
Auftrales. Cependant les Indépendans, réunis avec les Presbitériens, croient la mort du
Roi néceffaire à leur deffein d'établir une
République. L'Angleterre eft en effet une République pendant un moment gouvernée par
la Chambre des Communes, qui avoit fuppri-
mé la Chambre Haute, & qui avoit pris le titre de Parlement de la République d'Angleterre. La révolution n'étoit pas finie, Cromwel l'acheva. Il compofa la Chambre des
Communes à fon gré, & fe fit déclarer Pro-
tecteur le 22 Décembre 1653. Cromwel,
dit-on alors, vient d'affervir fa nation par des
crimes, mais il la gouvernera par des vertus.
Je le fouhaite, mais ce ne fera pas des vertus
Auftraliennes. Je pars en verfant des larmes
fur les chaînes de mes anciens compatriotes.
Je laiffe mon Journal entre les mains d'un
ami vertueux, à qui les liens d'une famille
nombreufe n'ont pas permis de venir avec
moi chercher une vie douce & innocente, &
jouir des charmes de la vertu aux Terres Auftrales. Je l'ai prié de le rendre public.

Je propofe donc à mes chers compatriotes
avec foumiffion les exemples de vertu de
Guillaume Pen, Litleton & Valler, & pour
modele du gouvernement le plus propre à
rendre une nation heureufe, celui des Auftraliens, ou celui de Taucala. Je me flatte que
le public y prêtera toute fon attention. J'invite
ceux qui font fenfibles au mal préfent, au lieu
de blâmer ma propofition, d'en faire une
meilleure : ils rendront fervice à la patrie, &

Je les en féliciterai de tout mon cœur. Je suis un sincere ami de ma patrie.

ROBERTSON.

FIN.